国家出版基金项目
NATIONAL PUBLICATION FOUNDATION

"十四五"
国家重点出版物
出版规划项目

建设金融强国丛书
主编　张晓晶

绿色金融

陈诗一　李志青　黄　明／著

SPM 南方传媒 | 广东经济出版社
· 广州 ·

图书在版编目（CIP）数据

绿色金融 / 陈诗一，李志青，黄明著．-- 广州：广东经济出版社，2025．4．--（建设金融强国丛书）．-- ISBN 978-7-5454-9487-7

Ⅰ．F832

中国国家版本馆 CIP 数据核字第 2024YY4671 号

策　　划： 刘卫平　刘亚平
责任编辑： 蒋先润　谢善德　李宏可
责任校对： 李　兰　李孜孜　吴莉娟
责任技编： 陆俊帆
封面设计：奇文雲海 CHIVAL design

绿色金融
LÜSE JINRONG

出 版 人： 刘卫平
出版发行： 广东经济出版社（广州市水荫路 11 号 11 ～ 12 楼）
印　　刷： 广州市豪威彩色印务有限公司
（广州市增城区宁西街新和南路 4 号一楼 106 房）

开　　本：	787mm × 1092mm　1/16	**印　　张：**	22.5
版　　次：	2025 年 4 月第 1 版	**印　　次：**	2025 年 4 月第 1 次
书　　号：	ISBN 978-7-5454-9487-7	**字　　数：**	356 千字
定　　价：	78.00 元		

发行电话：（020）87393830
如发现印装质量问题，请与本社联系，本社负责调换

总　　序

2023年召开的中央金融工作会议提出了加快建设金融强国的宏伟目标。这是以习近平同志为核心的党中央深刻把握国际国内形势变化，立足两个大局，着眼于党和国家事业的长远发展所作出的重大战略部署。当前和今后一个时期的金融工作都要围绕加快建设金融强国这个目标来展开。

纵观公元1500年以来的大国兴衰史，金融在各国的现代化进程中发挥了不可或缺的关键支撑作用。“金融活，经济活；金融稳，经济稳。”作为国民经济的血脉，金融通过发挥资源动员、资源配置、交易媒介、风险管理、价格发现和支付清算等核心功能，为实体经济的发展创造稳定、安全、有活力的货币金融环境。同时也要注意到，金融强国应建立在强大的经济基础之上。“经济兴，金融兴；经济强，金融强。”实体经济是金融的根基，经济的繁荣和强盛为金融的强大提供坚实的物质基础。

当今世界，百年未有之大变局加速演进，大国博弈日趋激烈。俄乌冲突爆发之后出现的一系列对俄金融制裁事件清晰表明，金融是大国博弈的必争之地，金融对强国建设的作用更加凸显。如果一个国家的金融血脉受制于人，甚至被人“卡脖子”，势必导致经济与金融之间的循环不畅，那么该国的现代化进程就有可能迟滞甚至中断。

中国共产党在长期的革命和建设过程中高度重视金融工作。新中国成立70多年来，特别是改革开放40多年来，我国金融改革发展稳定各项工作取得历史性成就，金融业总体规模位居世界前列，金融体制改革沿着市场化法治化方向阔步前行，同时也牢牢守住了不发生系统性金融风险底线，助力创造“两大奇迹”，有力支撑了中国式现代化建设大局。

立足当下，面向未来，我国已进入新发展阶段，中国共产党正带领全国人民朝着全面建成社会主义现代化强国的宏伟目标前进。坚持高质量发展这个新时代的硬道理，推动我国经济实现质的有效提升和量的合理增长，是推进强国建设的必由之路，也为优化金融服务指明了方向和目标。金融乃国之重器，关系中国式现代化建设全局。加快推动金融高质量发展，进而实现我国金融由大到强的历史性转变，是以中国式现代化推进强国建设、民族复兴伟业的必然要求。金融强国建设是一项复杂的系统工程，绝不是轻轻松松、敲锣打鼓就能完成的。在加快建设金融强国的新征程上，我们必须保持历史耐心和战略定力，长期努力，久久为功，蹄疾步稳地做好金融改革发展稳定各项工作。

第一，加快建设金融强国，必须坚持守正创新，在坚定不移走中国特色金融发展之路的前提下不断深化金融体制改革。一方面，作为中国特色金融发展之路基本要义的“八个坚持”，是党和人民推动金融创新发展的经验总结和智慧结晶，必须长期贯彻。另一方面，金融强国建设对金融体制改革提出许多新要求新任务，必须牢记金融服务实体经济的初心使命，根据生产力发展要求和金融强国建设要求，不断深化金融体制改革，建立与新质生产力发展相适应的新型生产关系，为金融强国建设提供强大动力。

第二，加快建设金融强国，必须坚持以高质量发展为主题。当前，我国金融发展的基本特征是“大而不强”，说到底就是金融发展质量不高，不能充分满足实体经济和人民群众的金融服务需要。必须坚持经济和金融“一盘棋”思想，统筹推进经济和金融高质量发展，在做好科技金融、绿色金融、普惠金融、养老金融、数字金融五篇大文章的过程中不断增强我国金融的适应性、竞争力和普惠性，逐步从金融大国迈向金融强国。

第三，加快建设金融强国，必须在确保国家金融安全的前提下稳步推进。安全是发展的前提，发展是安全的保障，二者辩证统一，必须把金融发展和金融安全统一到金融强国建设全局中加以系统谋划，系统把握金融发展与金融安全之间的内在关系。一方面，要树立底线思维，增强忧患意识，为推动高质量发展创造安定的环境和稳定的预期；另一方面，要在实现金融稳定的前提下推动经济增长，优化要素禀赋结构，改变力量对比，实现主动安全、动态安全。

在中国式现代化进程中，加快建设金融强国是一项前无古人的伟大事业，需要调动一切积极因素来加以推进，需要一系列主客观条件的支撑和保障。其中，金融强国理论研究的作用不可低估。正如恩格斯所说，“一个民族要想站在科学的最高峰，就一刻也不能没有理论思维”。对金融强国开展系统深入的理论研究，有助于全面总结全球范围内金融强国建设的经验教训，探究我国金融强国建设的历史逻辑、理论逻辑和实践逻辑，为加快建设金融强国提供学理支撑和理论先导。

基于上述考量，我们邀请多位国内一流金融学者，共同编写这套“建设金融强国丛书”，力图对金融强国建设问题进行多层面、多维度的理论透视，激发更多金融学人投身金融强国理论研究，为以金融高质量发展助力强国建设、民族复兴伟业作出积极贡献。

本套丛书由七部专著构成，可以用“1+6”（即“1个总论+6个分论”）来概括。

作为总论的《建设中国特色金融强国》一书由中国社会科学院金融研究所张晓晶、董昀撰写，力图从历史、理论和现实三个维度开展研究，为理解中国特色金融强国建设搭建“四梁八柱”。

在6个分论当中，中金公司彭文生等撰写的《科技金融》，复旦大学陈诗一、李志青、黄明撰写的《绿色金融》，中央财经大学李建军、彭俞超和首都经济贸易大学马思超撰写的《普惠金融》，西南财经大学林义等撰写的《养老金融》，北京大学黄益平、黄卓、谢绚丽撰写的《数字金融》等五部著作围绕做好金融五篇大文章这个总题目展开，深入探讨以做好五篇大文章推动金融高质量发展和金融强国建设的一系列关键问题，涉及相关理论基础、现状、目标、路径、方法等方面。西南财经大学王擎等撰写的《大国金融安全》则从统筹发展和安全的战略视角，系统探讨维护国家金融安全的若干重大理论和现实问题，致力探寻为金融强国建设提供可靠安全屏障的战略路径。

建设金融强国是一项极具开拓性和探索性的事业，需要我们在实践中持续探索。同样，推进中国特色金融强国理论建设、建构中国自主的金融学知识体系，也绝非一朝一夕可以完成的工作，亦需要我们持之以恒地推进。从这个意义上讲，“建设金融强国丛书”的编写和出版只是一个开始。我们恳切期望得到广大同行和各界朋友的批评指正。

張曉晶

2024年11月

目　录

CONTENTS

第一章　导论 / 1

第一节　碳中和与人与自然和谐共生的现代化并行不悖、相互促进 / 3

第二节　碳中和与绿色发展需要技术革命与巨量投资 / 5

第三节　面向中国式现代化的绿色金融发展之路 / 8

第二章　绿色金融的概念及发展 / 13

第一节　绿色发展的投融资需求 / 14

第二节　绿色金融的概念及其演进 / 28

第三节　绿色金融的国际实践 / 37

第四节　绿色金融的中国实践 / 55

第五节　绿色金融研究文献综述 / 82

本章小结 / 94

第三章　绿色财税 / 95

第一节　引言 / 96

第二节　绿色财税的内涵与分类 / 98

第三节　绿色财税的国内外研究 / 102

第四节　绿色财税与绿色发展的理论机理 / 107

第五节　绿色财税与绿色发展的文本实证分析 / 111

第六节　中国特色绿色财税的对策设计与分析 / 124

本章小结 / 127

第四章　绿色信贷 / 129

第一节　引言 / 130

第二节　绿色信贷的内涵与分类 / 131

第三节　绿色信贷的国内外发展现状 / 137

第四节　绿色信贷与绿色高质量发展的理论分析 / 148

第五节　绿色信贷与绿色高质量发展的实证分析 / 152

本章小结 / 157

第五章　绿色债券 / 159

第一节　引言 / 160

第二节　绿色债券的内涵与分类 / 161

第三节　绿色债券的国内外发展状况 / 168

第四节　绿色债券支持绿色发展的典型案例 / 188

第五节　绿色债券推动绿色发展的机制分析 / 192

本章小结 / 198

第六章　绿色保险 / 199

第一节　引言 / 200

第二节　绿色保险的内涵与分类 / 202

第三节　绿色保险的国内外发展现状 / 205

第四节　绿色保险与绿色发展的机理分析 / 214

第五节　绿色保险与绿色发展的实证分析 / 216

第六节　中国特色绿色保险的政策设计与分析 / 226

本章小结 / 229

第七章　碳金融 / 231

第一节　引言 / 232

第二节　碳金融的内涵与分类 / 233

第三节　碳金融的国内外发展现状 / 241

第四节　碳金融理论和机理分析 / 245

第五节　碳金融的发展与效率 / 252

第六节　碳关税 / 257

第七节　中国特色碳金融的政策设计与分析 / 262

本章小结 / 266

第八章　绿色金融风险管理 / 267

第一节　引言 / 268

第二节　绿色金融风险的理论、特点、传递机制与管理 / 269

第三节　绿色金融风险测度：以气候投融资风险测度为例 / 280

第四节　绿色金融风险管理对策分析 / 286

本章小结 / 288

第九章　绿色金融多元实践与发展 / 289

第一节　引言 / 290

第二节　区域实践：长三角绿色金融发展格局 / 292

第三节　企业实践：环境信息披露与碳管理的企业行动 / 300

第四节　居民实践：碳账户与普惠金融应用 / 312

本章小结 / 320

结语：做好中国绿色金融大文章 / 321

参考文献 / 325

Chapter 1

第一章

导论

我国已经从经济高速增长阶段转向经济高质量发展阶段，高质量发展是全面建设社会主义现代化国家的首要任务，而金融要为经济社会发展提供高质量服务。中国式现代化是人与自然和谐共生的现代化，绿色低碳发展是高质量发展的底色。因此，要充分发挥金融特别是绿色金融对绿色低碳发展的资源重置作用，优化资金供给结构，把更多金融资源优化配置到绿色低碳甚至零碳发展的产业或地区，做好绿色金融这篇大文章。

绿色金融发展在空间上呈现从点到面不断普及的趋势。2017年，我国在浙江、江西等五省（区）的八个城市（新区）设立了绿色金融改革创新试验区，在2019年12月又增设了兰州新区。笔者团队从2018年开始跟踪研究绿色金融改革创新试验区建设，根据研究分析结果，可以明显发现，这些先行先试的经验已经开始生根发芽，在本地和周边区域产生了积极的“化学”反应。以长三角为例，我们测算了每个城市的绿色金融竞争力水平，发现41个城市中，绿色金融竞争力从最初水平较高的湖州和衢州两个点，逐步向上海、杭州、宁波、南京、合肥等地溢出，形成了上海—湖州—苏州、杭州—衢州—黄山、南京—合肥—马鞍山3个主要的绿色金融片区，这使得绿色金融发展蔚然成风，在区域范围内从点到面不断普及，较好地支撑了长三角区域经济社会的绿色转型和绿色发展。

第一节

碳中和与人与自然和谐共生的现代化并行不悖、相互促进

以中国式现代化全面推进中华民族伟大复兴是我国新发展阶段的战略部署，即到2035年基本实现社会主义现代化，从2035年到21世纪中叶把我国建成富强民主文明和谐美丽的社会主义现代化强国。中国式现代化虽然具有各国现代化的共同特征，但是更有基于中国国情的中国特色，其中之一就是，中国式现代化是人与自然和谐共生的现代化，肩负推动构建人类命运共同体、创造人类文明新形态的使命。大自然是人类赖以生存发展的基本条件。尊重自然、顺应自然、保护自然，是全面建设社会主义现代化国家的内在要求。

党的十八大报告已经把生态文明建设纳入中国特色社会主义事业“五位一体”总体布局，明确提出大力推进生态文明建设，努力建设美丽中国，实现中华民族永续发展。党的十九大报告也指出，中国引导应对气候变化国际合作，成为全球生态文明建设的重要参与者、贡献者、引领者。我们已经深刻认识到，生态文明建设是关系中华民族永续发展的根本大计，保护生态环境就是保护生产力，改善生态环境就是发展生产力，决不能像西方现代化那样以牺牲自然和环境为代价换取一时的经济增长。

习近平生态文明思想是习近平新时代中国特色社会主义思想的重要组成部分，其鲜明主题就是人与自然是生命共同体，是新发展阶段实现人与自然和谐共生现代化的指导思想。习近平生态文明思想继承和创新了马克思主义生态文明思想，传承了“天人合一”“道法自然”“取之有度”的中华优秀传统文化，是对西方以资本为中心、物质主义膨胀、“先污染后治理”的现代化发展模式的批判与超越，指出了生态文明是工业文明发展到一定阶段的产物，使生态文明成为人类文明新形态的

核心要件和鲜明特质。作为中国特色社会主义的总体布局，生态文明建设与经济建设、政治建设、社会建设和文化建设是“五位一体”、相互融合的。

高质量发展是全面建设社会主义现代化国家的首要任务。定义高质量发展的五大新发展理念也是并行不悖、相互融合的，而非互相割裂的。不能简单以生产总值增长率论英雄，必须完整、准确、全面贯彻新发展理念，必须实现创新成为第一动力、协调成为内生特点、绿色成为普遍形态、开放成为必由之路、共享成为根本目的的高质量发展。因此，绿色发展是高质量发展的鲜明底色，推动经济社会发展绿色化、低碳化是实现高质量发展的关键环节，必须站在人与自然和谐共生的高度谋划发展。

到21世纪中叶实现中国式现代化与2060年前中国实现碳中和时间节点相仿，碳达峰碳中和构成了新发展阶段我国生态文明建设的重要内容。实现中国式现代化、推进中华民族伟大复兴是我们的中国梦，实现碳达峰碳中和也是一场广泛而深刻的经济社会系统性变革，前者以后者为特征，后者是前者的特色内涵，也可以说两者是并行不悖、相互促进的，甚至可以说两者是相互定义的。中国式现代化的成功实现必将是新的生态文明对传统工业文明的成功超越，是从传统工业化逻辑向碳中和思维或者说零碳思维的根本转变。

第二节

碳中和与绿色发展需要技术革命与巨量投资

高质量发展是新时代新征程的硬道理。没有坚实的物质技术基础，就不可能全面建成社会主义现代化强国。新时代10年来，我国经济实力实现历史性跃升，国内生产总值从54万亿元增长到114万亿元，经济总量稳居世界第二位，人均国内生产总值从39800元增加到81000元。近年来，我国每年新增二氧化碳排放和能源消耗都位居世界第一位，与经济增长高度同步。按照两步走的战略安排，如果到2035年，我国人均国内生产总值达到中等发达国家水平，我们保守预测，到21世纪中叶，中国的经济总量仍然将会在当前基础上翻两番。但是，如果要实现碳中和，中国的二氧化碳排放必须与经济增长脱钩。我们的预测显示，在碳中和情景下，中国工业部门的碳排放量将在2030年达到峰值之后一路下降到2060年的21亿吨左右，然后通过负碳技术和碳汇吸收清零；能源消费也要实现与二氧化碳的排放脱钩，同时能源结构要发生颠覆性的改变，由目前化石能源占比80%以上调整到2060年非化石能源占比80%以上（陈诗一 等，2023，2024）。

要实现二氧化碳排放与经济增长和能源消费的双脱钩以及能源消费结构的颠覆性转变，挑战显然巨大，只有发展新质生产力，实现技术革命性突破、生产要素创新性配置以及产业深度转型升级，才能到达成功的彼岸。为此，首先要理解中国实现碳中和的两个基本特征事实。第一，工业部门是中国当前碳排放量最多的部门，其占比远高于世界其他主要国家。2019年，中国工业碳排放占碳排放总量的85%左右。其中，电力工业占中国工业碳排放的59%；在非电力工业中，石油化工、化学原料、钢铁、有色金属、非金属制品是前五大高碳排放行业，占中国工业碳排放的38%，而其他一般工业行业仅占剩余的3%。第二，包括中国在内的全球二氧化碳排放的主要来源都是化石能源燃烧，其占比接近90%。因此，中国实现碳中和，一是要聚焦工业部门，推进新型工业化和制造强国建设；二是要大力推进能源转型，推动能源产业变革和能源强国建设。

我们使用对数平均迪氏指数法（Logarithmic Mean Divisia Index, LMDI）对工业部门二氧化碳历史排放与碳中和情景的未来碳排放分别进行了因素分解（陈诗一 等，2024）。需要特别说明的是，在对碳排放进行因素分解时，我们将清洁能源替代、化石能源清洁利用、生产过程碳排放效率提升等传统因素分解中较少考虑的新兴技术和效率因素纳入驱动因素分解框架，以考察碳中和情景下的技术和效率作用。我们不仅对工业历史碳排放和未来碳中和分别进行因素分解分析，还分别从能源供给侧的电力工业以及能源需求侧的非电力工业各自进行因素分解和比较分析。我们发现的共同结论是，生产规模效应（包括总产量和总发电量增长）始终是历史和未来碳排放的主要促增因素，而能源效率效应（包括能源效率和火力发电效率提升）则始终是历史和未来碳排放的促降因素。我国能源效率在过去20年里提升速度较快，能源强度一直在稳步下降。目前，中国的钢铁、有色金属、非金属制品行业的能效已接近国际先进水平，而石油化工、化学原料行业的能效仍与国际先进水平有较大的差距，是未来通过先进生产工艺创新来促进能源强度下降的重点领域。我国火力发电效率已处于国际前沿水平，虽仍有提升空间，但由于至2060年，火力发电在发电总量中占比很低，火力发电效率提升的碳减排作用相对来说并不大。

因素分解所发现的不同点是，新兴技术和效率因素在历史碳排放时期作用尚不明显，但是在未来必须显著发挥作用才能实现碳中和。具体而言，非电力工业实现碳中和必须新增清洁能源替代和煤炭清洁利用两大技术驱动力量。清洁能源替代技术是指运用电力、氢能、生物质能等能源替代化石能源进行工业生产。煤炭清洁利用技术主要在煤制清洁燃料和煤制大宗化学品等煤化工技术中通过煤加氢替代煤加氧直接裂化合成产品来实现，可大幅减少二氧化碳排放，这在化学原料行业中具有更大的潜力。现有研究通常只考虑化石能源燃烧产生的碳排放，很少考虑工业生产过程中产生的碳排放。实际上，我国工业生产过程中产生的碳排放占到碳排放总量的12%，而其中非金属制品行业的水泥生产过程中产生的碳排放更是占到了该行业碳排放总量的70%。由于未来非金属制品行业仍然具有潜在增长趋势，因此特别要重视工业生产过程碳排放效率的不断提升。电力工业实现碳中和必须发挥清洁电力替代技术的主体作用。清洁电力替代是指用水电、核电、风电、光伏发电等清洁能源替代火力发电，其中风电、光伏发电需要发展配套的储能技术与特高压跨区输电电网等。现今，中国的水电、核电等技术的度电成本已经低于火力发电，而随着中国太阳能和风能发电技术的不断发展，其度电成本下降速度较快，也必将进一步助推清洁能源发电快速发展。

无论是能源效率和工业生产过程碳排放效率提升的工艺技术，还是清洁能源替代技术、煤炭清洁利用技术、化石能源结构优化技术，这些节能零碳技术都是资本密集型的，需要大量的投资，而且是长期低成本的资金。凭借这些巨量投资，我们方能实现能源技术革命和能源效率革命，进而推动能源产业从传统模式向新工艺的转型升级、向数字化智能化业态的迈进，以及新能源产业与零碳电力工业的深度转型与发展。

第三节

面向中国式现代化的绿色金融发展之路

高质量发展呼唤新的生产力理论。绿色发展是高质量发展的底色，新质生产力本身就是绿色生产力，具体体现在碳中和与中国式现代化建设进程中，新质生产力就是要实现绿色科技创新和先进绿色技术革命性突破、能源低碳效率提升和数字化绿色化的要素创新性配置以及包括绿色产业集群发展和现代产业体系构建在内的产业深度转型升级。根据生产关系一定要适合生产力发展的马克思主义原理，发展新质生产力必须进一步深化经济体制、科技体制改革，优化经济金融政策与产业政策，形成与新质生产力相适应的新型生产关系。其中最重要的就是包括金融市场、资本市场在内的要素市场化改革以及如何实现新发展阶段的金融高质量发展。2023年的中央金融工作会议要求加快建设金融强国，坚定不移走中国特色金融发展之路，让各类先进优质生产要素向发展新质生产力顺畅流动，为以中国式现代化全面推进强国建设、民族复兴伟业提供有力金融支撑。其中特别要求要做好绿色金融大文章。要坚持绿水青山就是金山银山的绿色发展观和绿色金融发展理念，持续优化支持绿色低碳发展的经济金融政策工具箱，优化资金供给结构，把更多金融资源用于绿色发展和绿色创新，发挥绿色金融对绿色发展和碳中和的牵引作用，这本身也充分体现了金融服务实体经济的根本宗旨。

绿色金融具有风险识别和管控的功能。防控风险是金融工作的永恒主题，要着力防范和化解金融风险特别是系统性风险。这不仅指狭义上的防范和化解货币市场上的资金流动性风险，更指一般意义上的防范和规避资本要素的负面作用。在社会主义市场经济体制下，资本是促进社会生产力发展的重要生产要素，要发挥资本促进经济社会发展的积极作用。同时也必须认识到，资本具有逐利的本性，如不加以规范和约束，也会给经济社会发展带来不可估量的危害。改革开放40多年来，资本等生产要素共同为我国社会主义市场经济的快速发展作出了重要贡献，必须充分肯定各类资本的积极作用，但是改革开放之初采取的粗放式经济增长模式使得我们一度发展了不少高能耗和高污染的产业，走上了西方国家“先污染后治理”的工业化老路，导致稀缺金融资本的错配和扭曲，这表现为资源的低效生产和利用以及环境污染的不断恶化。绿色金融正是针对此前金融市场和资本市场资源错配的这些弊端，要求管控金融资本错配风险，设立“红绿灯”，在新的发展阶段规范和引导资本健康发展，引导企业的生产经营和投资决策充分考虑环境和社会责任，充分发挥金融资本作为重要生产要素的积极牵引作用。

绿色金融能够发挥资源重置和绿色投融资的作用。要素市场包括劳动、资本、土地、能源、技术、数据等市场，其培育和发展是发挥市场在资源配置中起决定性作用的必要条件。其中，资本要素是指那些通过直接或间接形式投入最终产品和劳务生产过程的中间产品和金融性资产，它们处于带动各类生产要素集聚配置的重要纽带位置。以全要素生产率大幅提升为核心标志的新质生产力本身就是绿色生产力，是符合新发展理念的先进生产力质态，所以其必然要求充分发挥绿色金融的资源重置作用，推动企业等主体把稀缺的资本要素优化配置到绿色低碳甚至零碳发展的产业或地区，推动资本要素与能源、环境、技术、数据等其他要素的融合发展，推动我国金融资本配置效率和绿色全要素生产率的大幅提升。如此，市场和企业才能提高对低碳、零碳技术投资机会实现的预期，各种类型的资金资本才能源源不断地流入绿色低碳技术创新领域中来，充分发挥绿色金融的绿色投融资功能。如前所述，我国绿色发展和实现碳中和需要巨额投资，仅仅依靠政府资金是远远不够的，因此，金融市场的充分发展以及多层次绿色金融产品和市场体系的形成对于满足我国实现碳中和的巨量资金需求具有至关重要的作用。

绿色金融还能发挥资产定价和生态产品价值实现的功能。价格机制是市场经济的基本机制，价值规律是商品经济的基本规律。我国长期以来忽视价值规律的作用和市场配置资源的功能，导致价格体系紊乱甚至价格与价值严重背离。改革开放40多年来，我国的商品市场已经从价格双轨制、价格闯关实现了充分市场化定价，目前市场定价的产品占比高达97%以上。但是，要素市场化改革还相对滞后。比如，能源市场煤炭、石油等原材料的价格偏低，电价还不能做到市场化定价，导致能源市场配置扭曲、效率缺失。生态环境资源价格缺位，环境污染物和二氧化碳市场定价困难，因此，很难把它们计入企业的生产成本，导致企业的生产行为、投资决策和财务管理长期忽视环境风险、生态风险和气候风险。绿色金融可以为稀缺的矿产品原材料合理定价，对煤电和绿电进行差别定价，对生态环境要素科学核算和计价，推动能源环境生态产品价值的充分实现。我国碳市场流动性不足，价格明显偏低，不仅无法准确反映碳减排的社会成本，不利于碳市场降碳功能的发挥，还不利于我国投资者参与国际市场交易和我国全球碳定价能力的提升。因此，我国碳市场急需建立科学有效的碳定价机制。为此，我们研制发布了全国首个碳价指数——复旦碳价指数，为企业碳资产计量和管理以及企业碳资信评价和融资提供了碳价指引。

截至2024年9月，我国绿色金融发展在分工上已经出现不断细分的趋势。基于不同的需要，绿色金融相关的领域和概念不断涌现，绿色金融至少包括10个类别：转型金融、碳金融、ESG（环境、社会和治理）投融资、气候投融资、生物多样性金融、绿色供应链金融、绿色金融风险管理、绿色金融科技、绿色保险和生态产品金融等。它们对应了经济发展中的转型升级、碳中和、绿色发展、气候变化应对、碳普惠、生物多样性保护、风控保险和数字化经济等诸多战略与板块，可以说是极其丰富多彩。

同时，绿色金融还在技术上实现了高度专业化的发展。一是绿色金融的标准化建设日新月异。从中央部门到各绿色金融改革创新试验区，都提升速度制定和出台有关的标准。以促进产融结合的绿色金融项目库建设中的标准而言，全国在北京、广东、浙江湖州、贵州等地就至少有11个相关的标准，标准化建设体现了绿色金融加速提高专业化的发展趋势。二是数字化技术与绿色金融的融合。以碳金融为例，基于区块链等数字化技术的碳核算体系日益完善，我国已经建成全球最大的碳因子库，并形成极为简便的碳中和数字化工具，大大降低了绿色金融的项目成本，并有力地控制了相关的风险。三是绿色金融信息披露水平大幅提高。根据笔者长达10年的跟踪研究，上市公司和金融机构正在大力接纳ESG报告披露理念，在此基础上提升和完善企业和金融机构的环境信息披露能力和水平，为绿色金融市场的长远发展奠定坚实基础。

基于以上分析，本书共设计了九章。第一章、第二章为导论与概念内容。第三章到第八章为绿色金融机理内容，涵盖绿色财税、绿色信贷、绿色债券、绿色保险、碳金融、绿色金融风险管理六章。第九章为绿色金融实践内容，分别从绿色金融区域实践（以长三角为例）、绿色金融企业实践（环境信息披露、碳资产管理与碳资信评价）、绿色金融居民实践（碳账户、数字金融与普惠金融）三个视角介绍了绿色金融在中国的蓬勃发展进程。作者感谢张晓晶教授对丛书的组织以及广东经济出版社编辑们的工作，同时感谢国家自然科学基金委员会创新研究群体项目“中国经济发展规律与治理机制研究”（72121002）与教育部人文社会科学重点研究基地重大项目“基于中国实践的绿色发展理论研究”（22JJD790058）的资助。在此也对祁毓、于鸿宝、刘瀚斌、胡时霖、王畅、丁小筱、梁珮滢、史溢娇等的研究助理工作一并表示感谢。成书匆匆，难免有不当之处，还请读者批评指正。

Chapter 2

第二章

绿色金融的概念及发展

第一节

绿色发展的投融资需求

中国特色的绿色金融发展不仅体现在生态文明建设和人与自然和谐共生的中国式现代化的特色理念和特色目标上，也体现在推动中国绿色发展与实现碳中和所需的巨量投融资需求的特色对象和特色内容上，比如中国新型工业化和能源转型的投融资特色需求，所有这些都可以帮助我们更准确地理解构建中国特色绿色金融的内涵和边界。正是因为有了绿色发展与实现碳中和的巨量投融资需求，绿色金融与碳金融才应时而生。本节首先介绍绿色发展与碳中和的巨量投融资需求情况。

一、环境污染治理的投融资需求估算

本节对全球和中国水污染治理、大气污染治理等生态环境领域的投融资需求估算情况进行了总结，具体结果详见表2-1和表2-2。

（一）水污染治理领域的投融资需求估算

在全球层面，世界资源研究所（World Resources Institute, WRI）于2020年发布的工作论文（Strong et al., 2020）为达成全球可持续发展目标（Sustainable Development Goals, SDGs）中的SDG6——确保清洁饮水和卫生设施，提供了详尽的投融资需求估算。该论文预测，为实现SDG6目标，自2015年至2030年间，全球在可持续水资源管理领域的投融资需求每年将高达1.04万亿美元，涵盖范围包括饮用水和卫生服务的普及、农业和工业水污染控制、水资源稀缺性的缓解，以及监管和综合水管理等多个方面。此外，根据世界银行在2023年发布的报告（World Bank, 2023），若将投融资需求进一步扩展至水相关生态系统的保护与恢复、水质改善，以及清洁饮水和卫生设施的建设等方面，至2030年，全球水资源行业的投融资需求每年将攀升至8.22万亿美元。

在区域与跨国层面，经济合作与发展组织（OECD, 2020）的估算表明，为了满足欧盟提出的饮用水指令（DWD）和城市污水处理指令（UWWTD），27个欧盟国家每年所需的累计投资接近0.33万亿美元。这笔投资主要用于完善水资源配置和供水保障、加强流域防洪减灾能力，以及推动污水资源化利用等多个关键领域，从而确保欧盟在水资源管理和环境保护方面取得显著进展。针对美国的情况，美国国会研究服务局（Congressional Research Service, 2022）的报告预测，为实现美国联邦政府设定的水质安全与公共卫生目标，未来20年内，美国在污水处理、水质管理和清洁饮水基础设施建设方面的投融资需求每年将达到0.74万亿美元。

而在中国，Hsu et al.（2021）针对中国水污染治理的核心指导计划——《水污染防治行动计划》（简称“水十条”）的投资成本进行了详细评估。该研究估算，为实现“水十条”所设定的全部指标，累计的投融资需求每年高达0.66万亿美元；然而根据他们的分析，截至2021年，仍存在约0.37亿美元的投融资缺口。招商银行研究院（2022）进一步预测，在中国“十四五”规划期间（2021—2025年），每年水环境治理领域的累计投融资需求将达到0.24万亿美元。这些投资预计将在三大模块中重点分配：流域治理市场将聚焦于静态水系和东北区域动态水系的治理，累计投资规模预计为0.085万亿美元；污水处理领域预计将以城市提标和农村拓产为主要方向，未来投资规模或将达到0.05万亿美元；而城市供水市场预计将集中在市政管网与补充用水建设上，市场投资规模预计将达到0.105万亿美元。

表2-1 相关研究机构对水污染治理的投融资需求估算结果

来源	样本	预测期限	预测投融资值（每年）	覆盖范围
Strong et al.（2020）	全球	2015—2030年	1.04万亿美元	水污染控制、水资源综合管理实施的投融资需求
World Bank（2023）	全球	2023—2030年	8.22万亿美元	既涵盖水污染控制和水资源综合管理，还包括与水有关的生态系统保护、恢复与改善建设
OECD（2020）	27个欧盟成员国	2020—2030年	0.33万亿美元	水资源供应管理、防洪治理、污水资源化利用
Congressional Research Service（2022）	美国	2022—2042年	0.74万亿美元	水质安全管理、污水处理、清洁饮水和卫生设施
Hsu et al.（2021）	中国	2015—2030年	0.66万亿美元	水环境综合治理、废水处理、水资源节约与保护
招商银行研究院（2022）	中国	2021—2025年	0.24万亿美元	流域治理、污水处理、城市供水

（二）大气污染治理领域的投融资需求估算

从全球视角而言，McCollum et al.（2018）对联合国可持续发展目标中的SDG3.9要求进行了深入研究，该目标旨在到2030年大幅减少因$PM_{2.5}$污染导致的死亡人数。他们估算了全球在空气污染治理与控制领域的投融资需求，预测为实现SDG3.9目标，全球每年在相关领域的投资将高达0.74万亿美元。进一步计算显示，从2016年至2030年，累计的年度投融资需求将达到10.36万亿美元。然而，全球能源系统的转型被看作是一个潜在的降低空气污染治理成本的机遇，预计在此背景下，每年的投融资需求可能下降至0.62万亿美元，直至2030年，累计投融资需求则可能降至8.68万亿美元。

在区域层面，欧盟委员会（European Commission，2020）指出，为实现欧盟的环境目标，预计未来10年内，27个欧盟成员国在大气污染治理领域的累计总投融资需求将达到0.38万亿美元，这一需求占据了未来绿色投融资总需求约39%的显著比例。另外，世界银行的报告（World Bank，2023）针对空气污染较为严重的31个南亚国家在2018—2030年间的大气污染治理投资进行了估算。报告预测，若南亚地区希望在2030年前达到空气污染治理的最低标准，即$PM_{2.5}$的平均人口暴露量减少至37μg/m³，则至少需要累计投入0.74万亿美元；然而，若该地区致力于在2030年前达到世界卫生组织（WHO）推荐的空气质量标准，即$PM_{2.5}$的平均人口暴露量减少至10μg/m³，则累计投融资需求将显著提升至1.09万亿美元。

我国对空气污染治理也十分重视，陆续出台了多项空气污染防治指导方针，旨在引导和促进相关投融资需求的发展。其中，2013年发布的《大气污染防治行动计划》是中国首个国家级的大气污染治理规划。董战峰 等（2016）基于京津冀、长三角及珠三角等典型区域的实地调研，深入分析了该行动计划的投融资需求。据估算，该行动计划的总资金需求约为0.28万亿美元，折合人民币约为1.94万亿元。在投融资需求的分布上，优化能源结构占据了显著比重，达2844亿元人民币；移动源污染防治是投融资需求最大的部分，高达14067.66亿元人民币；而工业企业污染治理和面源污染治理则分别需要915.44亿元和615.72亿元人民币。此外，Hsu et al.（2021）也对《大气污染防治行动计划》的投融资需求进行了估算，得出了与董战峰等人相似的结果，即总投融资需求约为0.27万亿美元；然而，Hsu et al. 进一步分析了中国在空气污染治理中的资金状况，并指出截至2021年，中国在空气污染治理领域仍存在约0.16万亿美元的投融资需求缺口。中华人民共和国生态环境部则针对中国最新发布的第三个国家级大气污染治理规划——《空气质量持续改善行动计划》进行了投融资需求预测。据估计，该计划能直接或间接拉动总投融资需求约4万亿元人民币（约合0.57万亿美元），并且在此过程中，“双碳”战略下的产业绿色低碳转型被视为未来空气质量持续改善的主要驱动力和关键投资措施。

表2-2　相关研究机构对大气污染治理的投融资需求估算结果

来源	样本	预测期限	预测投融资值	覆盖范围
McCollum et al.（2018）	全球	2016—2030年	8.68万亿～10.36万亿美元（每年）	空气污染治理投资以及相应的疾病卫生治理投资
欧盟委员会（2020）	27个欧盟成员国	2021—2030年	0.38万亿美元	大气污染防治与减排管理
世界银行（2023）	31个南亚国家	2018—2030年	0.74万亿～1.09万亿美元	污染治理与减排管理、燃料与能源结构优化
董战峰 等（2016）	中国	2013—2017年	0.28万亿美元	大气污染防治和能源结构优化
Hsu et al.（2021）	中国	—	0.27万亿美元	工业与车辆空气污染控制、供暖基础设施和清洁燃料利用、环境监测等
中华人民共和国生态环境部	中国	—	0.57万亿美元	优化产业机构、能源结构和交通结构，强化污染治理和减排管理等

注：“—”表示原报告未明确说明。

二、二氧化碳减排的投融资需求估算

在二氧化碳减排投融资需求估算研究领域中，常用的估算方法主要分为“自上而下”和“自下而上”两种方法。“自上而下”方法主要是基于宏观模型的计算和政策模拟，根据国家的发展目标以及相应的历史经验和文献数据，首先估算总体绿色投融资需求规模，再估算各部门的投融资需求；而“自下而上”方法则基于能源政策模拟模型工具、行业投资实践和专家判断，对各部门能源消费和二氧化碳排放部门模型的情景分析和技术评价逐一估算后，再评估总体需求规模和重要行业措施实施所需投资规模。下面我们分别介绍中国总体、细分领域以及全球对二氧化碳减排以及实现碳中和所需投资的估算研究。

（一）中国二氧化碳减排投融资需求的总规模估算

现有研究基于“自上而下”和“自下而上”两种方法已经对中国实现“碳减排”“碳中和”发展目标所需的投融资需求进行了不同口径的研究测算，具体见表2-3。

清华大学气候变化与可持续发展研究院 等（2021）采用“自下而上”和“自上而下”相结合的研究方法，评估了在1.5℃温控目标情景（简称“1.5℃情景”）和2℃温控目标情景（简称“2℃情景”）下的包括能源供应、工业、建筑、交通等部门的总投融资需求。具体而言，该报告估算结果表明，为实现1.5℃情景和2℃情景，中国在2020—2050年期间，各能源终端需求部门的总投融资需求分别高达174.38万亿元和127.24万亿元人民币。

高盛（Goldman Sachs Group，2021）发布的报告则预测，至2060年，中国在低碳能源相关领域的投融资需求将达到104万亿元人民币。然而，高盛报告强调，这一总投融资需求并不会在各年度间均匀分布，而是预计投资将呈现前期逐年递增的趋势，并在2040年达到峰值，且前期投资将主要用于电力网络的初始基础设施扩张、充电基础设施和供暖管道基础设施的电气化加速，以及清洁燃料在运输、建筑供暖和工业领域的替代和渗透等方面。中金公司研究部和中金研究院（2021）在同年采用“自下而上”的方法也对中国低碳投资的总需求进行了估算。其研究结果显示，中国从2021年至2060年间的绿色总投融资需求约为139万亿元人民币。其中，2021年到2030年这一阶段，预计投融资需求约为22万亿元人民币，用于初步构建低碳经济和能源体系；而到了2031年至2060年，投融资需求将大幅增长至约117万亿元人民币，以满足更深层次和更广泛的绿色转型需求，从而确保国家“碳中和”长期目标的顺利实现。

相比之下，中国金融学会绿色金融专业委员会（简称“绿金委”）课题组（2021）对绿色低碳投融资需求进行了更为全面的评估，这一评估采用了比清华大学、高盛和中金等机构更为宽泛的口径，涵盖了低碳能源体系、林业生态、环保领域以及《绿色产业指导目录》中节能减排的更多细分领域。根据估算结果，未来30年内，中国在《绿色产业指导目录》所确定的211个领域内将产生高达487万亿元人民币的绿色低碳投融资需求。

此外，世界银行发布的*China Country Climate and Development Report*（World Bank，2022）指出，中国为实现脱碳目标，需要进行大规模的投资以建设绿色基础设施并扩大相关技术规模。其行业模型预测，从2021年至2060年，为满足需求增长并维护现有资产，中国在电力和交通运输部门除基线投资外，还需额外增加总计约90万亿元人民币的投资，这相当于GDP的0.98%。其中，为在2030年实现“碳达峰”目标，仅未来10年就将需要投入约13万亿元人民币，占该时期GDP的0.97%；若进一步综合考虑建筑、农业、工业等其他行业的投融资需求，预计总投融资需求将增至约142万亿元人民币。

表2-3　相关研究对中国绿色低碳投融资总需求的估算结果

来源	预测期限	预测投融资值	覆盖范围	估算方法
清华大学气候变化与可持续发展研究院 等（2021）	2020—2050年	127.24万亿～174.38万亿元	低碳能源相关领域，不包括生态环保	“自下而上”和“自上而下”相结合
Goldman Sachs（2021）	2021—2060年	104万亿元	低碳能源相关领域，不包括生态环保	—
中金公司研究部和中金研究院（2021）	2021—2060年	139万亿元	低碳能源相关领域，不包括生态环保	“自下而上”估计
绿金委课题组（2021）	2021—2050年	487万亿元	既包括低碳能源相关领域，也包括生态环保	“自下而上”和“自上而下”相结合
World Bank（2022）	2021—2060年	90万亿～142万亿元	低碳能源相关领域，不包括生态环保	—

注：“—”表示原报告未明确说明。

（二）细分领域的低碳投融资需求估算

还有不少研究从不同维度估算了更为细分行业的碳减排投融资需求预测。下面着重介绍招商银行研究院、中金公司以及绿金委课题组在不同细分领域对低碳投融资需求的估算数据，具体见表2-4。

招商银行研究院（2021）发布的报告预测，在2021年至2060年实现“碳中和”的进程中，中国预计将产生超过百万亿元的投融资需求。该报告详细分析了5个关键领域的投资前景：其中，新能源发电领域将成为关键投资领域，预计新增投资规模将达到37.4万亿～45.3万亿元；工业生产低碳化改造也是重要的投资方向，预计需要新增投资规模13.3万亿元；随着新能源汽车的快速发展，相关投资新增规模预计将达到4.4万亿元；装配式建筑行业和冬季采暖电气化改造也将催生大量投融资需求，预计新增投融资需求将分别达到10万亿元和3.5万亿元；植树造林活动作为重要的碳汇手段，预计累计将吸引3.2万亿元的投资。

中金公司研究部 等（2021）针对中国碳排放量最高的7个行业进行了投融资需求的分行业估算。报告指出，为实现“碳中和”目标，电力行业的绿色总投融资需求高达67.4万亿元，成为规模最大的投资领域；紧随其后的是交通运输行业，其绿色总投融资需求达到37.4万亿元；建筑行业的绿色投融资需求也相当可观，预计为22.3万亿元。钢铁和水泥行业，随着中国产业结构的持续优化调整，其绿色投融资需求预计将相对较小。

中国金融学会绿色金融专业委员会课题组（2021）对未来10年内（2021—2030年）的新能源汽车、可再生能源与储能以及低碳建筑领域的投融资需求进行了深入研究。具体而言，在新能源汽车领域，绿金委课题组预测纯电动车与氢燃料汽车、充电站与加氢站的累计投融资需求将达到2.2万亿元人民币，其中充电基础设施的投融资需求占据主导地位，预计将达到1.5万亿元人民币；而在可再生能源与储能领域，光电光伏储能的累计投融资需求将达到6.2万亿元人民币，风电和光伏领域占据了主导地位，投融资需求将分别达到约3.5万亿元和2.2万亿元人民币；最后在低碳建筑领域，预计投资增量需求约4.8万亿元人民币，其中超低能耗建筑、二星级及以上绿色建筑和既有建筑节能改造的投融资需求分别为0.7万亿元、1.2万亿元和2.9万亿元。

表2-4 相关研究对中国细分领域的低碳投融资需求的估算结果

来源	预测期限	细分领域及相应预测投融资值	
招商银行研究院（2021）	2021—2060年	新能源发电 工业生产低碳化改造 新能源汽车 装配式建筑 冬季采暖电气化改造 植树造林	37.4万亿～45.3万亿元 13.3万亿元 4.4万亿元 10万亿元 3.5万亿元 3.2万亿元
中金公司研究部 等（2021）	2021—2060年	建筑行业 农业行业 电力行业 化工行业 钢铁行业 交通运输行业 水泥行业	22.3万亿元 3.6万亿元 67.4万亿元 4.1万亿元 3.1万亿元 37.4万亿元 0.6万亿元
绿金委课题组（2021）	2021—2030年	新能源汽车 可再生能源和储能 低碳建筑	2.2万亿元 6.2万亿元 4.8万亿元

（三）全球与其他地区的低碳投融资需求估算

从全球及其他地区的视角来看，低碳投融资需求估算同样呈现出巨大的规模。下面简要概述各研究对全球范围内以及特定地区（如共建“一带一路”国家、欧盟成员国以及新兴市场与发展中经济体）的低碳投融资需求进行的估算结果，汇总结果见表2-5。

在全球层面，国际可再生能源机构（IRENA, 2021）预测，为实现1.5℃温控目标，从2021年至2050年，全球至少需要增加131万亿美元的投资资金，这些资金将主要应用于可再生能源投资、能源效率提升、供热及运输电气化改造等领域。报告强调，前期的高投融资需求至关重要，预计投融资应在2030年达到峰值。然而，气候政策倡议组织（CPI, 2023）在其发布的报告中，采用了比IRENA更宽泛的估算口径：该报告基于《巴黎协定》所设定的目标，对低碳转型和生态环保等领域的投融资需求进行了评估。CPI预计，为实现1.5℃温控目标，2025年至2050年期间，全球绿色投融资需求将达到266万亿美元，且若这一目标投资得以实现，则预计2050年至2100年期间，因气候变化导致的社会和经济损失将大幅减少，损失减少金额预估高达1266万亿美元。

在区域层面，Ma et al.（2019）采用预测能源需求的方法，评估了为实现2℃温控目标，在2016年至2030年期间，126个"一带一路"国家所需的绿色投资规模。据估算，这些国家在此时间段内的绿色投融资需求约为11.8万亿美元，年均资金需求高达约7850亿美元，而这一年均投融资需求额是2018年全球清洁能源投资总额的2.4倍，凸显了为实现温控目标所需投资的庞大规模和紧迫性。中金研究院（2021）的报告则基于国家自主贡献（NDC）承诺计划，采用"自下而上"的方法，对117个"一带一路"国家为实现2℃温控目标所需的气候变化适应性措施（如加强森林保护、防旱减灾工程等）及减缓措施（如节能减排、投资可再生能源等）的绿色投融资需求进行了测算。其结果表明，这些国家的绿色投融资需求高达3.6万亿美元，其中减缓措施的投资是未来绿色投资的主要方向，预计将超过2.5万亿美元。

除了亚洲地区之外，欧盟委员会（European Commission，2020）基于PRIMSE模型（一个用于模拟欧盟成员国能源供应和需求市场均衡的模型化系统）估算出，为了实现欧盟所提出的"消减40%"减碳目标——到2030年欧盟温室气体排放量相较1990年减少40%，欧盟国家在未来10年内需保持年均约3840亿美元的能源效率与可再生能源投资，累计的绿色投融资需求将达到3.8万亿美元。另一方面，国际能源署与国际金融公司联合发布的报告（IEA and IFC, 2023）显示，为满足不断增长的能源需求并以符合《巴黎协定》的方式推进，新兴市场和发展中国家在2030年代初对清洁能源的年度公共和私人投资需增加2倍以上，即从2022年的7700亿美元提升至每年2.2万亿至2.8万亿美元，并维持这一水平直至2050年。这意味着，从2023年至2050年，新兴市场和发展中经济体未来的绿色低碳累计投融资需求将高达59.4万亿至75.6万亿美元。

表2-5 全球与其他地区的低碳投融资需求的估算结果

来源	样本	预测期限	预测投融资值	覆盖范围
IRENA（2021）	全球	2021—2050年	131万亿美元	能源效率提升、可再生能源投资、供热及运输电气化改造
CPI （2023）	全球	2025—2050年	266万亿美元	既包括低碳能源相关领域，也包括生态环保领域
Ma et al.（2019）	126个“一带一路”国家	2016—2030年	11.8万亿美元	与低碳相关的电力、交通和建筑领域的投资
中金研究院（2021）	117个“一带一路”国家	2023—2050年	3.6万亿美元	气候变化适应性措施及减缓措施
European Commission（2020）	欧盟国家	2021—2030年	3.8万亿美元	能源效率与可再生能源投资
IEA and IFC（2023）	新兴市场和发展中经济体（EMDEs）	2023—2050年	59.4万亿～75.6万亿美元	清洁能源投资

三、中国工业部门实现碳中和的投融资需求估算及合理减排时点分析

在估算碳减排成本和减排所需投资方面，现有文献主要使用专家法（expert-based method）、模型法（model-derived method）对低碳技术或碳减排的成本进行测度，并根据减排成本，估计实现特定减排目标所需的投资额（Meng et al., 2021）。其中，专家法是工程学方法，主要依据科学家和工程师的建议，评估每个技术方案的减排潜力和相应成本。最知名的采用专家法测度边际减排成本的

研究是麦肯锡公司（McKinsey & Company）于2009年测度的边际减排成本曲线（Gillingham et al. , 2018）。但是，专家法测度的投资机会并未考虑技术转换所需要的系统性投资，可能会导致投融资需求的低估（Ryan, 2012），且业内专家可能更关注低碳技术当前的使用情况，而非长期发展趋势（Meng et al., 2021）。模型法则主要通过已知数据中的变量来估计碳减排的投融资需求，其中，估计边际减排成本的模型通常可分为基于经济—能源模型和基于微观供给侧的二氧化碳影子价格估计模型。基于微观供给侧的二氧化碳影子价格估计模型具有理论假设少、符合现实生产过程等优势，已被较多的文献采用（陈诗一，2010；陈诗一，2011；蒋伟杰 等，2018；杨子晖 等，2019；Du et al., 2015）。现有对2060年实现碳中和的投融资需求的测算大多采用专家法，使用模型法进行测度的较少，其性质多为研究报告或新闻报道，学术文献鲜有涉及，且较少在中国背景下，结合国家具体的碳达峰、碳中和政策，考虑不同的碳达峰和峰后碳减排时点选择对所需投资的影响。

如前所述，中国实现碳中和有两个途径：一是要聚焦工业部门，特别是其中的高碳排放行业；二是要重视能源转型的技术路径。下面我们采用“自下而上”的能源规划模型方法，来预测2060年中国工业部门实现碳中和的碳排放走势，并估算工业不同行业、能源转型不同技术路径所需的投资额和不同减排时点的选择对所需投资额的影响。具体按照以下三个步骤进行：首先，基于微观供给侧的二氧化碳影子价格估计模型，使用径向距离函数对中国工业行业的二氧化碳影子价格进行估计，估计出的影子价格为边际减排成本；其次，利用边际减排成本的估计结果，运用非参数的局部线性加权平滑法和参数估计的方法，估计各工业行业边际减排成本方程；最后，根据碳中和情景下各年份各行业的碳减排量，对边际减排成本方程进行积分，估计在碳中和情景下，中国工业部门实现碳中和所需的投资额（陈诗一 等，2024）。

中国工业部门实现碳中和所需投资额估算结果如表2-6所示，中国工业部门实现碳中和所需的投资总额约为307.16万亿元。其中，非金属制品行业和化学原料行业所需的投资额最多。为了考察结果的稳健性，表2-6的第三列列出了各行业的绿色溢价比例。绿色溢价比例是指某项经济活动的零碳排放成本与现有成本之差与现有成本的比值，由中金公司根据技术转换所需的成本，结合政府相关部门、国内外相关学者和业界龙头企业的建议进行估计（中金公司研究部 等，2021）。结果显示，我们测算的各行业碳中和进程的所需投资额与中金公司绿色溢价比例大小的排序相似，说明我们的测算结果可以较为准确地反映各行业碳中和进程中所需投资额的相对大小。这里特别要说明的是，本章估计的碳中和所需投资额比表2-3、表2-4中不少投资咨询机构给出的估算值要大，这是由于投资咨询机构主要根据微观项目的汇总计算所需投资，而本节采用影子价格法即根据碳减排的隐性价格进行估算，不仅考虑了开设新的低碳项目所需的投资，还包括退出旧项目、完善新项目的配套措施所带来的系统转型成本。

表2-6 中国工业部门实现碳中和所需的投资估计

工业部门	碳中和所需投资	绿色溢价比例
石油化工	7.66万亿元	8%
化学原料	86.52万亿元	61%
钢铁	18.73万亿元	21%
有色金属	16.82万亿元	4%
非金属制品	165.91万亿元	151%
一般工业	8.64万亿元	—
电力工业	2.88万亿元	17%
合计	307.16万亿元	—

如果按照不同技术路径来划分，中国工业部门碳减排技术路径需要投资257.64万亿元，其中非电力工业部门需要投资110.18万亿元，而碳捕集技术领域需要投资49.52万亿元。从中国工业部门碳减排的不同能源转型技术路径来测算，风电、光电、水电、核电等清洁能源生产与使用需要投资166.28万亿元，传统高碳部门低碳技术改造所需投资为74.43万亿元，以煤为主的化石能源清洁转化所需投资为7.31万

亿元，以及油气对煤炭的替代还需要大约9.62万亿元投资。

我们进一步讨论了碳减排时点选择对所需投资额的影响。当前，中国已经承诺实现碳中和，但是，实现碳中和具体的碳排放变化轨迹和碳减排时点选择还在讨论过程中。现有的部分研究表明，碳减排的时点选择会影响累积碳排放总量，尽早实现减排目标将对全球温控产生重要影响（Millar et al., 2016；Matthews et al., 2018）。但是，现有文献较少从碳减排经济成本的角度讨论碳减排时点选择对中国实现碳中和所需投资额的影响。根据我们边际减排成本方程的估计结果，延后减排可能会导致经济增长模式和能源供应系统的锁定效应，在碳排放目标一定的条件下，需要付出更大的沉没成本和系统响应成本。因此，本章以碳中和情景为基准，设定了三种不同的碳减排时点选择：①达峰时间不变，但峰值提高；②延后达峰，峰值与碳中和情景一致；③达峰时间和峰值均与碳中和情景一致，但达峰后维持二氧化碳排放在峰值水平，一段时间过后开始减排。

具体而言，我们对三种碳减排时点选择下的具体的减排路径作出如下设定，以分别测算三种碳减排时点选择对所需投资的影响。时点选择①，设定达峰时间与碳中和情景一致（于2030年达峰），但峰值提升20%，达峰后按照碳中和情景各时间段的减排占比开始减排，至2060年减排至碳中和情景下2060年的碳排放量，所需的总投资为343.63万亿元。时点选择②，设定工业碳排放至2035年达峰，峰值与碳中和情景下2030年的峰值相同，达峰后即刻开始减排，至2060年减排至碳中和情景下2060年的碳排放量，所需的总投资为328.13万亿元。时点选择③，工业碳排放于2030年达峰，但达峰后，2030年至2035年的碳排放水平保持稳定，自2035年起减排，并减排至碳中和情景下2060年的碳排放量，则所需总投资为324.94万亿元。

由此可见，延后减排将带来大量的额外投资。造成上述结果差异的原因是减排政策实行得越晚，碳排放的峰值越高，则更容易将中国的经济和能源系统锁定在高碳路径下，实现相同的减排目标需要付出更多的系统调整成本，所需的投资总额也越大。因此，中国实现碳中和的最优时点选择是尽早达峰，尽可能降低峰值，达峰后尽快减排。

第二节

绿色金融的概念及其演进

一、绿色金融的定义

绿色金融是指支持环境保护、气候应对以及绿色生产力、绿色高质量发展、人与自然和谐共生、现代化的金融服务。绿色金融将金融服务纳入绿色发展的框架中，将绿色生态理念贯穿于金融服务诸业态之中，不断发展形成有别于传统金融发展的新服务、新模式、新工具和新方法。在碳中和背景下，碳金融成为绿色金融的重要组成部分，其功能的充分发挥需要借助碳市场交易来实现。绿色金融与碳金融应贯穿于投资、生产、流通、消费和分配等经济活动各维度，体现在绿色信贷、绿色债券、绿色保险等金融产品创新之中，需要由各级政府、金融机构，特别是企业等市场主体的多方参与，通过“政府+市场”的“自上而下”和“自下而上”相结合的双向绿色创新机制，共同推动碳中和目标下的经济高质量发展（陈诗一，2019）。绿色金融具备资源优化配置、绿色低碳发展投融资支持、风险识别与管控以及资产定价与生态产品价值实现等核心功能，能够有效应对效率、公平和外部性带来的挑战。

对于绿色金融，许多机构已给出了众多具有共通之处的定义。

G20绿色金融研究小组于2016年提出，绿色金融指能产生环境效益以支持可持续发展的投融资活动。这些环境效益包括减少空气、水和土壤污染，降低温室气体排放，提高资源使用效率，减缓和适应气候变化并体现其协同效应等。此外，G20鼓励不同国家和市场对绿色金融进行差别化的技术解释。

国际发展金融俱乐部（IDFC）于2012年从政策角度将绿色金融界定为推动金融投资流入可持续发展的项目倡议、环保产品和鼓励发展可持续经济的政策，聚焦广泛的环境目标，包括减缓气候变化、工业污染控制、水体卫生和生物多样性保护等。

德国发展研究所（DIE）于2016年指出，绿色金融包括所有考虑环境影响和增强环境可持续性的投资或贷款，其核心要素在于将环境筛查和风险评估纳入投资和贷款的决策流程中。日本经济产业省（Ministry of Economy, Trade and Industry, METI）则将绿色金融定义为“为低碳活动提供资金的金融活动”。与欧盟严格的绿色金融标准不同，日本经济产业省认为，不应简单地将金融产品和项目划分为“绿色”与“非绿色”，而应兼顾那些有助于产业转型和创新发展的项目。在2020年发布的《气候创新金融终期报告》中，日本经济产业省进一步强调“以欧盟为中心的服务经济产业结构国家和以亚洲为中心的制造业国家面临的课题不同”。

从国内来看，2016年，中国人民银行、财政部等七部委联合印发的《关于构建绿色金融体系的指导意见》对绿色金融以及绿色金融体系作出定义：“绿色金融是指为支持环境改善、应对气候变化和资源节约高效利用的经济活动，即对环保、节能、清洁能源、绿色交通、绿色建筑等领域的项目投融资、项目运营、风险管理等所提供的金融服务。”“绿色金融体系是指通过绿色信贷、绿色债券、绿色股票指数和相关产品、绿色发展基金、绿色保险、碳金融等金融工具和相关政策支持经济向绿色化转型的制度安排。”

二、绿色金融概念的演进过程

1987年，世界环境与发展委员会通过《我们共同的未来》报告首次正式定义了可持续发展的概念。自此，这一理念及其金融实践——可持续发展金融，在国际层面逐渐形成共识。2016年，联合国环境规划署（UNEP）在《可持续金融体系的设计》（*Design of a Sustainable Financial System*）中，对可持续金融、绿色金融、气候金融等概念进行了对比，并提出了一种层级性的排序：可持续金融 > 社会环境金融 > 绿色金融 > 气候金融 > 碳金融，具体关系如图2-1所示。其中，可持续金融涵盖环境、社会、经济和治理相关的议题；社会环境金融侧重于环境与社会层面；绿色金融则着重于环境领域的金融问题；而气候金融和碳金融的概念更为狭窄，气候金融主要围绕减缓气候变化与适应气候变化等环境议题，碳金融则专门针对减缓气候变化的金融问题。

早期的绿色金融实践主要侧重于纯绿产业，即发展绿色增量，并未有效改变产业结构中的非绿存量，不利于整个社会体系向绿色经济的全面转型。随着对环境问题认识的深化，社会开始愈发关注高碳行业的绿色转型。2019年，经济合作与发展组织（OECD）将广义的转型金融理念纳入可持续金融框架，提出广义转型金融旨在为各国实现联合国发布的可持续发展目标提供全方位的金融支持。2020年，欧盟发布《可持续金融分类目录》，进一步明确了转型金融的概念，即致力于为碳密集型及具有较高环境影响的项目或实体提供金融支持，以促进其转向低碳及零碳排放的发展路径。

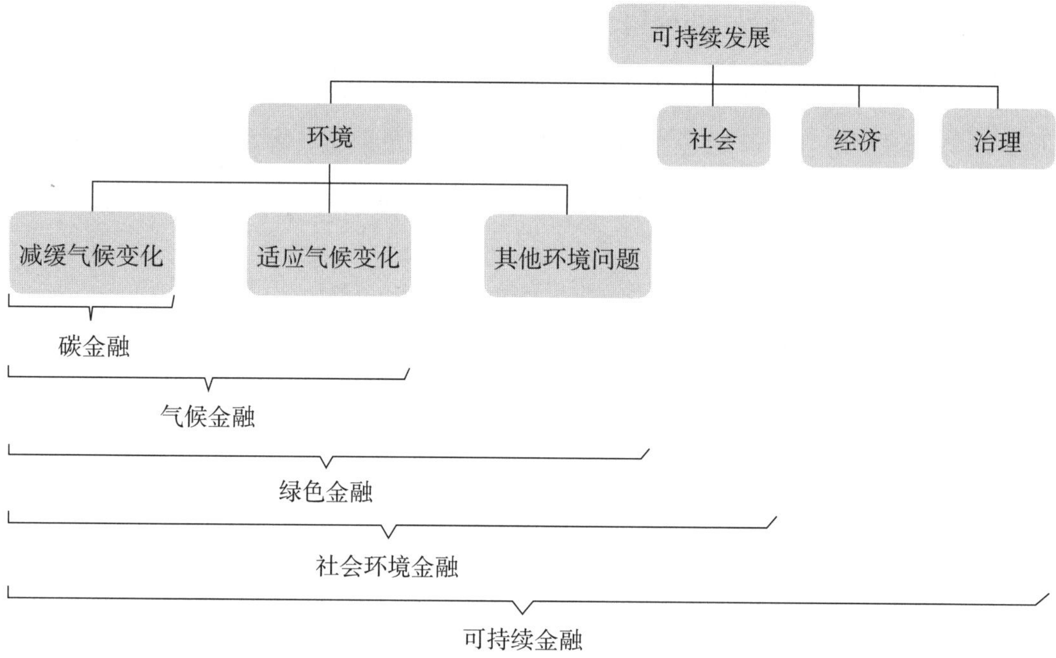

图2-1　可持续金融领域相关概念的层级关系

资料来源：UNEP《可持续金融体系的设计》、兴业碳金融研究院课题组《中国可持续金融产品与市场》。

整体而言，欧美等发达经济体工业化进程较早完成，对可持续发展问题关注较早，提法以可持续金融为主，且可持续金融市场发展较为成熟。国内尽管起步较晚，但发展较快，提法以绿色金融为主，绿色金融体系也日趋完善。下面简单介绍一下绿色金融概念演进过程中的一些相关概念。

（一）可持续金融

可持续金融的概念来源于可持续发展。1987年，世界环境与发展委员会在《我们共同的未来》报告中正式定义了可持续发展概念，提出可持续发展是指既能满足当代人的需要，又不对后代人满足其需要的能力构成危害的发展。此后，《里约环境与发展宣言》《21世纪议程》以及“赤道原则”（Equator Principles, EPs）等多项文件或协议在国际会议上得到通过，可持续发展在国际组织的推动下逐步成为全球共识。

尽管可持续金融尚未在国际上形成统一的定义，但联合国环境规划署（UNEP）、二十国集团（G20）等众多国际组织均对可持续金融的概念进行了阐述和界定，并持续推进可持续金融的发展（见表2-7）。

2016年，联合国环境规划署（UNEP）在《可持续金融体系的设计》中，比较了可持续金融、绿色金融、气候金融等概念，认为可持续金融的概念最具包容性，涵盖了环境、社会、经济和治理等领域的内容。

2018年，G20可持续金融研究小组在发布的《2018年可持续金融综合报告》（*Sustainable Finance Synthesis Report 2018*）中，将可持续金融定义为通过直接和间接的方式支持可持续发展目标（SDGs）框架，推动实现强劲、可持续、平衡和包容性增长的融资以及相关的制度和市场安排。

2019年，国际货币基金组织（IMF）在《全球金融稳定报告：较长时间内维持较低水平》（*Global Financial Stability Report: Lower for Longer*）中指出可持续金融要求将环境、社会和治理（ESG）原则纳入商业决策、经济发展和投资战略中。

2020年，国际资本市场协会（ICMA）在发布的《可持续金融概要释义》

（*Sustainable Finance High-level Definitions*）中，界定了可持续金融、气候金融、绿色金融、社会责任金融等术语的概念及其相互关系，指出可持续金融不仅涵盖气候、绿色和社会责任金融领域，还着重考量被融资机构在长期经济发展中的可持续性，以及在整个金融体系中的作用与运行稳定性等更广泛的内容。

除了国际组织外，许多国家及地区的政府部门也对可持续金融进行了定义。例如瑞士联邦环境办公室（FOEN）于2014年发布的《瑞士“绿色”金融市场概述》（*Overview of the “Green” Swiss Financial Market*），将可持续金融定义为在整个风险管理和决策过程中考虑环境、社会和治理因素，为促进负责任投资而提供的金融产品和服务，目标是产生积极的环境、社会和治理影响；而欧盟于2018年发布的《可持续增长融资行动计划》（*Action Plan: Financing Sustainable Growth*），则提出可持续金融是指在投资决策中适当考虑环境、社会和治理因素，从而增加对长期和可持续活动的投资的过程。

当前，可持续金融尚未得到官方的正式定义，但已形成一定的市场共识。狭义理解认为可持续金融是指将环境、社会和治理，纳入商业决策、经济发展和投资战略；广义理解则将可持续金融与可持续发展概念和可持续发展目标相联系，指为支持国际可持续发展目标的实现，促进经济社会实现可持续发展的金融手段和体系[1]。

[1] 绿色金融与ESG国际研究.可持续金融背景、界定及相关概念梳理[EB/OL].（2023-07-14）[2024-06-17].https://finance.sina.com.cn/esg/2023-07-14/doc-imzaryzt3215900.shtml.

表2-7　部分国际组织对于可持续金融的定义

组织机构或政府部门	发布时间	报告名称	概念阐述
联合国环境规划署（UNEP）	2016年	《可持续金融体系的设计》（*Design of a Sustainable Financial System*）	可持续金融包括广泛的环境、社会、经济和治理等相关的内容
二十国集团（G20）	2018年	《2018年可持续金融综合报告》（*Sustainable Finance Synthesis Report 2018*）	可持续金融为通过直接和间接的方式支持可持续发展目标（SDGs）框架，推动实现强劲、可持续、平衡和包容性增长的融资以及相关的制度和市场安排
国际货币基金组织（IMF）	2019年	《全球金融稳定报告：较长时间内维持较低水平》（*Global Financial Stability Report: Lower for Longer*）	可持续金融要求将环境、社会和治理（ESG）原则纳入商业决策、经济发展和投资战略中
国际资本市场协会（ICMA）	2020年	《可持续金融概要释义》（*Sustainable Finance High-level Definitions*）	可持续金融包括气候、绿色和社会责任金融领域，还着重考量被融资机构在长期经济发展中的可持续性，以及在整个金融体系中的作用与运行稳定性等更广泛的内容
瑞士联邦环境办公室（FOEN）	2014年	《瑞士“绿色”金融市场概述》（*Overview of the “Green”Swiss Financial Market*）	可持续金融是指在整个风险管理和决策过程中考虑环境、社会和治理因素，为促进负责任投资而提供的金融产品和服务，目标是产生积极的环境、社会和治理影响
欧盟（EU）	2018年	《可持续增长融资行动计划》（*Action Plan: Financing Sustainable Growth*）	可持续金融一般是指在投资决策中适当考虑环境、社会和治理因素，从而增加对长期和可持续活动的投资的过程

（二）气候金融

在气候金融领域，众多国际组织也已对气候金融提出了各自的界定，并均着重强调其是对减缓和适应气候变化的金融支持。2011年，世界银行将气候金融界定为促进低碳发展和提高气候适应能力的所有资金来源，包括支持气候行动和规避气候风险的资本支出、建立减缓和适应气候变化的有利环境的投资、支持相关新技术研发和应用的投资等。气候政策倡议组织（Climate Policy Initiative, CPI）则将气候金融定义为减缓和适应气候变化的各类金融支持，特别强调发达国家与发展中国家之间的资金流动，以及公共部门与私人部门之间的资金流动。

也有不少主流国际组织进一步明确了气候投融资的定义，如联合国环境规划署（UNEP）将气候投融资定义为金融与气候变化相连，用于减少碳排放的投融资活动；世界银行集团（WBG）则将气候投融资界定为向低碳、适应气候变化发展的项目提供投融资的气候融资行为；气候政策倡议组织（CPI）与经济合作与发展组织（OECD）则强调气候投融资资金必须专门用于应对、减缓和适应气候变化。

国内也更关注气候投融资领域。2020年，生态环境部、国家发展和改革委员会（简称“国家发展改革委”或“发改委”）、中国人民银行、中国银行保险监督管理委员会（简称“银保监会”）和中国证券监督管理委员会（简称“证监会”）联合发布《关于促进应对气候变化投融资的指导意见》，明确气候投融资是指为实现国家自主贡献目标和低碳发展目标，引导和促进更多资金投向应对气候变化领域的投资和融资活动，是绿色金融的重要组成部分。

（三）碳金融

碳金融市场是指金融化的碳市场，由于欧美金融市场高度发达，金融化的碳市场对于他们几乎是不言自明的前提，所以在他们的语境中很少出现“碳金融”等提法。

世界银行在2011年发布的《碳金融十年》报告中对“碳金融”的描述几乎与碳交易一致，即出售基于项目的温室气体减排量或者交易碳排放许可所获得的一系列现金流的统称。

从国内学界来看，碳金融市场狭义上是指企业间就政府分配的温室气体排放权进行市场交易导致的金融活动；广义上泛指服务于限制碳排放的所有金融活动，既包括碳排放权配额及其金融衍生品交易，也包括基于碳减排的直接投融资活动以及相关金融中介等服务。

近年来我国碳排放权交易体系持续完善，2020年12月31日，生态环境部公布《碳排放权交易管理办法（试行）》，规定了全国碳交易市场的交易原则、制度框架以及实施流程，明确于2021年2月1日正式生效。我国以发电行业为切入点的全国统一碳交易市场第一个履约周期正式启动，市场主体涉及2225家发电行业重点排放单位。到目前为止，我国碳市场的主体仍是现货交易，主要包括8个碳交易试点省市各自的碳排放权配额和项目减排量两类交易产品，其中项目减排量以国家核证自愿减排量（CCER）为主，主要用于8个省市的控排机构在履约时抵销其一定比例的碳配额，还有少量用于部分机构及个人的自愿碳中和行动。

（四）转型金融

尽管目前国际、国内关于“转型金融”的概念还未形成统一标准，但已形成一定的共识，认为转型金融至少具备三个核心要素：一是转型金融的支持对象既涵盖具有低碳、减碳效应的项目或活动，也包括建立了明确减碳目标和实施路径的主体；二是转型金融促进从高碳向低碳乃至脱碳转变，与各个行业长期减排路径密切相关；三是转型金融支持的对象需要有明确的减排效果，与《巴黎协定》或国家碳中和目标保持一致。

在国际视角方面，广义的转型金融概念属于可持续金融范畴，最早由经济合作与发展组织（OECD）在2019年提出，旨在通过提供多元化的金融援助，助力各国达成联合国制定的可持续发展目标。狭义的转型金融则专指为适应气候变化所涉及的金融活动，其概念最早出现在欧盟2020年发布的《可持续金融分类目录》中，专指为碳密集和高环境影响项目或市场主体提供金融支持，以促进其向低碳、零碳排放转型。

在国内视角方面，香港绿色金融协会于2020年11月发布的《气候转型融资指南》指出，转型金融的支持对象涵盖技术和活动，旨在实现更低的碳排放水平，强调构建可靠且与《巴黎协定》目标保持一致的转型计划。尽管中国内地尚未有气候金融的官方定义，但也早已展开相关实践。例如，在2020年，我国部分地区，如以绿色金融创新为引领的湖州试验区，已开始试点开展“转型金融”活动。近年来，我国一些金融机构也陆续推出转型金融的指导文件。以中国银行与中国建设银行为例，两者分别于2021年初发布了《转型债券管理声明》和《转型债券框架》；而香港绿色金融协会则在2020年11月发布了《气候转型融资指南》。

第三节

绿色金融的国际实践

国际可持续发展与绿色金融发展的历史总体上可以分为三个阶段。

一、酝酿阶段——《京都议定书》之前

（一）国际社会确立可持续发展目标

在这一阶段，气候变化成为一个重要的全球议题，国际上确立了可持续发展目标，明确国际社会各实体应履行环境义务。1972年，联合国在瑞典斯德哥尔摩召开人类环境会议并通过《人类环境宣言》，这是人类环境问题首次在全球范围内公开讨论。1992年，联合国环境与发展大会在巴西里约热内卢举办，此次会议为解决环境和发展问题的国际行动提供指引。会议达成了《21世纪议程》，该议程针对教育、自然资源保护、经济可持续发展等方面提出了建议，呼吁投资于未来，实现21世纪的全面可持续发展。同时，会议通过了《联合国气候变化框架公约》，这是世界上第一个具有法律约束力的气候谈判国际基本框架。此外，会议还达成了《里约环境与发展宣言》及其27项普遍原则，通过《生物多样性公约》，达成了《关于森林问题的原则声明》。从整体上看，这些国际规则为国际社会各实体在原则上确立了履行环境义务的基本标准。

此次会议召开后，可持续发展委员会正式成立，旨在增进国际合作和政府决策合理化，确保会议后续行动的有效发展。

20世纪70年代以来，德国、美国、英国等发达国家开展了一系列环保立法实践。例如，德国制定了一系列环境保护法令，这些法令主要遵循预防原则、污染者付费原则和合作原则。尽管德国至今也没有颁布绿色信贷法、绿色保险法等绿色金

融相关法律，但其以发达的环保法律体系为基础，通过推动循环经济立法和政策实践，促进了绿色金融的快速发展。德国1972年通过了《废物避免产生和废物管理法》，开始对垃圾进行环保处理。在1991年出台的《包装条例》中体现了循环经济发展理念，这是德国政府第一次将其循环经济发展理念体现在环保立法体系中。德国拥有先进的环境责任保险制度，1991年实施的《环境责任法》极大地扩充了环境责任险的适用和承保范围。1996年实施的《循环经济与废弃物法》作为德国循环经济关键综合性立法，在世界上较早地将循环经济写入法律。

（二）明确金融机构的环境责任

在这一阶段，全球范围内通过国际公约、声明等形式明确了金融机构的环境责任。

1992年，联合国环境规划署（UNEP）联合知名银行在纽约共同发布了《银行业关于环境和可持续发展的声明书》，明确银行业的环境责任。该声明书也标志着联合国环境规划署银行计划（UNEP BI）的正式成立。1995年，联合国环境规划署联合英国保众保险公司、德国格林全球再保险公司、英国国民公积金公司、瑞士再保险公司等世界主要保险和再保险公司发布《保险业关于环境和可持续发展的声明书》，明确保险业的环境责任。该声明书表明，保险公司已经意识到了他们在管理和降低环境风险中的重要作用，将会在保险核心流程中加入对环境因素的评估和管理。1997年，联合国环境规划署银行计划对声明书内容进行修正，将范围从单一的银行业务扩展到一般性金融服务，银行计划更名为金融机构计划（UNEP FII）。《银行业关于环境和可持续发展的声明书》和《保险业关于环境和可持续发展的声明书》的发布，标志着国际金融机构开始系统实施环境管理体系。

部分发达国家也通过法律形式要求其金融机构关注环境风险。例如，美国在“爱河事件”后，通过《综合环境反应、赔偿和责任法》，建立了“The Hazardous Substance Response Trust Fund”基金。由于数额庞大，该基金被称为“超级基金”，该法案也被戏称为“超级基金法案”。“超级基金法案”的突出特点是其对污染行为的连带责任以及对污染源的追溯力较强。法案要求企业必须为其引起的环境污染承担责任，极大地增加了商业企业的环境风险。金融机构如果贷款或投资此类企业，可能会面临血本无归的风险，甚至因承担连带责任而需背负清偿环境污染治理费用的重担。这使信贷银行不得不高度关注和认真防范由于放贷而可能引起的潜在环境风险。作为美国的重要环保法律，“超级基金法案”直接催生了绿色信贷和绿色保险制度，是美国绿色金融发展的重大转折。

（三）绿色金融产品的早期实践

在这一阶段，发达国家进行了绿色金融产品的早期实践。

绿色信贷理念在这一时期出现。1974年，联邦德国成立了世界第一家政策性环保银行，命名为“生态银行”，专门负责为一般银行不愿接受的环境项目提供优惠贷款。1980年，美国颁布了“超级基金法案”，这部法律明确规定商业银行要对其发放信贷资金的项目的环境污染负责。英国1990年颁布的《环境保护条例》规定企业必须通过环境责任评估，才能从金融机构获得贷款。

在绿色保险方面，各国形成了强制与自愿结合的保险模式。美国采取强制绿色保险模式，要求废弃物可能引起损害的企业必须参保，司法层面对致害企业的处罚措施比较严厉。1976年，美国发布《资源保护与恢复法》，赋予国家环保署（EPA）制定关于有毒废物处理、储存或处置相关标准的权力。1980年，美国国家环保署要求年营业额达到100万美元以上的企业就未来对第三人的损害赔偿责任（包括人身和财产两方面）、关闭预估费用以及关闭后30年内可能导致的监测与维护费用进行强制投保。德国采取强制责任保险与财务保证或担保相结合的绿色保险模式。德国于1991年出台了《环境责任法》，要求国内所有工商企业强制投保环境责任险，对于环境污染风险等级较高的特定设备，要求设备所有人购买环境污染责任险或向金融机构、政府寻求财务担保。英国则采取自愿为主、强制为辅的绿色保险模式，但通过法律明确要求部分高环境风险行业的企业必须强制投保，如石油开采、造纸、核能源等行业的企业。

为了解决私人保险公司主动性不足的问题，发达国家成立专门机构来经营绿色保险。这类机构一般以政府公信力为背景，具有较强的专业性，在风险定价、理赔定损等环节拥有先天优势，能够有效督促企业主动投保。例如，美国在1988年设立由政府出资并实际控制的政策性环境保护保险公司；法国成立了环境污染责任保险技术委员会，由本国保险机构与外国保险机构组建成再保险联营集团；意大利发展联保集团模式，于1990年成立了由76家保险公司组成的联合承保集团，将现存保险公司的相应部门进行联合，利用现有资源实现技术共享，提高风险承担能力。

（四）开始关注环境因素评价与环境信息披露

在这一阶段，发达国家金融业开始重视对信贷、资产管理、投资和保险业务的环境因素评价，并对环境信息披露作出要求。

美国证券交易委员会（SEC）于1993年发布《92财务告示》（SAB92），要求上市公司从环境会计的角度对自身的环境表现进行实质性报告；1997年，SEC出台第五号标准《或有事项会计》等相关政策文件，对上市公司作出企业环境负债、突发环境事件以及环境成本的信息披露要求。1996年，丹麦的《环境保护法》修正案要求特定公司在其年报内设置“绿色会计科目”对特定科目进行环境信息的公布。1997年，英国特许注册会计师协会（ACCA）发布“环境报告和能源报告编制指南”。1999年，挪威在其政府出台的会计法中要求公司在年报中进行环境重大事件及治理措施信息的披露。同年，瑞典发布强制性规定，要求需要环境许可的公司在其年报中披露重要环境影响行为信息。荷兰也要求公司在上市时出具两份分别面向公众和政府机构的环境合规报告。

二、成长阶段——从《京都议定书》到《巴黎协定》

（一）《京都议定书》与绿色金融发展

1997年《联合国气候变化框架公约》第三次缔约方大会通过《京都议定书》，由于批准过程复杂，该公约于2005年正式生效。《京都议定书》以法规形式限制温室气体排放，为37个工业化国家和转型经济体以及欧盟设定了具有约束力的减排目标。作为对《联合国气候变化框架公约》的落实，《京都议定书》以《联合国气候变化框架公约》的原则和规定为基础。根据“共同但有区别的责任”原则，《京都议定书》只对发达国家有约束力，要求发达国家承担更多责任。同时，《京都议定书》尝试建立碳减排量国际交易安排，并提供三种基于市场的机制：国际排放贸易机制（IET）、联合履约机制（JI）和清洁发展机制（CDM）。这些机制的设计理念是鼓励温室气体减排从最具成本效益的地方开始，如发展中国家。只要能从大气中去除温室气体，减排的具体地点并不重要。

《京都议定书》通过后，区域性碳排放权交易市场开始形成。为完成温室气体减排目标，部分地区和国家建立了自己的碳排放交易体系（ETS），如欧盟碳排放交易体系（EU-ETS）、日本东京都总量限制交易体系、新西兰碳交易体系、美国区域温室气体倡议（RGGI）和北美西部气候倡议（WCI）。其中，欧盟碳排放交易体系是世界上第一个多国参与的碳排放权交易体系。《京都议定书》签订之后，欧盟内部围绕碳税或能源税问题争论无果，随后又出现了采用排放贸易机制来应对气候变化的提议。2003年，欧盟议会投票通过了决定内部开展排放贸易的提案，并被欧盟环境委员会采纳。2005年1月，欧盟正式启动碳排放权交易体系。EU-ETS涉及了电力行业以及五个主要的工业部门：石油、钢铁、水泥、玻璃和造纸。欧盟每个成员国需要定期提交国家分配方案（NAP），声明本国计划分配的排放配额总数、分配方法以及排放设施的清单等。EU-ETS为每个部门的排放设施制定了温室气体监测与报告协议。排放设施需要定期报告排放数据，该数据由政府指定的独立第三方来核查。如果某个排放设施的排放量超过发放的配额（EUA），则必须到市场上购买超出的数量，否则将面临每吨二氧化碳当量100欧元的严厉处罚。EU-ETS的第一阶段（2005—2007年）为试验期；在第二阶段（2008—2012年），EUA的最大排放量被控制在20.98亿吨二氧化碳当量，比2005年的批准排放量少了约6%。

《京都议定书》确立了“自上而下”的全球减排机制，以较强的国际法律约束力和严格的遵约机制确保各国开展减排活动，开启了绿色金融发展的新阶段。在这一阶段，国际层面上形成了关于环境因素和环境信息披露的相关标准，ESG（环境、社会和治理）概念被提出、推广并得以落实。同时，国际绿色金融产品原则得以建立，绿色金融产品市场实现了创新发展。

（二）环境保护与环境信息披露的国际标准形成

2004年，联合国全球契约组织发布名为《在乎者即赢家》（*Who Cares Wins*）的报告，建议金融业将环境、社会和公司治理更好地应用于投资分析、资产管理和证券交易领域。这是ESG概念作为整体的首次出现[1]。

报告认为，在全球化竞争的形势下，将ESG因素纳入管理流程的上市公司，更可能获得成功，也就能够为股东增加更多的价值。报告对金融业的利益相关者提出要求：监管部门应在法律领域制定针对ESG的最低信息披露要求，以便支持ESG分析；交易所应对已经上市的公司加强ESG教育，协助加强相关信息公开；资产管理者应将ESG纳入投资决策中，完善ESG投资激励机制；分析师应将ESG纳入投资研究中，辅助资产管理者开展ESG投资；会计师应制定标准的ESG披露准则和评价体系；上市公司的董事会和管理层应将ESG纳入公司发展的长期规划，并持续、规范提供ESG相关信息。报告分析了当时ESG发展的情况[2]，并指出ESG发展的核心问题是信息披露透明性不足[3]。

2006年，联合国发起负责任投资原则（PRI），将ESG的概念推广到更多金融机构。PRI明确提出了与ESG挂钩的“负责任投资”理念，并倡导“将ESG因素纳

[1] 报告对ESG的定义作出如下解释。环境：气候变化和相关风险、废物减排、环境友好型产品。社会：工作环境、交流沟通。治理：公司架构、信息披露、薪酬制度。

[2] 报告披露的调查显示，全球500强企业中，有81%已经将环境、社会等相关因素作为发展的优先考虑；而40%的资产管理机构和分析师已经开始衡量ESG对企业无形资产的影响。此外，从2001年1月至2003年6月，美股15%的资产增值来自ESG因素。

[3] 报告披露的调查显示，55%的分析师不满意上市公司给出的ESG信息。例如：公司与金融市场的交流不足；ESG信息披露没有完整、标准的流程；ESG信息对公司业务发展的重要性没有披露。

入投资决策和积极所有权（active ownership）的投资策略和实践”。PRI采取自愿签署的方式，作为签署方的金融机构承诺贯彻执行负责任投资六项原则，并按照要求定期进行报告。这六项原则包括将ESG纳入投资分析和决策过程；成为积极的所有者，将ESG纳入公司自身的所有权政策中；推动被投资机构披露ESG信息；推动投资行业接受负责任投资的原则；通过共享和协作的方式提高能力建设，提升负责任投资实施效果；向PRI报告负责任投资原则的实施情况和进展。

现如今，PRI已构成一个巨大的全球性网络，且影响力正不断扩大。截至2024年5月初，共有95个国家和地区的5341家机构参与了PRI的签署（见图2-2）。近年来，签署方数量增速较快，各类机构踊跃参与，日益凸显了全球机构投资者对负责任投资议题的关心。

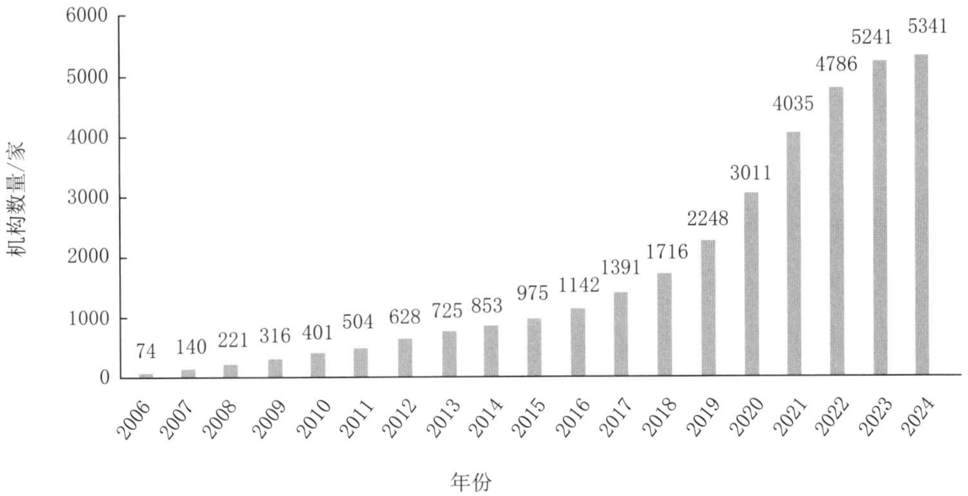

图2-2　PRI签署方历年增长情况（数据截至2024年5月初）

在这一阶段，许多国际组织围绕环境因素及环境信息披露展开实践，制定相关标准。2006年，国际金融公司（IFC）针对其客户[1]制定了一套环境和社会可持续性绩效标准，界定了客户在管理其环境和社会风险方面的责任，指导和帮助客户识

[1]　《绩效标准》中“客户”一词泛指负责所资助项目的实施和运营方，或融资接受方，具体取决于项目结构和融资类型。

别、避免、减缓和管理风险。对于直接投资（包括通过金融中介机构提供的项目和企业融资），IFC要求其客户采用《绩效标准》来管理环境和社会风险。IFC绩效标准涉及污染防控、生物多样性保护、社会环境风险评估管理等方面的要求，日益成为国外金融机构执行项目投融资所公认的环保政策标准。2009年，联合国下属4家组织[1]共同发起了“可持续证券交易所”行动。纽约证券交易所（简称“纽交所”）、纳斯达克证券交易所、伦敦证券交易所等在内的全球65家交易所承诺在市场交易中推行可持续原则，提升上市公司的ESG披露水平，发挥资本市场解决信息不对称问题的独特作用。证券交易所作为企业与资本的对接平台，在上市公司环境信息披露方面扮演推动者和监管者的角色。

同时，国际上形成一些自愿性、指南性的环境信息披露标准。2000年，全球报告倡议组织（GRI）制定《可持续发展报告指南》以指导机构编制可持续发展报告。《可持续发展报告指南》为机构报告其经济、环境和社会业绩提供了一个框架，并阐述了报告原则与具体内容，目前经历五版，已成为全世界应用最广的可持续发展报告框架。国际标准化组织（International Organization for Standardization，ISO）也在2004年启动了ISO 26000[2]的制定工作，旨在为组织履行社会责任提供一个可参考的指南性标准，环境即指南界定的七大社会责任之一。相较于GRI的《可持续发展报告指南》，ISO 26000应用范围较小，一般仅作为参考工具。

（三）绿色金融产品原则的建立及产品的创新

2003年，国际金融公司联合花旗银行、荷兰银行等10家银行提出赤道原则，旨在识别和评估以往项目中潜在的环境和社会风险，以减少相关争议。赤道原则列举了赤道银行进行投资决策时需依据的特别条款和原则，构建了一套确定、评估和管理项目融资中环境和社会风险的管理框架。赤道原则主要关注绿色信贷的审查，

[1] 联合国贸易和发展会议（UNCTAD）、联合国全球契约（UNGC）、联合国环境规划署金融倡议组织（UNEP FI）和负责任投资原则（PRI）。

[2] ISO 26000是国际标准化组织起草制定的社会责任指南（Guidance on Social Responsibility）的标准。

它要求银行根据高、中、低的环境和社会风险将项目分为A类、B类和C类，对于A类和B类（高、中级风险），要求借款人完成环境评估报告[1]。赤道原则不对任何法人、公众或个人设定任何权利或责任，金融机构可自愿和独立地采纳与实施该原则，因此赤道原则对金融机构仅具备软约束。目前，赤道原则已成为国际上绿色信贷的主要参考规则。赤道原则制定后，发达国家商业银行纷纷制定了适合国情的指南细则。英国巴克莱银行于2003年宣布采纳赤道原则，并制定了涉及50多个行业的信贷指引，囊括几乎所有融资条款。该信贷指引已成为全球金融机构的信贷指引模板，为全球商业银行在评估和审核贷款时指引方向。花旗银行作为赤道原则的发起者之一，于同年制定了环境与社会风险管理体系（ESRM），并设立了相应的审查委员会，保证ESRM的有效运转。日本瑞穗银行是日本首家严格遵守赤道原则的银行，它在2006年建立可持续发展部门。对于A类和B类项目，可持续发展部门将对其开展环境审查，并提交审查报告至信贷部门。

2012年，在联合国可持续发展大会上，联合国环境规划署金融倡议组织（UNEP FI）与世界各保险公司共同发起《联合国可持续保险原则》（UN PSI），这是联合国与全球保险业最大的合作举措。保险原则包含三大支柱和四项原则[2]，通过识别、评估、管理和监督与环境、社会和公司治理问题相关的风险和机会，以负责任和前瞻性的方式完成保险价值链中的所有活动，旨在为全球保险业提供一个应对环境、社会和公司治理风险与机遇的实践框架。

绿色债券在这一阶段起步并快速发展（见图2-3）。第一批绿色债券由两个超国家机构发行。2007年7月，欧洲投资银行（EIB）发行了世界上第一只气候债券，募集资金用于欧洲投资银行为可再生能源或能源效率类项目提供贷款。该债券为零

[1]　该报告共包含15个方面的规定，包括危害物质的使用、职业健康和安全、非自发的人员迁移和污染防治等。

[2]　三大支柱：在保险主业经营中融入对可持续发展的考虑；与各利益相关方协作；透明度高的信息披露。四项原则：将与保险业务相关的ESG议题融入决策过程；与客户和业务伙伴一起提升对ESG议题的认识，管理风险，寻求解决方案；与政府、监管机构和其他主要利益相关方合作，促进全社会在ESG问题上的广泛行动；定期披露在实施《联合国可持续保险原则》方面的进展。

息债券，本金和到期赎回金额均为100欧元，主要收益来源于其创新设计的额外收益部分。持有期内的额外收益与良好环保领袖欧洲40指数[1]在债券存续期间的涨跌幅相挂钩，且最低不少于债券票面的5%，保证了债券至少5%的回报率。通过这样的设计，气候意识债券被构建为一个股票挂钩型债券。除此之外，若到期日的额外收益超过债券面值的25%，债券持有者则有权将超过部分的金额用于在欧盟碳市场中购买或废除相应金额的碳配额，以强化碳市场的减排效益。2008年，为了帮助瑞典养老基金对有利于气候的项目进行投资，世界银行发行了首只绿色债券，此举为帮助投资者将资金与气候项目建立联系开辟了一条新路径。

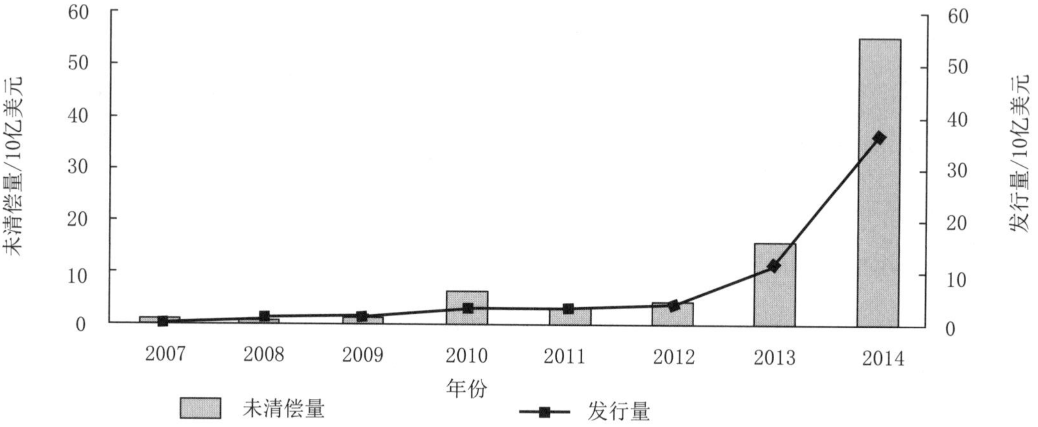

图2-3　2007—2014年绿色债券市场发展

2013年后，国际绿色债券市场发展迅速。一方面，绿色债券发行规模扩大。2013年，国际金融公司发行了一只10亿美元规模的3年期绿色债券，吸引了花旗银行、摩根大通、摩根士丹利投资银行承销。国际金融公司成为世界上首家发行10亿美元全球基准绿色债券的机构，对绿色债券市场从细分市场向主流市场转型作出了贡献。另一方面，绿色债券参与者多元化。多边开发银行和区域开发银行作为发行主力的同时，公司企业、地方政府以及商业银行也积极参与到绿色债券的发行中。

[1]　良好环保领袖欧洲40指数（Good Environmental Leaders Europe 40 Index）是一个衡量欧洲40家最为环境友好型企业的市场价值表现的指数。

2013年11月，法国电力公司开了企业发行绿色债券的先河，发行了19亿欧元的绿色债券。2015年初，法国农业信贷银行成为第一家拥有绿色债券认证的银行。绿色债券的投资者队伍也在不断扩大，既有养老基金，也有全球资产管理机构（如高盛、黑石、苏黎世保险）、知名公司（如微软、福特汽车）和中央银行等；围绕绿色债券发行的绿色认证、绿色评级、环境影响评估和持续监督的中介发展迅速，证券交易所大力推动绿色信息披露、绿色指数和相关产品开发，增强了绿色债券信息披露的透明性，使债券的“绿色”特征具有可信度和说服力。绿色债券的类型和品种也日益多样化，资产证券化的绿色债券逐步兴起。2014年，丰田公司以汽车租赁的现金流为抵押，发行了第一款资产证券化形式的绿色债券，规模为17.5亿美元。2014年11月，美国夏威夷州商业、经济开发与旅游局（DBEDT）发行了规模达1.5亿美元的AAA级市政债券，以绿色基础设施费（当地居民电力附加费）为抵押进行融资，债券发行收入将用于支持绿色能源市场证券化项目，后者面向消费者提供安装太阳能设施的资金。

在绿色债券发展成熟的同时，国际层面也逐步确立了《绿色债券原则》（GBP）。国际资本市场协会（ICMA）联合多家国际金融机构于2014年共同发布的《绿色债券原则》现已成为全球范围内认可度最高的绿色债券发行指引之一。GBP明确了绿色债券的定义和范畴[1]，从绿色债券的发行程序、募集资金的使用、项目评估和筛选过程、募集资金管理以及定期报告等方面为债券发行人提供了指引框架。气候债券倡议组织（CBI）则发布了《气候债券标准》（CBS），该标准在GBP中所包含的广泛原则基础上，建立起一个完整有效的认证系统。两项标准均经历了多次修订，交叉援引、互为补充，共同构成了绿色债券认证的基础，为规范绿色金融市场运作、解决信息不对称问题、管理环境风险发挥了重要作用。

[1]　即任何将资金用于资助促进环境可持续发展、适应和缓解气候变化、保护生物多样性、遏制自然资源枯竭、污染治理等关键领域项目的融资债券工具。该范畴会根据绿色产业的开拓与发展不断更新和拓宽。

三、快速发展阶段——最近十年

（一）《巴黎协定》与绿色金融市场发展

《巴黎协定》是一项具有法律约束力的气候变化国际条约。2015年12月12日，该协定在巴黎举行的《联合国气候变化框架公约》第二十一次缔约方大会上获得195个缔约方通过，并于2016年11月4日生效。其目标是将全球平均气温升幅控制在工业化前水平以上2℃之内，最好是1.5℃之内；争取在21世纪下半叶实现净零排放的目标。与《京都议定书》不同，《巴黎协定》采纳“自下而上”的自我限制模式，要求各国（包括发达国家和发展中国家）根据各自能力确认并提交国家自主贡献（NDC）目标，联合国专门机构将定期对其行动结果进行盘点。各国需要每五年提交一次更新、更具延续性的国家自主贡献，逐步增加减排幅度，采取更广泛的适应措施，从而实现各国制定的碳中和或净零碳排目标。《巴黎协定》进一步约定了第二种以碳信用为标的、由非国家主体参与的交易机制——可持续发展机制（SDM）。SDM是对《京都议定书》CDM（清洁发展机制）的继承与发展[1]，实现了对JI（联合履约机制）和CDM的整合，有助于推动建立以碳信用作为交易对象的全球碳市场。

自《巴黎协定》实施以来，越来越多的国家制定了中期和长期减排目标，并规划了实现碳中和与净零排放的战略时间表，推动了国际碳金融市场的进一步发展。2015年，韩国成为东亚首个启动全国性碳交易系统的国家；紧随其后，中国在2021年7月启动了全国性的碳排放权交易市场。欧盟的碳排放权交易体系逐渐成熟，2021年，欧盟碳市场进入第四阶段（2021—2030年），并对减排方案做了进一步修订，其中包括自2021年起将年度排放配额递减率提高至2.2%。此外，欧洲、北美、亚洲等地区的多个国家也正在以各自的速度积极推进碳市场的发展。

[1] 《巴黎协定》与《京都议定书》的一个关键的不同之处在于，《京都议定书》没有为 CDM 卖方所在的发展中国家设定减排目标，而在《巴黎协定》中，SDM 买卖双方都将受到所在国家减排总体目标的约束。

《巴黎协定》为全球气候治理提供了新的国际规则，推动国际绿色金融发展进入新阶段，国际规则框架得以发展、完善、整合，并在联合国的统筹下确立了三大可持续金融原则。自《巴黎协定》签订以来，政策制定者和监管机构之间积极开展国际合作，为响应全球气候挑战，G20绿色金融研究小组应运而生，并提出了绿色金融的首度官方界定："绿色金融指能产生环境效益以支持可持续发展的投融资活动。"[1]其他多边合作平台或机制也纷纷建立。

（二）国际规则框架逐步完善

2015年的联合国可持续发展峰会上，联合国193个成员国在峰会上正式通过了17个可持续发展目标（SDGs），以指导2015年至2030年的全球发展政策和资金使用，解决社会、经济和环境三个维度的发展问题。2019年9月，联合国环境规划署金融倡议组织（UNEP FI）发布《负责任银行原则》（PRB），至此联合国框架下形成分别面向投资、保险和银行的三大可持续金融原则[2]，为各类金融机构落实联合国可持续发展目标（SDGs）和《巴黎协定》提供了衡量标准和行动指南。

在环境信息披露方面，形成了通用的国际标准。2015年12月，由G20成员组成的金融稳定理事会（FSB）成立了气候相关财务信息披露工作组（TCFD[3]），其职责是为企业提供气候变化相关的披露建议，从而帮助投资人进行风险评估和定价。2017年，TCFD标准发布，提供了一个包含治理、战略、风险管理、指标和目标四个领域的披露框架，可以帮助金融机构评估企业在收入、成本支出、资产、负债等方面可能受到的影响（见图2-4）。TCFD标准发布后受到广泛认可，逐渐成为适用于各行业的气候相关财务信息披露通用国际标准。

[1]　这些环境效益包括减少空气、水和土壤污染，降低温室气体排放，提高资源使用效率，减缓和适应气候变化并体现其协同效应等。《G20绿色金融综合报告》还指出发展绿色金融要求将环境外部性内部化，并强化金融机构对环境风险的认知，以提升环境友好型的投资和抑制污染型的投资。

[2]　分别为负责任投资原则（2006年）、可持续保险原则（2012年）和负责任银行原则（2019年）。

[3]　2023年7月，FSB 发布新闻，将由 ISSB（国际可持续发展准则理事会）接管 TCFD。

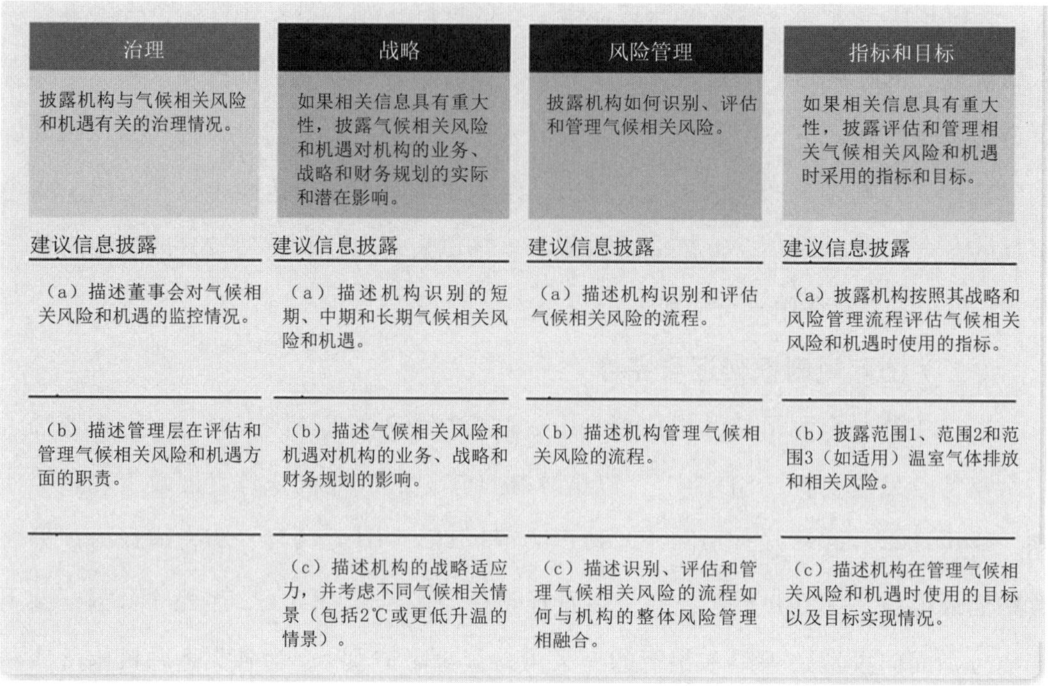

图2-4　TCFD信息披露框架

2018年，可持续发展会计准则委员会正式发布SASB准则。这是第一套完整的、具有全球适用性的、针对特定行业的可持续发展会计准则。准则涵盖11个领域共77个细分行业，能够基本满足大多数投资者对企业在环境和社会责任方面的披露需求，并且能够体现企业之间经营业绩的横向对比情况和企业自身发展的纵向对比情况，具有较好的一般适用性。

2021年的第26届联合国气候大会上，国际财务报告准则基金会（IFRS Foundation）宣布成立国际可持续发展准则理事会（ISSB），以期制定一个全面的可持续发展披露标准的全球基准。ISSB在整合多个现有气候相关国际信息披露要求的基础上[1]，制定了国际财务报告可持续披露准则。

国际组织和监管部门开始重视对于气候风险的评估和监管。作为国际银行业监

[1]　包括气候披露标准委员会（CDSB）、气候相关财务披露工作组（TCFD）、价值报告基金会的综合报告框架、基于行业的SASB标准以及世界经济论坛的利益相关者资本主义指标。

管标准的主要制定机构，巴塞尔银行监管委员会（BCBS）于2019年成立气候风险高级别工作组，梳理了潜在金融风险和传导路径、风险敞口的评估及量化方法，拟考虑针对银行业开发气候相关金融风险的定性、定量指标。2021年4月，巴塞尔银行监管委员会发布《气候相关风险驱动因素与传导途径》和《气候相关金融风险度量方法》。2021年6月，欧洲银行管理局（EBA）发布了一份关于将ESG因素和风险纳入金融机构监管框架的报告，描述了ESG风险的传播渠道，要求金融机构以适当的方式将ESG风险纳入机构的战略、内部治理和风险管理框架中，并建议将这类风险纳入审慎监管。

（三）国际合作积极推进

《巴黎协定》后，政策制定者和监管机构之间积极开展国际合作。

G20绿色金融研究小组于2016年成立，并在G20杭州峰会上发布了《G20绿色金融综合报告》。《G20绿色金融综合报告》提出发展绿色金融的7项可选措施，包括提供支持绿色投资的政策信号与框架、推广绿色金融自愿原则、扩大能力建设学习网络、支持本币绿色债券市场发展、推动跨境绿色债券投资、推动环境与金融风险问题的研讨和完善对绿色金融活动及其影响的测度。这些措施成为G20成员发展绿色金融的参照体系和评估框架，成员国可以根据国情和发展战略自主选择。G20成员中，发达国家较早地推行了绿色金融，通过金融创新满足绿色项目多样性的融资要求，并以立法的形式统一授信标准和信息披露。新兴市场国家的绿色金融虽然起步较晚，但近年来通过借鉴国际经验也取得了快速发展。

在2017年德国和2018年阿根廷担任G20主席国期间，研究小组主要关注并推动金融机构开展环境风险分析、提升公共环境数据可及性、发展绿色证券化产品、发展可持续PE/VC产品，以及探索数字科技在可持续金融中的运用等研究。2019—2020年，多种原因导致相关讨论中断。2021年罗马G20峰会上，重点讨论了应对新冠疫情、气候变化和全球经济复苏等议题。2022年巴厘岛G20峰会通过《G20转型金融框架》，这是继2016年G20领导人在杭州峰会上就发展绿色金融达成共识后，首次就发展转型金融形成国际共识。在2023年G20峰会上，印度作为主席国，提出了可持续金融领域的三大核心议程：进一步发展气候融资、为可持续发展目标（SDGs）提供融资支持、加强能力建设。

由八家中央银行和监管机构于2017年共同发起成立的央行与监管机构绿色金融网络（NGFS），致力于深入研究气候变化对宏观金融稳定、微观审慎监管的影响。NGFS的目标是增强金融系统管理风险、调动资本进行绿色和低碳项目投资的能力。为此，NGFS在成员国及其他国家探索和推广最佳实践，并开展绿色金融分析。在过去几年的工作中，NGFS取得显著成就：①推出了气候风险分析的标准化情景，为全球央行、监管机构和金融机构开展气候风险情景分析和压力测试提供了具有一致性的、可比性的情景模板；②总结了金融机构环境风险分析的典型方法和案例；③推出了针对央行和主权基金的“可持续投资指引”，为央行在储备管理和主权基金在投资决策过程中强化ESG考虑提供了路线图；④首次提出了央行和监管机构应对生物多样性丧失及相关系统性金融风险的行动议程，在央行和监管部门层面形成了“防范生物多样性丧失带来的金融风险、引导社会资本开展生态友好投资是央行与金融监管部门职责”的全球共识。

2019年10月，中国、欧盟、印度、阿根廷、加拿大、智利、肯尼亚和摩洛哥等国家或组织的相关机构联合发起成立了可持续金融国际平台（IPSF）。IPSF的核心使命是调动民间资金参与环境可持续投资，并致力于加强政策制定者之间的对话，推广最佳实践，比较不同倡议之间的差异，发现可持续金融发展面临的障碍和机遇。同时，该平台还致力于协调资本市场的不同实践，包括可持续/绿色分类法、披露标准和绿色标识等，这对于在全球范围内促进环境可持续投资至关重要。

为提高各国应对全球气候变化的凝聚力，增强应对气候变化的信心，加快落实《巴黎协定》，财政部长气候行动联盟（CFMCA）于2019年4月在华盛顿成立。CFMCA成立之初，来自51个国家的财政部长承诺遵守《赫尔辛基原则》——旨在推动国家气候行动的六项原则，共同领导应对全球气候变化，以保证向低碳和韧性发展转型的公平性。

区域性多边合作机制也在全球建立。例如，东盟基础设施基金于2018年设立了东盟催化绿色融资机制（ACGF）。ACGF是东盟首个致力于发展和扩大绿色项目的区域性绿色金融倡议，旨在为东盟成员国提供技术援助，以发掘和孵化商业上可行的绿色基础设施项目，并为这些项目的投资提供贷款支持。这种双管齐下的模式有利于降低绿色基础设施项目的投资成本，吸引更多民间投资者参与。

（四）新型贸易保护主义——碳关税

在国际绿色金融实践中，发达国家对碳排放进行合理定价，并采用税收的形式将企业生产经营过程中因污染环境和破坏生态所产生的负向外部效应与社会成本内部化。碳税和碳交易在规制企业负向外部效应、降低全球温室气体排放量的同时，也引发了“碳泄漏”问题。推行碳税、碳交易的经济体面临来自低碳价（或无碳价）地区产品的冲击，企业为了避开高碳价而将生产迁至国外，带来了“产业空心化”以及就业岗位流失等一系列问题，碳税、碳交易等制度安排的效果也大打折扣。

为维持本国被征碳税企业的竞争力，防止“碳泄漏”对碳税政策效果产生的对冲效应，以及产业转移对本国居民就业形成的不利局面，发达国家提出了征收碳关税的做法。碳关税是指以进口商品生产制造环节隐含二氧化碳排放量为课征对象，对进口当地的商品征收一定比例的关税。

欧盟是首个实行碳关税的经济体。2021年7月14日，欧盟发布“Fit for 55”一揽子减排方案，欧盟碳边境调节机制（CBAM）是其中的重点措施。2023年4月，欧盟理事会投票通过CBAM，2023—2026年将是CBAM的过渡期，过渡期内申报企业只需要履行报告义务。2026年，欧盟将正式征收“碳关税”，初期阶段CBAM覆盖钢铁、水泥、铝、化肥、电力和氢六大行业，预计到2030年将拓展至欧盟碳市场中所有行业。

自欧盟后，英国成为全球第二个宣布实行碳关税的经济体。2023年12月，英国政府宣布计划从2027年开始实施CBAM，以确保进口商品与在英国生产的碳密集型产品征收相当的碳税。这项征税政策主要针对钢铁、铝、化肥、氢气、陶瓷、玻璃和水泥等碳密集型产品。

美国的碳关税政策也初具雏形。2022年6月，美国《清洁竞争法案》（CCA）草案公布，CCA以美国产品的平均碳排放水平为基准，对碳排放水平高于基准的进口产品和本国产品征收碳税。

碳关税的开征意味着国际贸易游戏规则与竞争格局的改变，国际贸易竞争将演变为“碳效率”层面的技术竞争。对于碳效率低下的发展中国家，出口成本将显著增加，产品价格优势被削弱。发达国家在提升本国制造业国际竞争力的同时，也在战略性新兴产业制高点的争夺中占据主动地位，引领“清洁能源”“清洁技术”“节能减排”等标准的制定。相较于传统的贸易保护措施，碳关税具有更高的隐蔽性和更强的“表面合理性”，它捆绑了贸易与气候变化问题，是披着“绿色外衣”的新型贸易保护主义，将全球贸易竞争的天平向有利于发达国家的方向倾斜。

第四节

绿色金融的中国实践

中国的绿色金融发展历程最早可追溯至20世纪70年代，先后经历了初步探索、逐步成长、快速发展三个重要时期。

一、初步探索阶段——2016年之前

在2016年之前，中国在绿色金融政策领域仍处于初步探索阶段，尽管中国政府开始认识到环境保护和可持续发展的紧迫性，并逐步将这一认识融入金融政策中，但想法和理念尚不成熟，且配套的社会经济条件不足以支撑，导致政策较为宽松且范围较窄，具有明显的探索性和理论性。

（一）意识觉醒时期（1995年之前）

在这一时期，政府与学界逐渐意识到环境保护问题及经济手段对解决环境问题的重要性。

20世纪70年代，我国在工业化的道路上取得了显著进展，但这一进程中，不少地区的经济增长却以牺牲生态环境为代价。例如，大连湾、胶州湾以及广州等沿海地区的水质污染问题日益严峻；森林砍伐、草原退化、水土流失等现象也呈现出加剧的趋势。此外，北京、上海等大型城市同样面临着严峻的环境挑战。这种粗放型增长方式不仅带来了严重的环境问题，对人民群众的日常生活和生产活动造成了不利影响，而且对我国经济与社会的长期可持续发展构成了严重的威胁和危害。

联合国人类环境会议的召开标志着全球环境保护意识的觉醒，对中国而言，更是一个重要的转折点。1972年6月5日至16日，联合国人类环境会议第一届会议在瑞典首都斯德哥尔摩举行，这是人类首次有关保护环境的国际会议。中国参会代表团

在回国后的总结报告中强调了我国在环境污染和生态破坏方面的突出问题，引起了政府的高度重视。这直接促成了1973年在北京召开的第一次全国环境保护会议，这次会议不仅揭开了中国环境保护事业的序幕，而且正式将环境保护引入政府工作的日程中。会议确立了环境保护的32字工作方针，并讨论通过了《关于保护和改善环境的若干规定（试行草案）》[1]，提出“做好全面规划，自然资源的开发利用，要考虑到环境影响，经济发展与环境保护要统筹兼顾，全面安排”等要点，首次将环境保护纳入国民经济计划。

随后，我国环境保护的政策和制度逐步建立和完善，我国也不断调整环境保护战略，并对用经济手段治理环境问题进行了摸索和尝试。例如，1981年，国务院在《关于在国民经济调整时期加强环境保护工作的决定》中提出了运用“经济杠杆”调节环境与经济发展之间的失衡。这一决定旨在加强环境保护工作，并对国民经济调整时期提出了七个方面的规定，其中包括利用经济杠杆，促进企业治理污染，对超过国家标准排放污染物的单位征收排污费，以及对“三废”综合利用的产品实行奖励政策等措施。

这里介绍一下我国早期运用经济手段进行环境管理的实践案例：《征收排污费暂行办法》。

排污收费制度是我国环保法律规定方面的一项重要制度，也是世界各国的通行做法，目的是通过收费来促进企业污染减排。

《征收排污费暂行办法》于1982年2月正式颁布，自1982年7月1日起执行。该办法强调了企业、事业单位在排放污染物时的经济责任，旨在推动企业、事业单位改善经营管理，节约资源，治理污染，提升环境质量。其主要内容如表2-8所示。

[1] 中华人民共和国生态环境部.第一次全国环境保护会议[EB/OL].（2018-07-13）[2024-05-04]. https://www.mee.gov.cn/zjhb/lsj/lsj_zyhy/201807/t20180713_446637.shtml.

表2-8　《征收排污费暂行办法》主要内容

规则类型	具体内容
制定依据	《中华人民共和国环境保护法（试行）》第十八条的规定：超过国家规定的标准排放污染物，要按照排放污染物的数量和浓度，根据规定收取排污费
执行标准	所有企业、事业单位必须遵守国家发布的《工业“三废”排放试行标准》等相关标准
收费依据	排污单位必须向当地环保部门申报和登记排放污染物的种类、数量和浓度，这些数据经核定后作为征收排污费的依据
征收标准	排污费的具体征收标准按照不同污染物类型的相关规定执行，对于工业密集和污染特别严重的大、中城市，征收标准可经国务院环境保护领导小组批准后作适当调整
收费调整	对于缴纳排污费后仍未达到排放标准的单位，从开征第三年起，每年提高征收标准5%
缴费时间	排污费按月或按季征收，排污单位需在规定时间内缴纳费用，逾期将征收滞纳金
费用使用	征收的排污费纳入预算内，作为环境保护补助资金，专款专用于污染治理项目
监督管理	环保部门会同财政部门统筹安排使用排污费，并由中国建设银行监督拨款

我国于1988年又公布实施了《污染源治理专项基金有偿使用暂行办法》，规定征收的超标排污费按一定比例（一般在20%~30%之间，具体比例由省级政府确定）提取并用于重点污染源治理项目、“三废”综合利用项目、污染治理示范工程等。

考虑到环境保护事业的发展和财政管理体制的改革，结合二十来年排污费征收和使用的实践经验，国务院在2003年推出了《排污费征收使用管理条例》[1]，这一条例取代了原先的《征收排污费暂行办法》。相较于1982年发布的暂行办法，新的管理条例主要作出以下变化：①将个体工商户纳入了排污费的征收对象，扩大了

[1]　国务院办公厅.《排污费征收使用管理条例》解读[EB/OL].（2007-06-29）[2024-05-04].https://www.gov.cn/ztzl/jnjp/content_667295.htm.

收费的覆盖范围；②改变了收费依据，实行了排污即收费和超标收费并行的制度；③强调了排污费的收支两条线管理，即收缴分离，增强了排污费管理的规范性和透明度；④对排污费的使用方向和法律责任进行了进一步的明确；等等。这些变化体现了中国在环境保护方面的持续努力和与时俱进的立法精神，旨在通过更加严格和科学的管理，促进企业、事业单位和个体工商户减少污染排放，保护和改善环境。

（二）实践探索时期（1995—2015年）

在这一时期，我国开始对绿色金融领域进行早期探索和立法尝试，金融机构也开始对环境风险进行初步的考量。其中，绿色信贷和碳排放权交易是两大主线。

1. 绿色信贷发展稳扎稳打

这一时期连续出台的绿色信贷政策为后期绿色信贷的发展奠定了良好的基础，是我国绿色信贷发展的重要起点。

我国金融部门在信贷工作中落实国家环境保护政策最早可以追溯到1995年。1995年2月，中国人民银行颁布《关于贯彻信贷政策与加强环境保护工作有关问题的通知》[1]，要求各级金融部门在信贷工作中必须重视环境保护，并将之作为贷款审批和发放的重要考量因素。该通知要求：①对于对环境有影响的项目，在贷款审查时必须审查项目的环境影响报告书或环境影响报告表是否已经环保部门批准；②对国家明令禁止、不符合环保规定的项目和企业，不得发放贷款，并收回已发放的贷款；③对于促进环保和改善生态环境的产业或产品，金融机构要积极提供贷款支持。这一根据项目或企业的环境效应区别对待的政策内容，体现了央行在绿色金融领域的早期政策导向，为后续绿色金融政策的制定和实施奠定了基础，也促进了绿色信贷概念的引入和发展。

从监管机构层面来看，相关指导意见不断出台。2006年6月，中国银行业监督管理委员会（简称“银监会”）出台《关于继续深入贯彻落实国家宏观调控措施，

[1] 中国人民银行.关于贯彻信贷政策与加强环境保护工作有关问题的通知[EB/OL].（1995-02-06）[2024-05-04].https://www.anquan.com.cn/html/greenpeace/policy/national/2008/0520/53669.html.

切实加强信贷管理的通知》，对差异化的信贷标准进一步细化，要求对未能完成节能减排工作目标的地区或项目实施“区域限批”，并调整贷款结构，降低风险。2007年，国家环境保护总局、中国人民银行、银监会联合发布的《关于落实环保政策法规防范信贷风险的意见》标志着绿色信贷政策全面进入我国环境保护与污染减排的主战场。2009年，中华人民共和国环境保护部（简称“环保部”）、中国人民银行出台《关于全面落实绿色信贷政策进一步完善信息共享工作的通知》，进一步促进环保部与金融部门建立信息共享机制。

从金融机构层面来看，绿色信贷产品在中国市场上开始逐渐推出。2006年，国际金融公司（IFC）与兴业银行合作，推出了中国市场上第一个绿色信贷产品——能效融资产品，IFC为兴业银行提供贷款本金风险分担。能效融资产品主要针对节能减排项目提供贷款支持，旨在通过金融手段促进企业提高能源使用效率，降低能源消耗，从而实现减少温室气体排放和环境污染的目标。相关数据显示，截至2014年12月末，兴业银行已累计为上千家企业提供了绿色金融融资5558亿元，绿色金融融资余额达到2960亿元，其中能效信贷融资3118亿元，能效信贷融资余额1645亿元[1]。此外，国家开发银行、中国建设银行、中国农业银行等多家银行也已经开始了绿色信贷产品的实践。

自2012年起，中国绿色信贷政策体系开始建立与发展。2012年，银监会印发了《绿色信贷指引》，成为中国绿色信贷体系中纲领性的文件（见表2-9）。该指引指出，银行业金融机构需要建立绿色信贷评价体系和奖惩体系，及时公开相关战略、政策及发展情况，从战略高度推进绿色信贷的发展。企业受到来自外部绿色信贷标准的压力，从而促进其改善经营行为。在这一点上，《绿色信贷指引》与国际众多金融机构采纳的赤道原则有很多相通之处。但赤道原则是一个自愿性的标准和原则，我国推出的《绿色信贷指引》则对我国的银行业有很强的规范性、导向性作

[1] 兴业银行.八年深耕 兴业银行成就能效信贷专业服务商[EB/OL].（2015-01-19）[2024-05-04]. https://www.cib.com.cn/cn/aboutCIB/about/news/2015/20150129_1.html.

用，不仅指导着银行业务的绿色转型，也从政策端推动银行实现自身的可持续发展战略。

表2-9 《绿色信贷指引》主要内容

标准类型		具体内容
三个方面的内涵	银行发挥资源配置功能	通过信贷政策和资金分配，优先支持环保、节能、清洁能源和绿色交通等绿色经济领域； 鼓励银行创新绿色金融产品和服务，满足绿色经济的融资需求
	银行加强环境和社会风险管理	银行需要识别、评估、监测和控制贷款项目中的环境风险和社会风险； 加强对高污染、高耗能行业贷款的环境和社会影响评估
	银行自身环境和社会表现建设	银行应制定绿色信贷发展战略，明确绿色信贷目标和规划
五个方面的要求	银行组织管理	应建立绿色信贷的组织管理体系，明确绿色信贷的管理部门和职责
	政策制度及能力建设	制定和完善绿色信贷相关的政策制度，包括信贷政策、操作规程和风险管理等
	流程管理	对绿色信贷项目实施差异化管理，提高绿色信贷的审批效率和服务水平
	内控管理与信息披露	建立绿色信贷的信息披露机制，定期发布绿色信贷的相关信息，提高透明度
	监督检查	银行应定期对绿色信贷业务进行检查和评估，确保绿色信贷政策的执行效果； 监管部门应对银行的绿色信贷业务进行监督和指导，促进银行业绿色信贷的健康发展

2012年，银监会发布的《银行业金融机构绩效考评监管指引》，要求银行业金融机构在绩效考评中设置社会责任类指标。2013—2015年，银监会陆续出台了包括《绿色信贷统计制度》和《绿色信贷实施情况关键评价指标》等在内的多项政策，

这些政策从定量和定性两个层面对绿色信贷业务提出了具体要求。自2015年起，银监会启动了对国内21家主要银行绿色信贷业务的自我评估工作。同时，各地方银监局也结合地方实际情况，对本地区的法人机构开展评估工作。

此外，银监会还牵头建立了绿色信贷国际交流合作机制。2012年，银监会联合国际金融公司召开了首届“绿色信贷论坛”。在银监会的倡导下，成立了“新兴市场绿色信贷跨国工作组（SBN）”，银监会成为跨国工作组常任主席。工作组成员包括12个国家的银行业监管机构，12个国家分别为中国、巴西、孟加拉国、哥伦比亚、印度尼西亚、老挝、蒙古、尼日利亚、秘鲁、菲律宾、泰国和越南。此后，银监会联合国际金融公司，开发了绿色信贷互联网交流平台，积极推动各国监管部门和金融机构在绿色信贷工作方面的交流互动。2013—2015年，SBN分别在日本、尼日利亚、秘鲁召开了第二、第三、第四届绿色信贷年会。

由此，中国形成了以《绿色信贷指引》为核心，以绿色信贷统计制度和考核评价机制为两大基石的相对完备的绿色信贷政策体系，有效地规范、推动和激励了中国银行业金融机构在绿色信贷领域的持续发展。

2. 碳排放权交易市场初具雏形

1997年通过的《京都议定书》，明确从国际公约角度认同了把CO_2排放权作为一种商品，从而形成了被普遍采纳的碳排放权交易。相对于国际社会，碳排放权交易在我国起步较晚，在2011—2015年间，我国碳排放权交易试点工作正式起步，并逐步建立起全国碳排放权交易市场。

2011年，国家发展和改革委员会印发《关于开展碳排放权交易试点工作的通知》，采用“试点先行+全国推广”的方式，选择北京市、上海市、广东省、深圳市、重庆市、天津市和湖北省作为碳排放权交易的试点地区[1]，这标志着中国碳排放权交易市场初步探索工作的启动。该通知要求各试点地区组织编制碳排放权交易试点实施方案，明确总体思路、工作目标、主要任务、保障措施及进度安排，并报

[1] 福建省在2016年成为第八个碳排放交易试点地区。

国家发展和改革委员会审核后实施。2013年，深圳市在全国七家试点省市中率先启动交易。

2014年，《碳排放权交易管理暂行办法》中对“碳排放权交易活动”进行了范围界定，主要包括配额管理、排放交易、核查与配额清缴等。2015年，中共中央、国务院印发《生态文明体制改革总体方案》，深化碳排放权交易试点建设，并逐步建立起全国碳排放权交易市场。

二、逐步成长阶段——2016—2019年

在此期间，政府频繁出台多项绿色金融指引文件激励绿色金融创新。

2016年8月，中国人民银行、财政部等七部委联合印发《关于构建绿色金融体系的指导意见》，这不仅是我国绿色金融发展的首份纲领性文件，也标志着我国的绿色金融政策体系开始步入成熟发展的轨道。该意见提出绿色金融发展的“三大功能”和“五大支柱”政策思路（见表2-10），其核心内容包括：①确立绿色金融的定义，明确绿色金融支持的环境友好型项目和服务；②提出发展绿色金融的总体目标，即通过金融服务促进节能减排和生态文明建设；③强调金融机构应加强环境风险管理，提升绿色金融产品的创新与服务；④倡导建立绿色金融激励机制和风险防控体系；⑤加强绿色金融的国际合作，推动全球绿色金融的发展等。

表2-10 “三大功能”和“五大支柱”具体内容

类型	具体内容
三大功能	资源配置作用 风险管理作用 碳价格发现功能
五大支柱	绿色金融标准体系 金融机构监管和信息披露 政策激励约束体系 绿色金融产品和市场体系 绿色金融国际合作

此外，中国人民银行、国家发展和改革委员会、中国证券监督管理委员会以及相关协会先后出台了《绿色债券发行指引》和《绿色投资指引（试行）》等一系列政策文件，为绿色信贷、绿色债券结构调整和发展指明了方向，不断填补绿色金融体系的制度建设空白。

2017年，中国银行业协会公布了《中国银行业绿色银行评价实施方案（试行）》。根据规定，各家银行自评价报告材料提交后，银监会将把材料转发至中国银行业协会。中国银行业协会组织绿色银行评价工作组开展评价复核，提出初步评价结论，并报经绿色银行评价专家组审核确定。该实施方案的出台，预示着中国绿色银行评价的开启，如何评价各家银行绿色金融的实践、措施和成果，将会有统一的规范和标准。2018年7月，央行发布《中国人民银行关于开展银行业存款类金融机构绿色信贷业绩评价的通知》，为提升金融机构绿色信贷绩效打下基础。

2019年，国家发展和改革委员会联合多部委印发的《绿色产业指导目录》，明确了绿色产业的发展重点，为绿色金融相关标准实施提供了重要参考。

（一）积极开展绿色金融国际合作，推动环境与金融风险问题交流

二十国集团领导人第十一次峰会（又称“G20杭州峰会”）于2016年9月4日至5日在中国浙江省杭州市举办。我国担任轮值主席国，在绿色金融方面取得了一系列重大成果。

1. 积极推动《巴黎协定》落实

2015年，在巴黎气候变化大会上，各国达成了具有历史意义的《巴黎协定》。《巴黎协定》的核心内容是将全球平均气温升幅与前工业化时期相比控制在2℃以内，并致力于将温度升幅限定在1.5℃之内，以大幅减少气候变化带来的风险和影响。在G20峰会召开前，作为当时世界上最大的发展中国家和最大的发达国家，中国和美国分别批准了《巴黎协定》，并在杭州向联合国递交了两国的批准文书。这一行动极大地推动了该协定在2016年年内正式生效。在此基础上，G20峰会确认了发达国家落实在《联合国气候变化框架公约》框架下所作的承诺，包括为发展中国家根据《巴黎协定》开展减缓和适应行动提供资金等义务，并强调绿色气候基金在提供支持方面的重要性。最终，G20杭州峰会一致同意G20成员在落实气候变化方面发挥表率作用，推动《巴黎协定》尽早生效。

2. 引领全球绿色金融合作

在G20杭州峰会上，我国作为轮值主席国，首次将绿色金融纳入重点协商议题，推动建立了G20绿色金融研究小组，以支持G20成员实现可持续的经济增长。

由中国发起的G20绿色金融研究小组向G20杭州峰会提交了第一份《G20绿色金融综合报告》，并提出了由其倡议的自愿可选措施，《二十国集团领导人杭州峰会公报》第一次将绿色金融写入G20公报中。在上述框架中，G20提出了促进绿色金融发展的以下举措：提供清晰的战略性政策信号与框架，推动绿色金融的自愿原则，扩大能力建设的学习网络，支持本币绿色债券市场发展，开展国际合作以推动跨境绿色债券投资，并推动在环境与金融风险领域的知识共享，完善对绿色金融活动及其影响的评估方法。

德国作为G20峰会2017年的轮值主席国，决定继续研讨由中国发起的绿色金融议题，进一步加深相关认识。2018年，G20绿色金融研究小组更名为G20可持续金融研究小组。2021年，该研究组升级为常设的G20可持续金融工作组（G20 SFWG），进一步推进G20国家的绿色金融合作。

G20杭州峰会后，各国与绿色金融相关的诸多措施陆续出台。2017年1月，法国首次面向银行等机构投资者发行总额为70亿欧元、22年期、用于增加环保投资的主权绿色债券，旨在促进最佳市场实践（特别是评估和影响报告），支持绿色债券市场发展。同年，美国加利福尼亚州保险委员会启动了气候风险碳计划在线数据库，提供大型保险公司高碳投资相关信息，以增强绿色金融产品的流动性。此外，绿色债券的发行规模在2016年达到810亿美元，比2015年增长了100%[1]。

[1] UN Environment.Green Finance Progress Report（2017）[EB/OL].（2017-07-13）[2024-05-04]. https://g20sfwg.org/wp-content/uploads/2021/07/Green_Finance_Progress_Report_2017.pdf.

3. 重视环境可持续性

G20杭州峰会通过了《二十国集团深化结构性改革议程》，将“增强环境可持续性”确定为结构性改革的九大优先领域之一。G20提出的增强环境可持续性的指导原则主要包括：①推广市场机制以减少污染并提高资源利用效率。例如，G20提出了增强金融体系、筹集私人资本、开展绿色投资的能力等举措。②促进清洁和可再生能源以及气候适应性基础设施的发展。G20已于2016年启动“全球基础设施互联互通联盟倡议”，致力于加强现有基础设施的互联互通。③推动与环境有关的创新的开发及运用。G20杭州峰会通过了《二十国集团创新增长蓝图》，旨在加强新工业革命和数字经济等相关创新领域的国际合作。这些创新领域的举措和成果成为推动全球可持续发展的强大动力。④提高能源效率。G20在2016年制定了《G20能效引领计划》，致力于推动更多的能效合作，鼓励G20成员根据自身需要和本国国情，积极开展能效项目，采取有关政策和措施，大力提高G20成员的能效水平。

（二）绿色金融改革创新试验区先行先试，地方积极自行探索绿色金融发展

2017年6月14日，国务院常务会议选取浙江省湖州市、衢州市，广东省广州市花都区，贵州省贵安新区，江西省赣江新区，新疆维吾尔自治区的哈密市、昌吉回族自治州（简称“昌吉州”）、克拉玛依市等5个省（自治区）的8个市（自治州、区），建设各有侧重、各具特色的绿色金融改革创新试验区。七部委随后出台了各试验区的总体方案。2019年11月，绿色金融改革创新试验区扩容，甘肃省兰州新区获批建设绿色金融改革创新试验区。2022年8月，中国人民银行等六部门发布《重庆市建设绿色金融改革创新试验区总体方案》，标志着重庆市绿色金融改革创新试验区正式启动。

整体而言，试验区相较于非试验区有更多专享再贷款定向支持绿色项目的政策（见图2-5）。同时，由于绿色金融改革创新试验区所处的经济发展程度和政策制度环境存在差异，其绿色金融体系建设和发展各有侧重，具有地方特色（见表2-11）。

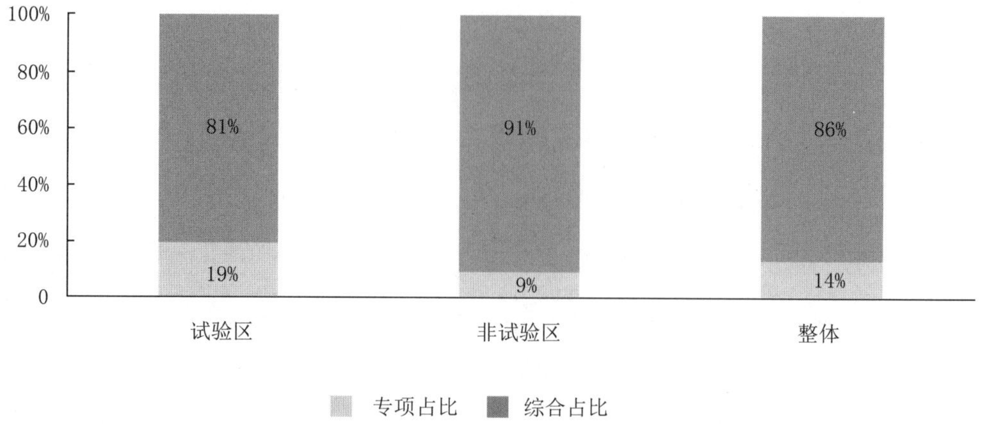

图2-5　专项/综合再贷款定向支持绿色项目的政策情况

表2-11　绿色金融改革创新试验区创新措施

地区	试验内容
湖州市	作为“两山”理念起源地，先后推出“两山”系列贷款、绿色工厂贷等低利率金融产品，旨在支持重点生态产业与绿色产业创新升级。同时，通过设立绿色发展投资基金、发行绿色债券等多种举措，全面推进以金融手段促进“两山”理念转化的机制建设
衢州市	作为以化工和冶金为主导产业的工业城市，金融支持传统产业绿色改造转型是推动绿色增长的亮点。碳账户是衢州绿色金融改革创新的一个缩影，通过开发金融科技支持的绿色金融服务信用信息平台“衢融通”和建立全市范围内的碳账户系统等创新性措施，衢州市提升了环境信息公开的精确度和可靠性，并据此改进了工业融资的激励政策
花都区	在强化绿色金融服务新能源汽车等战略性主导产业的同时，通过碳金融产品的创新以及在排污权、水权、用能权等环境权益交易方面的探索，建立了环境权益融资的创新模式。同时，鉴于其地缘优势，花都区也积极建设粤港澳大湾区绿色金融合作平台
贵安新区	除了为绿色领域企业提供金融支持外，该区依托贵州省在大数据产业方面的显著优势，积极推动“大数据+绿色产业+绿色金融”的深度融合，有效提升了绿色金融在风险控制、产品创新以及环境监管方面的效能，并创新性地构建了以大数据产业和绿色金融双轮驱动的发展新模式
赣江新区	在通过创新绿色市政债、绿色基金等金融产品推进绿色城市建设进程和积极打造具有地方特色的绿色金融标准体系的同时，创新发布了碳中和基金、“碳足迹”披露支持贷款等绿色金融产品，积极探索实现金融服务“降碳”目标的有效路径

续表

地区	试验内容
哈密市	围绕资源优势及产业发展特点，发行“可再生能源补贴确权贷款”“煤炭清洁高效利用贷款”等支持能源结构转型的绿色金融产品
昌吉州	通过发展绿色金融赋能现代农业发展，先后创新推出“种养循环+绿色信贷”“棉花保险+期货”等适合地方需求的产品，助力昌吉州特色农作物发展
克拉玛依市	作为闻名全国的石油城市，绿色金融的工作重点在于加快传统工业的绿色化转型步伐，使其由“单一资源型城市”升级为“综合型城市”，通过制定石油石化行业绿色标准、建立常态化绿色融资对接机制等措施加快区域绿色经济发展
兰州新区	以推动金融科技赋能绿色金融发展，促进绿色产融精准对接为着眼点和突破口，发布运行“绿金通”平台，紧密连接融资企业、金融机构、运营机构，畅通“政银企”融资信息、政策支持信息与服务通道，先后推出小微企业线上融资等百余种绿色金融产品
重庆市	围绕全市碳达峰行动方案及重点行业领域实施方案，打造“绿色金融+绿色制造、绿色建筑、绿色交通、绿色能源、绿色农林等”的“1+N”绿色产业发展体系

除国家级绿色金融改革创新试验区外，越来越多的地方通过自主实践开展绿色金融改革创新，旨在探索更加符合当地社会经济环境的绿色金融发展路径，进而推进全省绿色金融发展。部分省市还通过自行设立绿色金融试点的方式发展绿色金融，在绿色改革、制度建设、产业转型的竞争压力下，为地区争取了新的发展机遇。

例如，作为生态产品价值实现机制的先行试点城市，江西省抚州市在多方面进行了积极探索，并取得了领先地位。在政策层面，该市已成功启动了全市范围的生态系统生产总值（GEP）核算平台，并正式实施了包括《生态系统评估　生态系统生产总值（GEP）核算技术规范》在内的十项省级和市级地方标准。在金融产品创新方面，抚州市推出了包括“古屋贷”和“畜禽智能洁养贷”在内的超过三十种与生态相关的金融产品。在配套机制建设方面，该市建立了全面的林业收储中心，加快了国家储备林项目的建设，并进行了林业碳汇的远期收储交易。

三、快速发展阶段——2020年至今

2020年9月，习近平主席在第七十五届联合国大会上宣布中国二氧化碳排放力争到2030年前达到峰值，努力争取2060年前实现碳中和的目标。至此，“双碳”目标的提出为我国绿色金融发展明确了方向。

2021年，“十四五”规划正式出台。其中，绿色发展占据了重要篇幅，为绿色金融指明了发展方向，立足于提升生态系统质量和稳定性、持续改善环境质量、加快发展方式绿色转型。同年，国务院发布了《关于加快建立健全绿色低碳循环发展经济体系的指导意见》，指出为建立绿色低碳循环发展的经济体系，需要有完善的法律法规政策体系，这对绿色金融政策体系的构建提出了新的要求，与国际标准趋同，推动双向开放。

2022年6月1日，银保监会印发《银行业保险业绿色金融指引》，将银行业保险业发展绿色金融上升到战略层面，并提出银行业保险业应将环境、社会、治理要求纳入管理流程和全面风险管理体系。该指引被视为中国绿色金融发展的重要里程碑。

2024年3月，中国人民银行、国家发展改革委等七部门联合发布《关于进一步强化金融支持绿色低碳发展的指导意见》[1]（简称“第二版《指导意见》”），为我国金融支持绿色低碳发展提供顶层指引。从内容来看，第二版《指导意见》进一步丰富与落实了中国人民银行等七部门提出的“三大功能”和“五大支柱”绿色金融发展政策思路。中期目标是不断健全“五大支柱”：“未来5年，国际领先的金融支持绿色低碳发展体系基本构建，金融基础设施、环境信息披露、风险管理、金融产品和市场、政策支持体系及绿色金融标准体系不断健全，绿色金融区域改革有序推进，国际合作更加密切，各类要素资源向绿色低碳领域有序聚集。”远景目标

[1] 中国人民银行，国家发展改革委，工业和信息化部，等.关于进一步强化金融支持绿色低碳发展的指导意见[EB/OL].（2024-04-10）[2024-05-04].http://www.pbc.gov.cn/goutongjiaoliu/113456/113469/5325946/index.html.

是更好地发挥“三大功能”：“到2035年，各类经济金融绿色低碳政策协同高效推进，金融支持绿色低碳发展的标准体系和政策支持体系更加成熟，资源配置、风险管理和市场定价功能得到更好发挥。”

（一）绿色金融标准体系

构建绿色金融标准体系是绿色金融发展的基础与首要任务。

1. 推动金融系统逐步开展碳核算

目前，全球范围内对金融机构进行碳核算的需求日益增强。2021年，中国人民银行发布了《金融机构碳核算技术指南（试行）》，旨在帮助金融机构明确温室气体资产敞口、识别气候转型风险与机遇、设置与《巴黎协定》目标一致的减排目标与基准值。该指南明确划分了金融机构的经营活动和投融资活动涉及的温室气体排放范围，将其分为范围一（直接排放）、范围二（购买能源产生的间接排放）和范围三（其他间接排放）[1]，机构可选择合适的核算方法，并将核算结果整合到金融机构的环境信息披露报告中，按照相关要求进行公开披露。

2024年发布的第二版《指导意见》针对金融机构在碳核算方面的方法论、数据库构建、标准化制定、数据管理以及统计体系搭建等关键环节，作出了更为详尽的规划与安排：“建立健全金融机构碳核算方法和数据库，着力推动成熟的碳核算方法和成果在金融系统应用，制定出台统一的金融机构和金融业务碳核算标准，推动金融机构加强自身及其投融资相关业务碳排放数据的管理和统计。提升金融机构碳核算的规范性、权威性和透明度。鼓励金融机构和企业运用大数据、金融科技等技术手段为碳核算工作提供技术支撑。”

[1] 范围一：直接排放量 = 活动数据 × 排放因子。

范围二：外购电力产生的排放量 = 购电量 × 排放因子。

范围三：投融资活动的排放量 = 归因因子 × 被投资企业的碳排放量。

其中，“归因因子”是指金融机构投融资在企业总投资中所需承担的碳排放责任占比。根据不同的投融资类型和资金用途，归因因子的计算方法可能有所不同。该指南采用“融资主体的主营业务收入”作为归因因子的分母。例如，对于项目融资业务，基本核算公式可能是：项目业务碳排放量 = 融资项目碳排放量 × 金融机构对项目的月均投资额 / 项目的总投资额。

2.持续完善绿色债券标准体系

2016年，在《关于构建绿色金融体系的指导意见》出台后，我国已逐渐构建成相对完善的绿色金融标准体系。第二版《指导意见》中重点针对绿色债券标准的持续优化提出了一系列措施，提出“统一绿色债券募集资金用途、信息披露和监管要求，完善绿色债券评估认证标准”。

回顾我国绿色债券实践历史，从机构和企业实践来看，2016年1月27日，浦发银行发行了我国首只绿色金融债券，发行规模为200亿元。同年4月21日，由海通证券和中国工商银行联合主承销的北京汽车股份有限公司“16京汽绿色债01”成功发行，它是国内首只绿色企业债券。同年7月5日，中国银行成功完成境外30亿等值美元绿色债券发行定价。这是国际市场上有史以来发行金额最大、品种最多的绿债。截至2016年12月13日，中债资信发布了绿色债券评估认证方法体系，首次构建绿色债券支持项目目录评估标准，创新性地搭建了对绿色债券募投项目环境效益的定量评价标准和操作方法，将募投项目环境效益绿色程度划分为深绿、绿、较绿、浅绿及非绿五个等级，从而确保发行绿色债券的企业所募集的资金投入绿色项目中，减少“洗绿”的风险。

从政策层面来看，2015年，国家发展和改革委员会发布《绿色债券发行指引》，为绿色债券发行提供指导。2016年，上海证券交易所（简称“上交所”）和深圳证券交易所（简称“深交所”）分别发布《关于开展绿色公司债券试点的通知》和《关于开展绿色公司债券业务试点的通知》，推动绿色债券在交易所市场的发展。2017年3月22日，中国银行间市场交易商协会发布《非金融企业绿色债务融资工具业务指引》，至此，我国逐步建立了包括绿色金融债、绿色企业债、绿色公司债、非金融企业债务融资工具以及绿色认证、信息披露、存续期管理等相对完善的绿色债券政策体系。2021年，中国人民银行、国家发展改革委、证监会联合发布《绿色债券支持项目目录（2021年版）》，这是中国绿色债券支持项目目录的首次更新，该文件是标志着绿色债券分类标准统一的重要文件（见图2-6）。

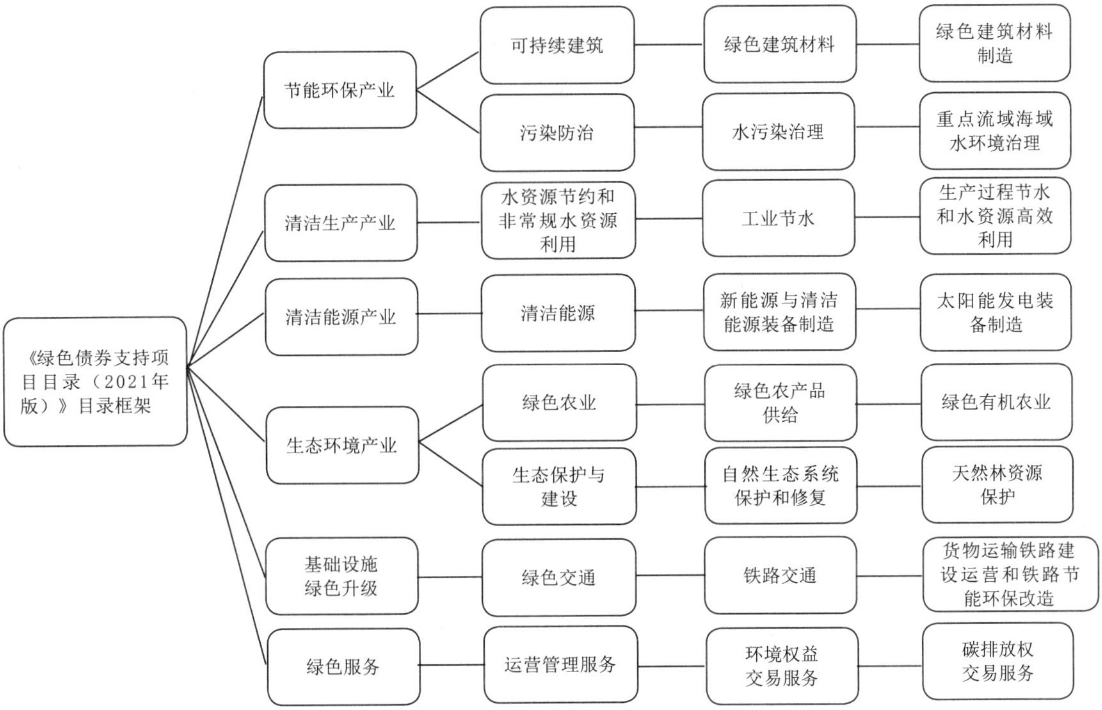

图2-6　《绿色债券支持项目目录（2021年版）》目录框架（部分）

资料来源：毕马威分析。

2022年7月，绿色债券标准委员会发布《中国绿色债券原则》，明确了绿色债券的四大核心要素，包括募集资金用途、项目评估与遴选、募集资金管理和存续期信息披露（见表2-12）。该原则充分借鉴了国际通行标准，并参考了国际资本市场协会（ICMA）发布的《绿色债券原则》（GBP）等相关规定，推动了国内绿色债券标准统一，并促进了国内与国际绿色金融标准接轨。

表2-12 《中国绿色债券原则》主要内容

规定类型	具体内容
绿色债券的定义	指募集资金专门用于支持符合规定条件的绿色产业、绿色项目或绿色经济活动，依照法定程序发行并按约定还本付息的有价证券
募集资金用途	绿色债券的募集资金需100%用于绿色产业、绿色经济活动等符合《绿色债券支持项目目录（2021年版）》的绿色项目。这些绿色项目包括能效提升、可持续建筑、污染防治、水资源节约和非常规水资源利用、资源综合利用、绿色交通、绿色农业、清洁能源、生态保护与建设、绿色服务等领域
项目评估与遴选	发行人需要在募集说明书等相关文件中披露绿色项目的具体信息，包括项目名称、资金使用计划、预期的环境效益等。对于发行前尚未确定具体募投项目的发行人，应披露绿色项目遴选的分类标准、技术标准或规范及其环境效益测算标准和重要前提条件等信息
募集资金管理	发行人应开立募集资金监管账户或建立专项台账，确保募集资金严格按照发行文件中约定的用途使用，并全流程可追踪。同时，闲置募集资金可进行单期投资期限不超过12个月的现金管理操作，如投资国债、政策性银行金融债、地方政府债等安全性高、流动性好的产品
存续期信息披露	发行人需按年披露募集资金整体使用情况、绿色项目进展情况、预期或实际环境效益等，并鼓励按半年或按季度披露。此外，发行人应将募集资金全部投放完毕前的使用信息进行留档记录，并在债券存续期届满后保存至少两年

2023年，我国绿色债券发行规模已超1万亿元（见图2-7）。

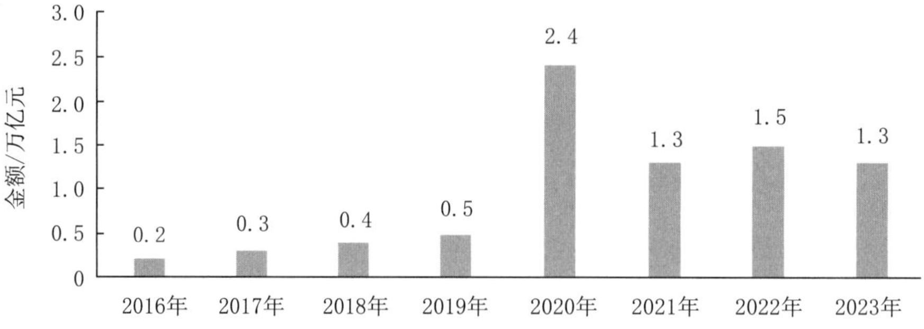

图2-7 我国绿色债券发行规模（2016—2023年）

资料来源：Wind数据库。

（二）金融机构监管和信息披露

信息披露包括金融机构的环境信息披露和企业的环境信息披露，两者相辅相成、相互关联。

1. 金融机构和企业的环境信息披露同时推进

针对金融机构端，2021年7月22日，中国人民银行正式发布了《金融机构环境信息披露指南》（简称“《指南》”），对在中国境内依法设立的银行、资产管理、保险、信托、期货、证券等金融机构的环境信息披露形式、频次、应披露的定性及定量信息等方面提出要求，旨在引导金融资源更加精准地支持绿色、低碳项目。《指南》规定了金融机构应采取的披露形式，包括定期报告、临时报告、社会责任报告、年报等，并要求金融机构披露包括但不限于以下内容：

①绿色金融战略、政策和目标。

②绿色金融产品与服务创新。

③环境风险管理流程。

④投融资活动对环境的影响。

⑤经营活动的环境影响。

⑥绿色金融创新及研究成果。

《指南》的发布是中国金融业响应国家绿色发展战略、推动环境信息披露和气候风险管理的重要步骤，有助于提升金融机构的透明度和绿色金融业务的可持续性。

针对企业端，2021年5月，生态环境部正式对外发布了《环境信息依法披露制度改革方案》，该方案明确了我国在环境信息披露方面的改革方向和主要任务。依据该方案，生态环境部进一步出台了《企业环境信息依法披露管理办法》和《企业环境信息依法披露格式准则》，确立了企业在环境信息披露中的主体责任。根据规定，重点污染排放企业、强制执行清洁生产审计的企业，以及在上一年度因环境违法行为受到刑事处罚或重大行政处罚的上市公司和发债企业，都必须公开其环境信息。披露的信息应涵盖碳排放数据，包括具体的排放量和排放设施等细节。此外，上市公司和发债企业还应当公开其融资项目对气候变化的应对措施、对生态环境的影响及保护措施等相关信息。

2. 逐渐将ESG纳入信用评级

2008年，上交所要求符合条件的上市公司披露环境信息和社会责任报告，标志着中国ESG信息披露逐渐进入自愿披露与强制披露相结合的阶段。2015年，联合国发布《2030年可持续发展议程》，并制定了17项全球性可持续发展目标，这对全球包括中国的ESG实践产生了深远影响。2024年发布的第二版《指导意见》提出："鼓励信用评级机构建立健全针对绿色金融产品的评级体系，支持信用评级机构将环境、社会和治理（ESG）因素纳入信用评级方法与模型。"

此前，已有协会及企业构建ESG报告评级标准。例如，2021年11月，中国建设银行启动对公客户ESG评级体系项目，项目致力于达成三个目标：首先，构建客户ESG评级模型，并参考国内外先进ESG评级经验，根据银行业务发展特点和需求，在不同行业分别构建符合银行对公客户实际的ESG评级模型，识别企业可持续发展能力；其次，基于上市公司或发债企业的ESG表现构建ESG相关指数，并实时追踪评级表现，为投资者提供明确的投资信号，引导可持续投资；最后，梳理并探索优化ESG要素在信用评级中的体现与应用。

湖州银行公司信贷客户ESG评价系统在评价体系设计上，将ESG评价标准与业务发展和风险管理目标深度结合，并运用数字技术实现了完全自动化计算、ESG风险动态监测和自动生成标准化ESG信息披露统计数据的功能。

2023年，中国企业社会责任报告评级专家委员会牵头编制了《中国企业ESG报告评级标准（2023）》，报告得分由七个评价维度的得分加权而来，最终评级共分为七个级别，包括五星佳、五星级、四星半级、四星级、三星级、二星级和一星级，每一个星级对应报告得分的特定区间。

此外，亦有机构和学者对ESG并入信用评价体系的构建理论和影响进行研究。

如兴业研究与兴银理财在2023年首次提出纳入ESG的整合信用评价体系构建理论：从公司治理（G）支柱入手，基于ESG视角在时间维度上扩展对公司长期发展的评价，从而提供一个相对传统信评更为长期主义的视角来评估公司治理的效果；而对于环境与社会（E/S）特征显著的行业，如石油天然气、制造业、酒饮料等行业，则在信评调整项中纳入环境与社会维度的调整因素，从而更全面反映受评企业的抗风险能力。具体构建思路如图2-8所示。

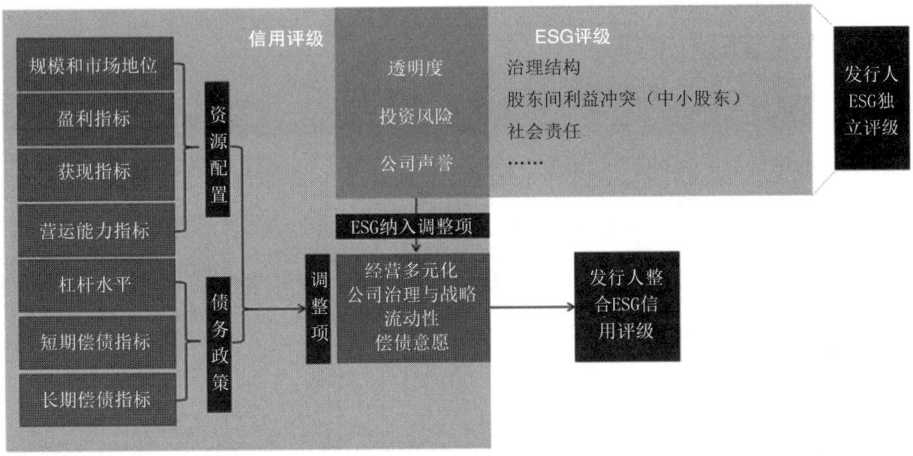

图2-8　兴业研究与兴银理财在2023年提出的纳入ESG的整合信用评价体系构建思路

资料来源：兴业碳金融研究院。

3. 强化气候变化相关审慎管理和风险防范

气候风险管理方面，近几年来，气候变化对金融系统具有潜在破坏性影响的观点已被越来越多的金融机构及监管者所接受，因此，气候风险管理越来越成为金融系统中的重要组成部分，加强气候环境风险管理成为金融机构风险管理的重要内容。

2021年，中国人民银行组织全国23家主要银行开展了第一阶段气候风险压力测试，主要针对火电、钢铁和水泥三大高碳行业。2022年，银保监会发布的《银行业保险业绿色金融指引》第十二条提出：“加强对高碳资产的风险识别、评估和管理，在保障能源安全、产业链供应链安全的同时，渐进有序降低资产组合的碳强度，最终实现资产组合的碳中和。”2024年发布的第二版《指导意见》则明确提出“推动金融机构将气候变化相关风险纳入风险控制体系及公司治理框架”，进一步明确了金融机构工作细则，并且首次提出将气候变化相关风险纳入宏观审慎政策框架，在“推动金融机构定期向金融管理部门报送高碳资产规模、占比和风险敞口等信息”“适时披露中国金融体系气候变化相关风险压力测试结果”以及“研究完善风险监管指标和评估方法”三个方面健全审慎管理。

（三）政策激励约束体系

健全政策激励约束体系是推动绿色金融市场化、可持续发展的必然要求。例如，浙江省湖州市、江西省赣州市、甘肃省兰州市、新疆维吾尔自治区哈密市等绿色金融改革创新试验区为支持金融机构集聚带动地方绿色金融发展，给予了财税补贴、一次性奖励、考核激励等鼓励措施，以吸引全国性金融机构总部、绿色金融专营机构等注册迁入并活跃投融资活动。财税补贴及一次性奖励多用于吸引各类金融机构入驻，根据金融机构规模及业务量给予不同比例及额度的税收减免及资金奖励；考核激励旨在鼓励金融机构对当地绿色发展的金融支持给予量化鼓励，引导金融资源向绿色领域倾斜。

新增转型金融相关要求。为实现“双碳”目标，不仅需要支持绿色产业的发展，也需要支持大量高碳行业的低碳转型。2022年1月，国家发展改革委、国家能源局发布了《关于完善能源绿色低碳转型体制机制和政策措施的意见》，鼓励能源企业践行绿色发展理念，充分披露碳排放相关信息，发行碳中和债券、可持续发展挂钩债券等。此类实施细则采取自下而上的视角，上下联动，助力我国绿色金融发展。同年，G20领导人共同批准了中国人民银行作为G20可持续金融工作组联席主席牵头制定的《G20转型金融框架》，这对促进高碳行业和企业实现绿色低碳转型具有重要意义。

2024年发布的第二版《指导意见》提出了研究制定转型金融标准和相关政策体

系："加快研究制定转型金融标准，将符合条件的工业绿色发展项目等纳入支持范围，明确转型活动目录、披露要求、产品体系和激励机制等核心要素。"第二版《指导意见》提出的转型金融政策核心要素与中国人民银行牵头制定的《G20转型金融框架》基本一致，未来我国转型金融政策体系将有望在该体系下完善。

（四）绿色金融产品和市场体系

1. 继续推进碳排放权交易市场建设

2020年12月，生态环境部发布《碳排放权交易管理办法（试行）》（简称"《管理办法》"）及《2019—2020年全国碳排放权交易配额总量设定与分配实施方案（发电行业）》，碳市场配套制度体系不断完善。《管理办法》旨在规范全国碳排放权交易，组织建设全国碳排放权注册登记系统，记录碳排放配额的持有、变更、清缴和注销情况；并组织建设全国碳排放权交易系统，负责全国碳排放权统一交易。

2021年7月，历时3年筹备的全国碳排放权交易市场正式上线交易。全国碳排放权交易体系的核心要素如表2-13所示。

表2-13　全国碳排放权交易体系的核心要素

要素类型	具体内容
配额总量	由生态环境部根据国家温室气体排放控制要求，综合考虑经济增长、产业结构调整、能源结构优化、大气污染物排放协同控制等因素，研究制定碳排放配额总量确定与分配方案
覆盖行业	以发电行业为突破口率先在全国上线交易，逐步扩大市场覆盖范围
重点排放单位的纳入标准	年度温室气体排放量达到2.6万吨二氧化碳当量
配额分配	以免费分配为主，适时引入有偿分配
碳排放核查	以"双随机、一公开"监督检查碳排放和碳排放配额清缴情况
国家核证自愿减排量（CCER）的抵销条件	抵销比例不超过5%的应清缴碳排放配额，且CCER项目应来自全国碳市场配额管理范围以外的其他减排项目

目前，我国全国碳市场运行良好，交易情况如图2-9所示。

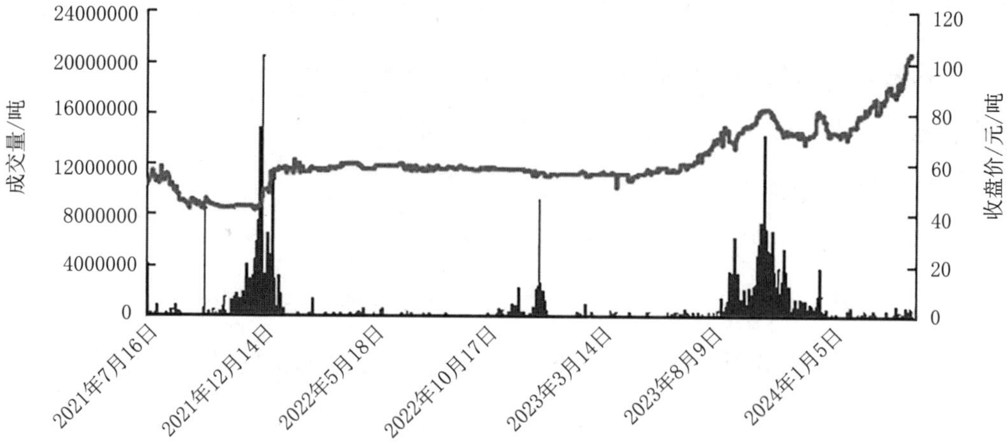

图2-9 我国全国碳交易市场交易情况

2. 加大绿色信贷支持力度

我国绿色信贷在坚实的基础上良好发展，保持了高速增长态势。截至2024年第一季度末，我国金融机构本外币绿色贷款余额已近35万亿元（见图2-10）。

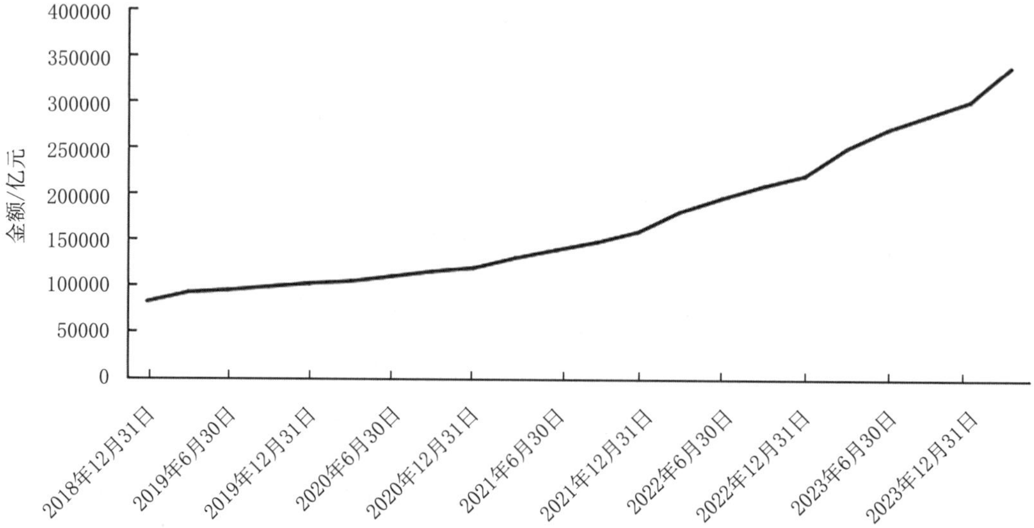

图2-10 我国金融机构本外币绿色贷款余额变化

2024年发布的第二版《指导意见》中进一步加大对重点领域低碳转型的信贷支持，提出“在依法合规、风险可控和商业可持续的前提下，鼓励金融机构利用绿色金融标准或转型金融标准，加大对能源、工业、交通、建筑等领域绿色发展和低碳转型的信贷支持力度，优化绿色信贷流程、产品和服务”。

3. 大力发展绿色保险及其服务

绿色保险虽然在早期并非我国绿色金融产品中的主流，但近年来其业务规模持续扩大，产品类型也日益多样化。根据保险业协会的统计，2020年全年，绿色保险的保额达18.33万亿元，较上年增长24.9%；绿色保险赔付额为213.57亿元，较上年增长11.6%。

2022年11月，银保监会发布《绿色保险业务统计制度的通知》，明确绿色保险是指保险业在环境资源保护与社会治理、绿色产业运行和绿色生活消费等方面提供风险保障和资金支持等经济行为的统称。同时，将绿色保险业务分为三大部分：第一部分是环境、社会、治理风险保险业务，主要按照保险产品的维度进行统计，包括巨灾保险和碳保险等气候变化风险领域、环境污染责任保险等环境风险领域、安全生产责任保险等社会治理风险领域的保险业务；第二部分是绿色产业保险业务，主要按照客户的维度进行统计，包括生态环境产业、清洁能源产业、基础设施绿色升级产业，以及节能环保产业、清洁生产产业和绿色服务等领域的保险业务；第三部分是绿色生活保险业务，主要按照保险产品的维度进行统计，包括新能源汽车保险、非机动车保险等服务绿色生活的保险业务。

数据显示，截至2022年，保险业绿色保险产品数量超过3600种，69家机构建立了绿色金融管理机制及工作小组，9家机构加入了可持续保险或负责任投资原则[1]。

2024年发布的第二版《指导意见》进一步强调了保险机构应完善气候变化相

[1]　中国保险行业协会.2022中国保险业社会责任报告[EB/OL].（2023-09-01）[2024-05-02].https://www.iachina.cn/module/download/downfile.jsp?classid=0&filename=d2c4be707d2b4afca3be4c934d816c81.pdf.

关风险的保险保障体系，并鼓励保险资金支持绿色产业和绿色项目。2024年4月20日，金融监管总局印发了《关于推动绿色保险高质量发展的指导意见》，该指导意见主要包括五个部分、二十四条举措，分别从总体要求、加强重点领域绿色保险保障、加强保险资金绿色投资支持、加强绿色保险经营管理能力支撑以及工作保障等五个方面提出明确要求。

（五）加强国际合作

1. “一带一路”绿色投融资活动

“一带一路”倡议发起后，从2015年的《推动共建丝绸之路经济带和21世纪海上丝绸之路的愿景与行动》，到2017年出台的《关于推进绿色“一带一路”建设的指导意见》和《“一带一路”生态环境保护合作规划》，逐步明确了“一带一路”绿色发展的主要目标，这为推动“一带一路”投融资绿色化和绿色金融合作奠定了基础。

2018年11月，中国金融学会绿色金融专业委员会和伦敦金融城绿色金融倡议联合发布《“一带一路”绿色投资原则》（Green Investment Principles for the Belt and Road，简称“GIP”）。这些原则强调了在“一带一路”倡议下的绿色投资和可持续发展的重要性，旨在促进环境的可持续性和经济的绿色增长。自GIP正式发布以来，已经吸引了来自全球多个国家和地区的金融机构成为签署方，并在推动优化“一带一路”投资项目的环境和社会责任方面发挥了积极作用。截至2021年12月，GIP已经有来自全球15个国家和地区的41家签署机构与13家支持机构。GIP的签署方承诺将这些原则纳入其公司战略和决策流程中，并定期向GIP秘书处报告其绩效。

此外，中国在推进共建“一带一路”绿色发展方面，还发布了《关于推进共建“一带一路”绿色发展的意见》，旨在加强绿色基础设施互联互通、绿色能源合作、绿色交通合作等，以实现绿色发展目标。

2. 积极响应全球绿色化金融实践

中国的金融市场主体积极支持国际绿色金融倡议，推动金融实践绿色化。上交所、深交所和香港交易所（简称“港交所”）都是可持续证券交易所倡议的成员单位。以中国进出口银行和国家开发银行为代表的政策性银行建立了环境和社会风险管理体系，积极支持开展可再生能源和低碳环保领域的项目建设，践行负责任投融资理念。

中国商业性金融机构积极支持包括赤道原则、联合国环境规划署金融倡议的负责任银行原则、可持续银行原则、负责任投资原则等在内的多项国际绿色金融倡议，积极推动全球金融实践绿色化。截至2023年末，兴业银行、江苏银行等9家银行已加入赤道原则（见表2-14）。

表2-14　我国加入赤道原则的银行

纳入赤道原则的时间	银行	所在地
2008年10月	兴业银行	福建
2017年1月	江苏银行	江苏
2019年7月	湖州银行	浙江
2020年2月	重庆农村商业银行	重庆
2020年7月	绵阳市商业银行	四川
2020年11月	贵州银行	贵州
2021年2月	重庆银行	重庆
2021年12月	福建海峡银行	福建
2021年12月	威海市商业银行	山东

第五节

绿色金融研究文献综述

一、绿色金融发展现状研究

（一）绿色金融的制度与政策

1.绿色金融的制度体系

绿色金融制度体系作为该新兴市场发展的重要规则指引，主要通过标准制度、披露制度和激励机制三种渠道推动绿色金融发展，进而促进我国经济高质量发展（胡勇 等，2022）。根据我国绿色金融发展的特点，绿色金融制度体系的构建大致可分为三个阶段，即提出阶段（1994—2007年）、建设阶段（2008—2015年）和执行阶段（2016年至今）（孙凌云 等，2017）。随着各国社会对经济的可持续发展以及构建“绿色化”制度等课题日益重视，我国也在各个阶段不断地调整并完善绿色金融制度，不仅推动了我国绿色经济可持续发展，也为其他国家绿色金融模式的经济体系构建提供了实践经验。

尽管我国绿色金融制度体系在近年来不断优化，但在宏观环境的快速变化和制度体系尚未完全成熟的背景下，现有体系中仍然存在许多不足之处。例如，我国目前在绿色项目的标准划分上缺乏统一性。如果不同政府或监管部门所出台的相关政策文件中对项目分类标准存在差异，必然会影响绿色金融市场参与者履行其义务，进而限制政策效果的充分发挥（胡勇 等，2022）。此外，虽然我国部分地方政府为了推动绿色产业或项目的发展而设立了各种专项资金账户，但与美国政府为统筹绿色基金发展而设立的“超级基金法案”相比，我国尚未形成全国性的绿色基金发展政策（王波 等，2020a）。

整体而言，虽然我国在绿色金融制度建设方面已经取得了一定的进展，但仍面临诸多挑战和问题。因此，我们可以借鉴其他国家的先进经验，有针对性地完善国内的绿色金融制度。

2.绿色金融的政策体系

我国的绿色金融发展历程大致可分为初步探索、逐步成长和快速发展三个阶段。作为全球首个建立绿色金融政策体系的经济体，我国于1995年率先发布了《关于贯彻信贷政策与加强环境保护工作有关问题的通知》，要求金融机构在从事金融活动的同时，也须考虑环境污染防治等环境保护问题，这份文件的出台也标志着金融与环保之间的联系被确立。自此，我国在碳节能减排（吕承超　等，2024；张振华　等，2024）、企业绿色技术创新（时省　等，2024）等绿色金融的实践上也取得较为显著的成效和进展。此外，随着世界各国增加对绿色发展和环境保护的关注和投入，各国政府也相继将绿色金融发展纳入国家的发展战略。然而，由于政策制定指导思想、项目筛选标准、监控主体等有差异，各国的绿色金融政策均存在差异。从政策制定者的角度而言，国际主流的绿色金融政策是由金融机构采取“自下而上”的原则自发制定而成的，以市场机制为纽带，通过市场主体间的利益传导、拓展、推进。我国绿色金融的相关法规、政策是由政府主管机构制定的，采取“自上而下”的原则，依靠行政力量推行（王树强　等，2019）。

（二）绿色金融的市场与产品

1.绿色金融的市场体系

绿色金融市场是为促进绿色发展、低碳发展，减缓气候变化或适应气候变化的项目筹集资金的主要场所，通过为绿色项目提供资金支持，促进实体经济向绿色低碳发展模式转变（邓晶　等，2023）。目前，我国的绿色金融体系仍以中国人民银行等七部委发布的《关于构建绿色金融体系的指导意见》作为整体的框架，该体系是从政府和市场职能分工的角度出发，有效且有序地让各职能部门履行责任，推进绿色金融体系的建设工作（李建涛　等，2021）。

联合国环境规划署发布的《绿色金融产品与服务》报告显示，目前在绿色金融市场上交易的金融类产品与服务主要分为三大类，即绿色项目及绿色转型支持类融资、零售类金融服务以及碳市场交易类金融服务（郭莉，2022）。随着各国政府与金融机构等市场参与主体对环境保护和经济可持续发展等绿色发展的重视程度不断增加，绿色债券市场、绿色金融投资市场在未来将会进一步扩大，进而进入成熟期，而绿色保险市场则会迎来新一轮的发展和创新。

尽管国内外的绿色金融市场都具有较好的发展潜力和趋势，但是我国的金融市场未来的发展仍存在一些问题与挑战。从地域产业结构的角度来看，我国东部地区的产业结构以金融行业、高科技产业等第三产业为主，而西部地区的重工业产业活动则仍依赖于高耗能、高污染、附加值低的传统能源行业，绿色转型压力较大（郭莉，2022）。此外，商业银行作为国内绿色金融市场的主要供给方，可能存在垄断市场的问题，而其他绿色金融市场的参与主体的参与度较低，尚有巨大的发展潜力等待被发掘。

2.绿色金融的产品体系

随着我国绿色金融的多元化发展，目前在绿色金融市场上已拥有包括绿色债券、绿色信贷、绿色保险、绿色基金、绿色融资、绿色租赁、绿色信托等多种绿色金融产品，其中绿色债券和绿色信贷发展迅速且规模较大（奚宾　等，2019）。

在绿色债券方面，中央政府已经在全国六省九地相继推出绿色金融改革创新试点，为绿色债券的发行提供1‰至1%的资金支持，并为绿色债券的违规情况提供风险赔付。尽管CBI的数据指出我国已于2022年超过美国成为世界最大的绿色债券发行市场（吴悦　等，2024），然而我国绿色债券市场仍然存在发行主体类型单一、发行品类集中度较高、期限结构错配、第三方评估认证比例低、国际化程度低等问题（张晓燕　等，2024）。

在绿色信贷方面，随着国有大型银行深入挖掘和培育绿色信贷市场，我国本外币绿色贷款余额在2023年末达到了30.08万亿元，同比增长36.5%，高于各项贷款增速26.4个百分点。此外，市场各参与主体仍需对金融机构积极性不足、管理体系效率不高、政策体系不完善等问题保持关注并给予重视，以持续推动我国的绿色信贷市场的可持续发展。

尽管近年来，经过商业银行的不断尝试和开拓创新，国内绿色金融产品种类日趋丰富，体系更加完善，多个创新品种实现了从无到有的突破。然而，在总体上，绿色金融产品创新仍存在绿色金融产品创新水平与投资规模不匹配、区域发展不平衡等诸多问题，对绿色产业发展的支持力度仍有待加强（刘洋 等，2023）。

3.绿色金融的市场参与主体

绿色金融市场的参与主体主要有三方：政府、金融机构和企业。

政府通过制定相关政策和法律法规，在绿色金融市场出现失灵的情况时及时对市场的运作进行干预。尽管政府不直接参与绿色金融产品的交易活动，但其制定的一系列如财政、税收、补贴等宏观调控政策措施在一定程度上为绿色金融市场的未来发展趋势指明方向。在监管方面，政府通过建立全面的监管体系，加强对其他绿色金融市场参与主体金融活动行为的监管，在稳定市场运作的同时也达到降低市场风险的效果（马祥，2023）。

金融机构则是以实现金融发展与环境保护的和谐统一作为发展战略理念，通过开展绿色金融业务、绿色金融产品创新等绿色业务，利用自身产业优势，引导资金流向，带动社会金融资金的合理配置，进而减少和限制污染物排放，实现环境保护目标（马祥，2023）。

企业作为绿色金融市场的主要接收者，主要通过制定绿色投资决策、研发具有环保特点的新产品等商业策略，将绿色发展融入自身业务的战略和运营中，积极参与绿色金融市场的建设和发展，进而为市场带来经济效益和社会效益（马祥，2023）。

综上所述，绿色金融市场的各个参与主体在推进绿色金融发展中都承担着不同的职责，唯有各方相互支持与配合，才能有效地推进我国的绿色金融发展，实现可持续发展的目标。

（三）绿色金融的保障措施与风险防范

1.绿色金融的激励与约束机制

绿色金融激励机制指政府和监管部门等激励实施主体通过担保贴息、风险分担、信息披露、监督评价等激励措施，对金融机构和企业等激励对象产生作用，以促进绿色金融稳健发展的协调运作机制（滕法鑫 等，2023）。从国家层面来看，为了支持绿色金融改革创新试验区发行绿色债务融资，中国人民银行于2019年4月发布了《关于支持绿色金融改革创新试验区发行绿色债务融资工具的通知》，该通知在鼓励绿色资产支持票据创新之余，也适当地对绿色企业募集资金的使用方式进行放宽。此外，部分地方政府对金融机构落户入驻、开展绿色信贷、发行绿色债券等绿色金融发展行为规定了具体的奖补标准、申请条件程序并予以兑现落实，有效地提升了金融机构和企业参与绿色金融改革创新的积极性（古小东 等，2021）。

除了激励机制，政府部门也落实了绿色信贷约束保障政策。在此政策下，以兴业银行为代表的金融机构实施了一系列约束保障措施，包括将绿色信贷业务纳入综合经营计划考评，对信贷规模和风险资产进行专项管理，将绿色信贷审批过程交由专业人员进行专项审批，对分支机构进行差异化授权，推动绿色信贷体系发展完善（王波 等，2020b）。

2.绿色金融的监管考核机制

我国的绿色金融监管起步较早，发展历程曲折，在分阶段针对绿色金融的监管部署中，目前已初步构建了“三大功能”和“五大支柱”的绿色金融发展政策思路（王光远 等，2022）。

在绿色贷款专项统计方面，中国人民银行于2018年制定了《绿色贷款专项统计制度》，对符合规定用途的绿色贷款和存在环境、安全等重大风险的企业贷款分别进行统计，并在2019年将个人经营性贷款纳入统计范围之内。在绿色融资统计方面，银保监会在2020年制定了《绿色融资统计制度》，将统计范围从12类节能环保项目贷款及其减排效果拓宽至表内外融资，涵盖绿色生产、建设、经营、贸易、消费各方面，并新增支持低碳经济融资、循环经济融资、气候融资、环境权益融资等专项统计，更适应低碳发展导向下的统计监测需求（冉莎莎 等，2023）。

尽管中国人民银行和金融管理部门相继出台了多项绿色金融的发展政策，但除了2018年发布的《绿色贷款专项统计制度》为绿色信贷业务的监管提供了制度支持，其余的大多属于指导性或鼓励性政策，缺乏具有强制性的政策。此外，张乃今（2023）近期通过抽样检查、现场核实、电话回访等方式对吉林省部分金融机构绿色贷款专项统计制度执行情况展开调查，发现部分企业的绿色金融统计口径与其实际业务不一致，使得绿色金融的政策导向和激励作用难以发挥。由此可见，我国对于绿色金融在监管考核方面尚未形成较为完善和成熟的制度体系。

3.绿色金融的信息披露机制

为了规范绿色金融行业的信息披露机制，证监会、上交所、中国人民银行等监管部门在2018年至2022年间发布了《上市公司治理准则》《关于做好科创板上市公司2021年年度报告披露工作的通知》《金融机构环境信息披露指南》等文件，为强化绿色金融市场各个参与主体的信息披露义务提供了明确指引。

我国绿色债券信息披露采用强制性披露与自愿性披露相结合的模式。结合绿色债券规则体系中的相关要求，各类绿色债券在强制性披露和自愿性披露的披露内容上存在共性。在强制性披露方面，发行前募集说明书中应披露债券的绿色标签情况，如绿色项目情况、所属绿色项目类目、环境效益目标及募集资金使用情况等。存续期间，应当定期披露募集资金的使用情况、绿色项目进展情况及实际环境效益等。在自愿性披露方面，鼓励存续期内发行人按年披露由独立评估认证机构出具的评估意见或认证报告，持续跟踪评估认证绿色项目进展及其实际或预期环境效益（刘璐，2024）。

4.绿色金融的风险防范机制

绿色金融的风险类型主要包括信息不对称风险、技术风险、政策风险以及竞争风险。为了应对这些风险，监管部门可以通过加强金融机构监管和信息披露要求，持续推动金融机构、证券发行人、公共部门分类提升环境信息披露的强制性和规范性，进一步化解信息不对称导致的阻碍。

此外，绿色金融作为金融领域的一个重要分支，具备金融风险的一般特征。因为人类活动对生态环境造成严重破坏，环境风险对经济社会发展的影响日益加剧，绿色金融还面临环境风险。所以，金融风险和环境风险的相互作用构成了绿色金融的叠加风险。为了防范这种叠加风险，相关部门需要从应对、缓解和预防三个维度出发，制定相应的策略。

除了上述风险信息披露规范不统一、信息披露质量参差不齐、相关标准不完善、第三方绿色认证把控不严等因素，还可能出现“洗绿”的风险。为了应对这一问题，相关监管部门可以通过培育或设立专业的第三方绿色认证机构，加强对第三方绿色认证机构的管理，为防范“洗绿”风险建立良好外部环境（胡德宝 等，2023）。

（四）绿色金融的评价与测度

1.绿色金融的区域评价测度

由于我国各区域的产业结构有较大的差异，绿色金融的发展情况也有所不同。周稳海 等（2022）运用熵值法对我国30个省份2008—2020年的绿色金融发展水平进行测度，研究发现，虽然我国绿色金融发展水平呈现逐年上升趋势，但整体水平仍然较低，且区域发展差异显著，呈现东部地区领先、中西部地区落后的不均衡态势。

在对我国不同区域进行细致划分后，薛皓文 等（2024）采用熵值法测算了2012—2021年中国西部12个省级行政区的绿色金融发展水平。研究发现，新疆、内蒙古、宁夏以及重庆的绿色金融发展水平较高，而青海、陕西、云南、广西的绿色金融发展水平仍较为落后。

通过多位学者不同的评分体系和分析方法的实证研究，可以发现，中国各地区的绿色金融发展水平确实存在显著的差异，但在“东部反哺西部”的发展战略下，东、西部之间的绿色金融水平差距正在逐年缩小。

2.绿色金融的行业评价测度

为了顺应国家政策、紧跟行业转型步伐、满足企业融资需求、降低企业经营成本等，近年来，各行业的企业持续开展绿色债券的发行等绿色金融业务。电力企业华能国际发行的绿色债券21华能GN002的募集资金，全部流向了风力发电清洁能源项目的投资，预计项目建成后累计每年可实现减排二氧化碳308.35万吨，投入建成的项目预计效益良好（李蓝，2023）。

3.绿色金融的机构评价测度

金融市场各参与主体的绿色金融发展水平均有差异。通过运用熵权法对国内20家商业银行的绿色金融发展水平及其业务覆盖范围的区域绿色经济水平进行量化评估和分析，武培云 等（2024）发现当前我国商业银行绿色金融发展水平总体偏低，存在绿色金融业务运作机制不完善、服务和保障体系不健全、相关技术人才缺乏、绿色金融产品类型有限等问题。

在保险机构方面，根据《中国环境污染责任保险问题与分析》的研究成果，中国环境污染责任保险在2015—2017年的投保企业数量和保费收入均呈现增长趋势，保险费率也有所下降，然而投保企业的数量仍然不足规模以上工业企业的5%，环责险保费收入也不到责任险保费收入的1%，而且保险费率仍高于一般责任险的平均保险费率。

二、绿色金融助推经济社会绿色高质量发展研究

（一）主要研究方向

绿色金融作为一种新兴金融工具，在促进经济社会高质量发展方面发挥着日益重要的作用。当前，学术界对绿色金融促进经济社会高质量发展的研究主要集中在探讨其理论基础和作用机制，并在影响路径和机制变量上进行了创新性探索。例如，雷汉云 等（2020）通过引入环境污染因素，分析了绿色金融如何通过促进环

境治理来增强经济的可持续性；史代敏 等（2022）则引入了自然资本的概念，以更全面地解释经济社会发展的过程。

除了直接影响之外，绿色金融还可能产生一系列其他效应，包括对区域经济高质量发展的门限效应（史代敏 等，2022）和空间溢出效应。

此外，绿色金融与经济社会高质量发展之间还可能存在相互影响。通过评估不同区域绿色金融的发展水平及其对经济社会高质量发展的影响，可以分析两者之间的相互影响效果，探讨二者如何相互促进并实现协调发展（喻平 等，2021）。

综上所述，目前的研究大多集中在理论层面，除核心正向影响外，还存在其他效应、耦合协调关系等创新研究方向，重点探讨绿色金融促进经济社会高质量发展的机制。

（二）主要研究方法

早期关于绿色金融对经济社会高质量发展的研究集中在理论逻辑层面，采用了文献梳理、政策分析、案例研究等方法，并在后续的研究中不断沿用。通过文献梳理和理论分析，回顾绿色金融的发展历程和相关研究，分析现有的绿色金融政策、市场实践和学术讨论，并在案例研究中进一步巩固，分析得到一系列有针对性的建议和对策（余朝晖，2023）。

近年来，随着绿色金融政策的实践开展越发丰富，越来越多的学者将研究重心转向实证分析，其中变量指标和实证模型的构建是两个重要的部分。研究者们常采用熵值法（刘华珂 等，2021；韩景旺 等，2023；孟维福 等，2023）、无量纲方法（雷汉云 等，2020）、加权变异系数法（雷汉云 等，2020）、因子分析法（周韩梅 等，2021）等方法进行多指标综合评价，通过数据标准化和权重确定实现综合指标的量化分析，以完成对绿色金融发展水平和高质量发展状况的评估。

在核心实证环节，所使用的模型方法往往与研究方向紧密相连。大部分基准回归运用面板回归方法（雷汉云 等，2020；周琛影 等，2022）和双重差分法（DID）（林木西 等，2023a）分析绿色金融与经济社会高质量发展之间的关系。

在此基础上，衍生出不同的方向，如运用空间杜宾模型检验绿色金融发展对区域经济高质量发展的空间溢出效应（周韩梅　等，2021；史代敏　等，2022）；构建耦合协调模型计算耦合度和协调度，并构建关联矩阵计算网络中心性指标（喻平　等，2021；韩景旺　等，2023）。此外还通过中介效应（刘华珂　等，2021；周韩梅　等，2021；孟维福　等，2023）和异质性分析（孟维福　等，2023）完善研究的逻辑体系。

综上，过往研究在探讨绿色金融对经济社会高质量发展的作用时，共同关注了理论研究和实证分析两个方面。理论研究主要集中在绿色金融的发展历程、政策导向以及案例研究等方面，从宏观层面上回顾和分析了绿色金融的发展和实践，并探讨其对经济高质量发展的作用机理。实证分析则采用了统计分析和数学模型等方法，以中国各省份的数据为基础，通过主成分分析法、因子分析法、熵值法、加权变异系数法等方法构建指标，并通过面板回归方法、双重差分法、空间杜宾模型等模型技术，从区域经济的角度考察了绿色金融发展对经济社会高质量发展的影响效应和空间溢出效应，以及产业结构升级在其中的中介作用。这些研究方法的多样性和综合性，为深入理解绿色金融与经济社会高质量发展之间的关系提供了丰富的思路和方法。此外，众多实证研究还设计了中介效应分析、异质性分析和稳健性检验，进一步补充和完善了对影响机制的探讨，增强了研究结论的可信度和说服力。

（三）主要研究结论

与研究方法的发展路径类似，有关绿色金融助推经济社会高质量发展的研究结论，主要从理论研究深化至对实证机制的考察。研究者们普遍认为，对我国现状而言，发展绿色金融有助于经济社会高质量发展，并围绕这一核心观点，对机制体系进行补充、完善，延伸出不同的影响路径和附加效应。

在绿色金融研究领域发展初期，学者们研究发现绿色金融与经济高质量发展存在显著的耦合协调关系（王志强　等，2020），加强政府干预和提升环境治理力度能够正向调节这一关系（雷汉云 等，2020）。

研究者们深入探讨了绿色金融对经济发展的具体作用，发现其在不同维度上表现出不同特征。绿色金融显著促进了经济的绿色发展和结构优化，但在经济稳定发展和高效发展方面作用不显著（周琛影 等，2022）。此外，绿色金融对经济高质量发展的作用呈倒“U”形的非线性特征（周韩梅 等，2021）。同时，绿色金融的促进作用存在区域差异，对科教水平低的城市、中小城市和中西部地区的作用更加显著（雷汉云 等，2020；周韩梅 等，2021；刘华珂 等，2021）。在此基础上，研究者们进一步探讨和完善了绿色金融的促进机制和异质性，相关研究主要集中在如何通过促进技术创新、吸引资金来推动产业优化升级（刘华珂 等，2021）。

同时，绿色金融与经济高质量发展的耦合协调度在不同地区表现出显著差异。长三角和长江中游地区高于平均水平，而京津冀和东北地区低于平均水平（喻平 等，2021）；其作用存在门限效应，绿色金融发展水平高于一定门限值时，对绿色全要素生产率的提升作用显著增大（史代敏 等，2022）；绿色金融促进经济高质量发展的网络已初步形成，但整体网络密度较小，稳定性有待提高，同时存在空间溢出效应（林木西 等，2023a）。

尽管绿色金融在推动经济高质量发展中发挥了重要作用，但仍存在一些问题，如法律和政策不完善、绿色金融与网络和政策的融合不足、竞争力不足等。为解决上述问题，建议通过技术创新和产业结构升级提升绿色金融的作用，尤其是在信息化程度高的地区效果更为明显（余朝晖，2023）。

综上，研究者们普遍认为绿色金融能够促进经济高质量发展，进而实现经济和社会的相互促进、协调发展。从理论探讨到实证分析，研究者们着重关注绿色金融的发展机制和影响路径。在构建理论框架时，引入了环境污染等新的考量因素，并着重关注中部和东部地区的区域性差异，以更全面地解释绿色金融对经济发展的各维度影响力。过往研究揭示了绿色金融与经济发展之间存在耦合协调关系，绿色金融通过环境改善、技术创新和产业升级等途径，有效促进了经济高质量发展。尽管绿色金融仍处于发展初期，面临区域性差异和发展门槛的挑战，但绿色金融网络已初步形成，为推动经济高质量发展提供了重要支持。为了进一步提升绿色金融的作用，需要进一步完善政策与法规，加强绿色金融与网络和政策的融合，提高开放程度和竞争力，从而持续推动经济高质量发展。

本章小结

首先，本章介绍了绿色发展中的环境污染防治以及应对全球气候变化过程中碳减排所需要的巨额投融资需求，由此引出大力发展绿色金融的必要性和重要性。其次，本章介绍了绿色金融的基本概念以及一些相关概念。绿色金融之所以重要，是因为它具备资源配置、价格发现和风险管理三大核心功能，能够创新地优化金融资本配置，引导资金更多地流向绿色产业和生产力领域，从而在推动绿色发展和高质量发展方面发挥关键的引领作用。最后，本章详细介绍了绿色金融的国内外发展状况和研究综述，为全书后续分析提供引领和基础信息。

Chapter 3

第三章

绿色财税

第一节

引言

推动绿色发展，促进人与自然和谐共生，是发展中国家推进现代化建设的重要目标，也是解决生态环境问题的治本之策，而绿色低碳发展在很大程度上依赖绿色财税制度体系的现代化。进一步来讲，财税是国家治理体系的基础和重要支柱，由于绿色发展是国家治理体系的重要内容且绿色发展越来越显现出综合性、复杂性、系统性、网络性的特征，传统的财税政策已难以适应现代国家治理的需要，财税政策绿色转型成为必然趋势。

中国财税政策所处的环境发生了以下深刻的变化：①伴随着工业化、市场化进程的深化，生态系统越来越多地与经济系统和社会系统交织在一起，实现绿色发展有赖于在生态系统与经济系统、社会系统之间建立良性互动的关系，这对绿色发展战略下的财税制度建设提出了新要求。②在绿色财税制度体系内部，以往各个子系统之间存在着较为明显的边界，伴随着人类活动的深入和自然环境的演化，绿色财税制度体系内部各个子系统之间呈现出明显的联系，收支面向的联络关系和治理维度的协同关系愈发凸显，使得绿色财税政策的设计需要用系统性、整体性、协调性思维予以考虑。③绿色发展成为中国式现代化的显著特征，而传统绿色发展模式难以适应新形势下绿色低碳转型的需要，各种绿色发展相关政策工具相互重叠又彼此割裂，存在着低阶政治、委托碎片化、脱节的渐进主义特征（埃文斯，2020），这对加快财税政策绿色转型、以绿色财税引领绿色发展提出了新的要求。

作为国家治理体系重要内容的绿色发展，财税在其中的功能定位是由绿色发展的时代需求以及绿色发展在国家治理体系中的地位和作用所决定的。财税在绿色发展中的作用成效，与绿色财税的原则、功能定位、工具手段和治理机制密切相关。

绿色财税在绿色发展中的作用和地位不是简单的合成叠加或强行关联，而是源于在长期实践中，财政治理与生态文明建设之间的天然联系和耦合演化。

全人类社会生活在本质上是实践的。凡是把理论引向神秘主义的神秘东西，都能在人的实践中以及对这种实践的理解中得到合理的解决（马克思 等，2009）。因此，有必要从理论上将绿色财税在绿色发展中的基础和重要支柱作用予以系统提炼、科学总结、学理阐释。从学理逻辑上看，理论学术要深入研究、解读，进而引领丰富深刻的社会实践，需要将实践问题、现实问题用理论研究、学术思想特有的方式表达出来，学理化地呈现出来；理论研究也必须彻底，抓住事物的根本，深入研究，深入思考。

第二节

绿色财税的内涵与分类

绿色财税是指以绿色发展为导向的财税政策体系，包含两层含义和两个阶段，第一层含义/第一个阶段是财税政策工具的绿色转型，既包括设计直接推动绿色发展的绿色财税政策，如环保补贴、环境税、碳税、重点生态功能区转移支付、绿色政府债券等，又包括以直接或间接方式影响绿色发展的一般性财税政策，如增值税、消费税、政府债券、转移支付等；第二层含义/第二个阶段是指作为工具和手段的财税政策如何促进绿色低碳转型、推动绿色发展和生态文明建设。

根据政策主体、财政政策类型以及政策治理效应维度的三维分析，本节建立了生态环境财政政策分类编码标准（见表3-1）。

表3-1　生态环境财政政策分类编码标准

维度	变量	分类标准
政策主体	政策对象	中央政府；地方政府；社会组织；企业；居民个人
财政政策类型	财政政策工具	财政资金支出；税收政策；收费与基金制度；政府采购；央地事权与转移支付；预算资金管理；PPP（政府和社会资本合作）、工程及示范项目；综合治理
	财政政策属性	制度；体制；机制
	政策着力点	常规资金投入；引导、示范与管理；财政激励；财政协调
	政策干预程度	强制性政策工具；混合性政策工具；自愿性政策工具
政策治理效应	生态环境领域	应对气候变化；大气；水；土壤；生态；固体废物；海洋；核与电磁辐射；传统能源；新能源；其他
	经济活动环节	生产；流通；消费；分配；综合
	治理场域	国际；国家；区域；地方

续表

维度	变量	分类标准
政策治理效应	国民经济行业分类	农、林、牧、渔业；采矿业；制造业；电力、热力、燃气及水生产和供应业；建筑业；批发和零售业；交通运输、仓储和邮政业；住宿和餐饮业；信息传输、软件和信息技术服务业；金融业；房地产业；租赁和商务服务业；科学研究和技术服务业；水利、环境和公共设施管理业；居民服务、修理和其他服务业；教育；卫生和社会工作；文化、体育和娱乐业；公共管理、社会保障和社会组织；国际组织

为了明确生态环境财政政策在多个维度上的进展，本章使用中央于1979—2022年出台的涉及生态环境的1516份财政政策文本，并根据表3-1的三个维度九个方面进行编码，以期在充分研读政策文本的基础上，通过合理的分类标准对财政政策组合策略及治理效应分析，进行深度文本内容特征探索。本节的分析基于1516份政策文本，以政策制定为研究领域，构建生态环境财政政策分析框架，探究生态环境财政政策文本内容特征。在具体分析维度上，划分为*X*（政策主体）—*Y*（政策类型）—*Z*（治理效应）的三维分析框架（见图3-1）。基于前文分析，在*X*（政策主体）维度细分为中央政府、地方政府、社会组织、企业以及居民个人，从而进一步了解生态环境财政政策的主要作用对象及随时间呈现的变化趋势。在*Y*（政策类型）分析维度上，编码分类从财政政策工具、财政政策属性、政策着力点以及政策干预程度四个方面展开。根据编码分类结果，探索更全面的政策工具的使用及演变特征。在*Z*（治理效应）分析维度上，编码分类从生态环境领域、经济活动环节、治理场域以及国民经济行业分类四个方面展开，从而探索生态环境财政政策针对的对象、涉及的环节、作用的范围以及行业部门。从单维量化出发，可以系统性地梳理分析当前的生态环境财政政策组合，以及政策组合在政策主体、政策类型、治理效应维度随时间呈现的变化情况。

此外，生态环境财政政策文本内容特征的探索不仅从单维量化展开，还涉及二维量化分析。通过生态环境财政政策工具二维量化分析，探究现有财政政策工具在面对不同政策主体、生态环境领域、经济活动环节及治理场域分别呈现怎样的特征；基于不同环境要素类型的交叉分布，分析现有的政策组合是否有效解决了生态环境问题，以及进一步的绿色转型所面临的困境，从而更全面地探索、了解、提炼生态环境财政政策文本内容特征。

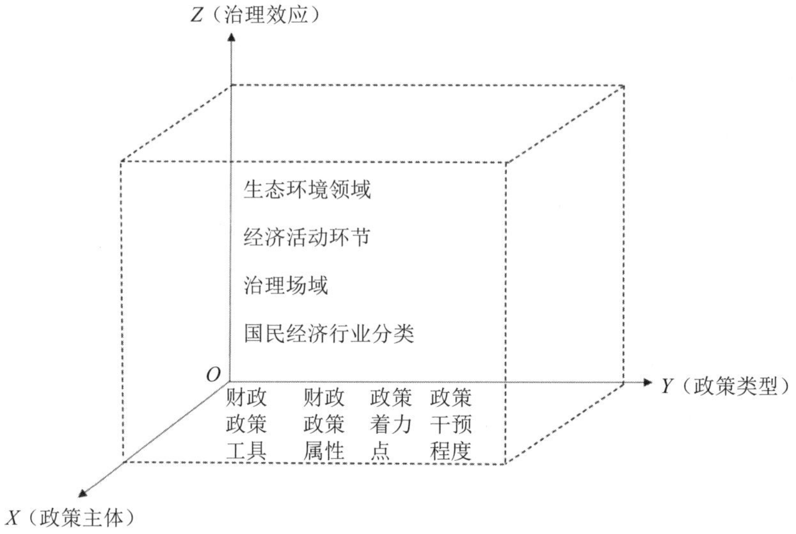

图3-1　生态环境财政政策组合三维分析框架

绿色财税政策功能和作用是由财政的属性、功能以及绿色发展的时代需求所决定的。财政是国家治理的基础和重要支柱，表现为综合性、激励性、联动性，契合了生态环境的复杂网络特征，满足了生态环境系统性治理的需要（吕冰洋　等，2019；吕炜　等，2022）。在财政治理的综合性功能上，财政不是一般意义上的政府职能，而是一项可以覆盖、牵动所有政府职能，具有基础性和支撑性的政府职能，财政是一个跨越经济、政治、社会、文化和生态文明等多个学科和多个领域的综合性范畴。在国家治理体系框架中，财政不仅成为生态环境治理的基础和重要支柱，还可以调动其他系统和资源来支持生态环境治理。财政职能和财政部门是政府治理中最为综合的职能和最为综合的职能部门，只有财政职能可以覆盖到生态环境系统治理所依托的各项政府职能，也只有财政职能部门的活动可以牵动事关生态环境系统治理的所有政府职能部门活动。不仅如此，生态环境的系统性治理有赖于多部门的协同，财政活动通过资金分配和政府关系调整，激励不同层级政府之间、不同部门之间以及政府与企业之间形成合作关系，以激励为基础形成协同合作，以此牵动多种生态环境要素的耦合治理（陈诗一 等，2022）。

第三节

绿色财税的国内外研究

一、绿色发展的财税政策需求

（一）绿色发展的技术路径研究

现有研究表明绿色技术创新、能源结构优化以及产业转型升级均是绿色发展的主要路径。关于绿色技术创新与绿色发展的研究，绿色技术创新是绿色转型和发展低碳经济的核心手段，煤炭清洁技术、CO_2捕捉与封存、煤与瓦斯共采、超超临界发电等创新技术在绿色发展过程中占据核心地位。关于能源结构优化与绿色发展的研究，现有成果主要集中在能源结构优化和能源技术进步对碳排放强度的影响（范英 等，2021；沈小波 等，2021；陈诗一，2022；张希良 等，2022）、能源消费的碳足迹（Grainger et al.，2010；耿涌 等，2010）、清洁能源发展与效率评价（史丹，2018；林伯强，2022）和能源使用对生态环境的负外部成本（熊瑛，2021），还有部分学者关注能源价格扭曲对碳排放的影响（杨冕 等，2022）。关于产业转型升级与绿色发展的研究，推动产业结构绿色转型是现阶段实现绿色发展的主要发力点。一些学者从实证角度研究了我国产业转型升级促进绿色发展的路径（郑新业 等，2023），但由于在不同地域、不同行业存在较大差异，产业转型升级的难度和周期也有所不同（邱振卓，2016）。

（二）绿色发展的财税政策需求研究

关于绿色发展的财税政策需求研究多集中在财政资金支持、缓解融资约束、税收优惠政策、政府考核机制等方面。财政资金支持方面，李子豪 等（2021）建议地方政府应循序渐进地加大财政环保支出力度，促进污染企业外部性成本内部化，推动绿色技术创新，促进传统产业转型升级，实现绿色循环低碳发展。缓解融资约束方面，谢乔昕（2021）提出可考虑将政府研发资助适度向强融资约束企业倾斜，通过纾解企业融资困境，激励技术创新，实现绿色发展与转型；邵帅 等（2022）提出通过制定相关财税政策、提高环境准入门槛等手段，引导国内和国际资本流向更加绿色、低碳的产业部门。税收优惠政策方面，原毅军 等（2019）提出加大对实施绿色技术创新企业的投资力度，并制定相应的激励性税收优惠政策，增强企业创新的主动性；孙传旺 等（2022）提出注重新能源税收激励政策优化方向，既要着力于产业规模化发展，更要落实到关键技术创新方面。政府考核机制方面，学者们提出应健全地方政绩考核体系，发挥环保在政绩考核中的导向作用，促进地方经济与环境协调发展（Zhang et al., 2018）。

二、绿色财税与绿色发展

（一）绿色财税促进绿色发展的机制研究

财政政策干预环境与气候变化的理论基础来自外部性理论（张克中 等，2011；毛捷 等，2022）。基于外部性理论，在推动绿色发展过程中，绿色财税政策主要着眼于激励、协调、补偿和约束四个方面。在绿色财税政策的激励机制上，主要通过财政补贴（郭晓丹 等，2022）、税收优惠（马少超 等，2022）、政府绿色采购（武威 等，2020）、支持碳交易市场建设（Guo et al., 2020）对行为主体的减碳行为、绿色技术创新、政策执行与创新、碳汇行为、低碳投资、适应性环境投资等进行精准激励，提升行为主体绿色发展的意愿和能力（卢洪友 等，2014）。在绿色财税政策的协调机制上，主要通过财政资金的分配、预算制度和财政制度的管理来协调地区之间、国家之间以及代与代之间在应对绿色发展过程中的利益关系，以解决外部性问题（祁毓 等，2014；沈坤荣 等，2018），以及财税政策与金融、投资、价格政策的协调问题（毛晖 等，2022）。在绿色财税政策的补偿机制上，主要通过财政资金配置、转移支付、转移性支出、生态补偿机制等途径对因外部性所产生的利益损失进行补偿，实现生态产品的价值，促进绿色低碳转型和收入分配公平（Zhang et al.，2019；李坦 等，2022；朱竑 等，2023；盛昭瀚 等，2023）。在绿色财税政策的约束机制上，主要通过征税、排污费和罚款（Earnhart et al., 2021）来减少和抑制总需求，将环境污染与加剧气候变化的外部性成本内部化，以有效促进减污降碳行为。其中，征税包括现有绿色税制体系（Böhringer et al.，2016；Karydas et al., 2019；王佳邓 等，2021）和碳税（Acemoglu et al., 2012；Marron et al., 2014；Barrage, 2020；Shapiro et al., 2023）。排污收费制度在过去一段时间内发挥了积极的治污效果（郭俊杰 等，2019），但也面临着征收标准偏低、内生执法的问题。

（二）不同绿色财税政策工具与绿色发展研究

绿色财税政策工具主要有财政支出、绿色税制体系、转移支付体系、预算制度、财政筹资机制、财税体制等。不同研究关注到不同绿色财税政策工具对生态环境治理和绿色发展的影响，涉及环境支出与补贴（王林辉 等，2020；张俊 等，2020）、绿色税制体系（李永友 等，2008；范庆泉，2018；李青原 等，2020）、收费和罚款（李永友 等，2008）、转移支付体系（伏润民 等，2015；徐鸿翔 等，2017）、环境预算制度（徐莉萍 等，2013）、环境保护事权与支出责任（Lipscomb et al., 2017；祁毓 等，2014；韩超 等，2021）和财政规则与监管（Chen et al., 2018；He et al., 2020；席鹏辉，2017；谢贞发 等，2017；王岭 等，2019；陈晓红 等，2020；张莉，2020；曹婧 等，2022）等。

较具代表性的研究有：在环境支出与补贴方面，石光 等（2016）发现脱硫补贴对二氧化硫减排具有显著的促进作用。在绿色税制体系方面，陈诗一（2011）提出对某些重化工行业，仅靠征收碳税不足以降低碳强度，应辅之以其他环境政策；范庆泉（2018）通过理论模拟发现渐进递增的环保税与政府补偿的环境政策组合，能够实现经济持续增长、环境质量提升和收入分配格局改善的“三重红利”。在收费和罚款方面，李永友 等（2008）指出早期的环境经济政策效果并不显著，反而导致了地区间在污染控制决策上的策略性选择。在转移支付体系方面，伏润民 等

（2015）通过测算发现，中央对地方生态功能区财政转移支付制度的定位应在生态外溢价值补偿上，同时应建立全国统一的生态功能区转移支付制度体系。在财政规则与监管方面，张莉（2020）提出中央可以通过改变财政规则促使地方自主承担环境治理责任；在区域环保督察未能发挥有效督察效力时，中央生态环境保护督察需要进一步强化监管机构身份转变和能力提升（Zhang et al.，2018；王岭　等，2019；陈晓红　等，2020；赵阳　等，2021；姜雅婷　等，2023）；此外，税收分成变化和财政压力上升可能会影响地方政府环境监管，进而影响环境状况（Peng et al.，2021；曹婧　等，2022）。在不同绿色财税政策工具组合方面，王林辉　等（2020）发现研发补贴政策的清洁技术偏向和产出激励效果明显，而规制类政策的环境质量效应优于研发补贴政策，但规制类政策对经济增长的作用表现出非线性"U形"特征，在促进经济增长与环境质量相容上，政策组合的效果明显优于单一政策。

（三）绿色财税与绿色发展的分析框架研究

现有研究通常利用财税试点和示范政策，借助因果推断方法考察绿色财税政策的环境效应。在绿色财税政策案例研究层面，薛飞　等（2022）以"节能减排财政政策综合示范城市"为切入点，借助双重差分法评估财政政策的碳减排效应。在绿色财税政策协同研究层面，随着"双碳"目标的纵深推进，"政府+市场"耦合机制下的政策效果很大程度上取决于多项政策要素的选择搭配与协同运用（Nordhaus，2021；赵晶　等，2022）。实现绿色发展亟须加大财政金融政策协调力度，主要表现为财政支持绿色金融的发展、借助金融工具提升绿色公共服务保障能力（毛晖　等，2022）。在环境分权和政企关系视角层面，传统的环境分权和政企关系理论恰好可以有机融入绿色发展分析框架中，特别是一些研究涉及央地关系（李倩　等，2022），以及和政企关系联动的内容（Acemoglu et al.，2012；Nordhaus，2018）。

三、研究述评

综合国内外研究，我们可以发现，现有研究侧重于绿色财税政策对绿色发展的机制分析和效应评估，部分研究也关注到不同绿色财税政策工具间协同效应的存在。这些研究背后隐含着，在环境治理过程中，中央政府的绿色财税政策如何激励和约束着地方政府的环境治理行为，这为我们理解绿色财税与绿色发展的关系提供了良好的理论基础与经验证据，也为后续绿色发展过程中财税政策的机制设计提供了进一步可拓展的潜在空间：第一，伴随着数据可得性（尤其是县级和企业环境微观数据）和数据库兼容性的提升，后续研究可以更为准确地识别各类绿色财税政策工具对绿色发展和绿色转型的影响；第二，进一步考虑绿色财税政策工具组合、绿色财税政策体系协同的实际影响，解决绿色发展过程中的机制设计问题；第三，深度考虑财政体制调整因素，可以从更一般性角度提炼和抽象绿色发展过程中的央地关系和政企联动关系，考虑央地环境关系背后的微观机制，尤其是讨论如何引入“强激励”和“强约束”对称性机制，从而解决央地之间、政企之间，以及中央政府、地方政府、企业之间可信承诺和激励约束不兼容问题，这迫切需要进一步的实证评估和政策模拟。

第四节

绿色财税与绿色发展的理论机理

绿色发展强调经济系统、社会系统与生态系统的共生性和发展目标的多元化，即三大系统的系统性、整体性和协调性，这决定了系统间复杂的交互作用，既包括正向交互机制，也包括负向交互机制（胡鞍钢 等，2014）。生态系统内部的复杂性加大了生态环境系统与经济社会系统之间的协调难度，阻碍了绿色发展。长期以来，在生态环境治理过程中，种树的只管种树，治水的只管治水，护田的只管护田，表现为头痛医头、脚痛医脚、各管一摊，导致顾此失彼，最终造成生态的系统性破坏。生态系统的地理分布与行政区划并不一致，但常常受到行政区划管辖所带来的地区协同治理困扰（Bodin，2017），诸多环境问题表现为“以邻为壑”“边界污染”以及“逐底竞争”等（李倩 等，2022；张琦 等，2022；余典范 等，2023）。这些系统性、综合性的问题很难通过单一的政策安排予以解决，而在没有综合性、系统性改革作为整体框架的情况下，单向改革的成功或许以后续综合效果为代价（赵静 等，2021）。

绿色财税制度对绿色发展的激励和引导作用已愈加清晰，从国家治理视角出发，构建匹配绿色发展目标的绿色财税制度体系，以绿色财税政策支撑绿色发展已成为关键的问题。下文将对前述绿色财税政策与绿色发展之间的理论机理展开具体分析。

一、绿色财税政策支撑绿色发展的理论依据

生态环境问题已成为人类共同面对的最大问题之一。良好的生态环境是最公平的公共产品，也是最普惠的民生福祉。绿色财税是提供生态环境公共产品、推动绿

色高质量发展以及实现国家治理体系和治理能力现代化的重要保障。从理论上讲，绿色财税政策制定的依据主要源于生态环境的外部性、生态环境的不确定性、生态环境治理的系统性以及生态环境的公共产品属性。

（一）生态环境的外部性

生态环境的外部性主要表现在两个方面：生态环境保护的正外部性和生态环境破坏的负外部性。前者是生态环境保护所产生的外部效益，后者主要是指因资源开发等活动对生态环境造成破坏而形成的外部成本，这些成本或效益没有在生产或经营活动中得到很好的体现，从而导致保护生态环境的主体未能获得相应的收益，而破坏生态环境的主体却未受到应有的惩罚。

（二）生态环境的不确定性

生态环境的不确定性是指生态环境不可预测的性质，对于某一变量（如未来气候系统状况）未知程度的表述。自然生态环境是一个具有高度不确定性的系统。一方面，生态环境的投入与产出之间面临着不确定性，由于生态环境修复和恢复的缓慢性，使得生态环境投入的效果在短期内很难显现；另一方面，生态环境破坏的成因溯源也面临着不确定性，由于生态系统的高度复杂，很难确定相关行为和责任主体与生态环境破坏之间的“因果关系”。再加之，生态环境变化的隐蔽性和累积性，使得很难追溯历史上生态环境破坏的责任主体。

（三）生态环境治理的系统性

“自然是生命之母”，生态环境系统是由不同生态环境要素高度关联而形成的系统，“生态是统一的自然系统，是相互依存、紧密联系的有机链条”，这种系统性决定了针对局部生态环境要素的治理活动难以从根本上脱离生态环境整体困境，甚至还会引发生态系统中其他生态环境要素的“危机”。同时，生态环境保护并非仅限于单一的生态环境治理，而是需要将其融入经济建设、政治建设、文化建设、社会建设的各方面和全过程，这就更需要作为国家治理基础和重要支柱的绿色财税政策予以相应的协调和保障。

（四）生态环境的公共产品属性

生态环境产品是人类社会生存和发展的基础，具有普遍性的公共产品属性。随着人类经济社会活动强度的增大，单纯依赖自然系统的自我净化和修复来提供生态环境产品的情况已经不复存在，环境公共产品具有不同程度的非排他性、非竞争性和空间外溢性特征，通过提供生态环境产品来修复生态环境系统并在此基础上提供人类生存和发展的环境公共产品成为必然趋势。同时，良好的生态环境是最公平的公共产品，是最普惠的民生福祉，环境就是民生，青山就是美丽，蓝天也是幸福，提供良好的生态环境这一公共产品具有维护生态正义、促进社会公平的意义。

二、绿色财税政策支撑绿色发展的理论机制

考虑到中国绿色发展过程中呈现出的中央政府与地方政府之间的委托代理关系，在绿色转型发展的过程中，绿色财税治理结构和治理机制需要与绿色转型发展相匹配，调整中央、地方、企业和社会之间的关系，实现激励相容。基于财税政策的特征、作用机理及传导路径，在推动绿色发展的过程中，绿色财税政策的功能定位主要着眼于激励、协调和补偿，其中激励是基础，协调是途径，补偿是工具，这三个机制相互支撑和促进，共同构成了绿色财税政策机制，使之成为不断适应中国绿色发展需要的制度安排（陈诗一 等，2022）。

（一）绿色财税政策的激励机制

激励机制是使绿色发展目标与各行为主体利益偏好相吻合、保障各利益主体忠实推动绿色发展的重要机制（贺东航 等，2019）。绿色财税政策主要通过财政补贴、税收优惠、绿色政府采购精准地对行为主体（如地方政府、企业和社会组织）的生态治理行为、绿色技术创新、政策执行与创新、绿色投资、适应性环境投资等进行激励，降低短期内生态环境保护的直接成本、间接成本以及机会成本，提升其推动绿色低碳转型的意愿和能力。在推进绿色发展的过程中，绿色财税政策的激励机制还进一步表现为以实现绿色低碳转型为引领，通过市场化绿色财税政策，包括

碳税、绿色发展基金、排污收费制度等市场化工具，针对关键环节、关键部门和关键技术的激励来实现经济社会发展绿色化。

（二）绿色财税政策的协调机制

协调机制是指各行为主体在推动产业结构绿色化调整，促进绿色科技创新，转变资源利用方式中的相互配合、相互协作、共同行动的运行方式。绿色发展本身的系统性、复杂性决定了仅仅依靠单个环节、单个层次的政策工具难以奏效，需要绿色财税制度体系内部以及众多相关部门的协同配合，协调绿色发展过程中出现的利益冲突和缺陷，以解决部门之间、地区之间和代与代之间的外部性问题。

（三）绿色财税政策的补偿机制

补偿机制的关键在于平衡生态环境治理和经济社会发展的成本和收益，实现生态环境保护者和受益者的良性互动。在绿色财税政策补偿机制上，绿色财税政策主要通过财政资金配置、转移支付、转移性支出等手段，同步推进综合补偿和分类补偿，综合考虑不同领域、不同地区的生态保护成本和生态服务价值，对因生态环境治理外部性所产生的利益损失进行补偿。

第五节

绿色财税与绿色发展的文本实证分析

一、中国绿色财税政策的现状

中国自古以来就有绿色、顺应环境的理念和行动方案，历来强调天人合一、尊重自然，为协调自然环境和经济社会发展作出各时代背景下的努力。伴随着现代工业化进程和城镇化步伐的加快，“绿色发展”议题被提出，绿色环保相关政策设计逐步推进。

作为绿色公共政策体系的重要组成部分，自20世纪90年代以来，在绿色发展领域，财税政策的干预主要通过加大财政投入、制定税收优惠政策、完善气候变化投融资机制、强化公共部门绿色采购、制定以生态环保为导向的生态转移支付体系等，来提升国家解决环境问题、实现绿色转型与发展的能力。随着政府对绿色发展问题的重视程度愈来愈高，财税政策的效果也更加凸显。

从总体上看，现有绿色财税政策呈现出以下五个特点：①绿色财税体系初步形成，包括支出、税收、政府采购、转移支付、财政补贴等方面，涉及绿色发展的多个领域；②更加注重经济激励作用的发挥，包括对新能源研发和使用激励、节能减排设备的采用、绿色产品购买和绿色消费等；③政策具有较强的针对性，各项政策工具具有明确的政策目标导向，主要解决绿色发展过程中不同环节或者不同领域的特定问题；④政策的制定和实施具有一定的不确定性，表现为以短期政策为主，政策实施效果有待进一步的评估；⑤政策的制定和实施具有制定集权性和执行分权性，现有绿色财税政策主要由中央政府制定，地方政府在实施过程中又具有较大的自由裁量权，有助于政策制定的权威和地方执行灵活性的统一，但是在一定程度上带来不确定性的上升。

二、中国绿色财税政策如何支撑绿色发展：基于政策文本的分析

（一）绿色财税政策基本文本量化分析

下文采用政策文本量化分析方法，对1979—2022年间的1516份政策文本内容进行深度挖掘，系统性地梳理了绿色财税政策的演进路径、特征及发展趋势。

为了更直观地了解对绿色财税政策关注水平的变化，本小节绘制了绿色财税政策文本累积图，同时标注了绿色发展观念的变迁及党代会的召开年份（见图3-2）。在绿色财税政策文本累计图上，斜率的变化可以反映绿色财税政策关注水平的变化，本小节进一步探究绿色发展观念变迁对绿色财税政策关注程度的回归分析，同时利用chow检验统计量验证绿色发展观念变迁是否使政策的关注产生了重要的结构性变化（见表3-2），以期更合理地划分绿色财税政策的发展阶段。

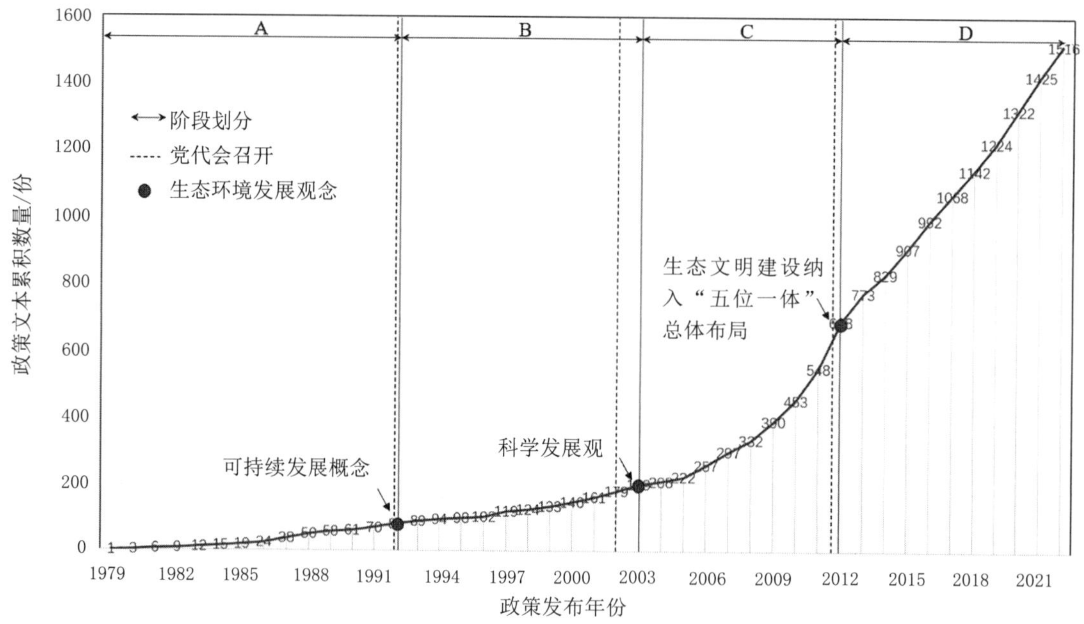

图3-2　绿色财税政策文本累积数量随时间变化趋势

自1979年以来，绿色财税政策文本数量一直呈现稳步上升的态势。为了进一步

分析发展阶段，以1992年可持续发展概念的提出、2003年科学发展观的提出以及2012年生态文明建设纳入“五位一体”总体布局这三个事件的时间点为绿色发展观念变迁的关键时点，考察绿色财税政策的关注程度的跃升与绿色发展观念变迁的关系。表3-2展示了本小节选取的关键节点并进行节点检验。结果表明，对于绿色发展观念变迁的各个阶段，选取的各个时间节点在选定的日期附近通过检验，证实了这些事件使绿色财税政策的关注程度产生了重要的结构性变化。同时，选取的三次绿色发展观念的变迁与党代会召开的时间几乎重合，政策的推行展现出了中国特色的执政党主导下的“高位推动”特征。

表3-2　绿色发展观念变迁对绿色财税政策关注程度的回归分析及各阶段结构突变检验

划分阶段	A	B	C	D
起始年份	1979	1992	2003	2012
结束年份	1991	2002	2011	2022
持续时间（年）	13	11	9	11
斜率	6.02	9.33	42.37	81.92
拟合优度	92.93%	95.36%	91.88%	99.58%
阶段间的对比（chow 检验）	A和B	B和C	C和D	B和D
变化程度（斜率变化率）	54.98%	354.13%	93.34%	778.03%
t值	8.7898	64.1279	16.4514	34.3338
P值	0.0018	0	0.0001	0
t值检验（t-test α=0.01）	Yes	Yes	Yes	Yes

以三大绿色发展观念变迁为节点，大致将绿色财税政策的发展分为四个阶段。1979—2022年，随着绿色发展观念的不断深化，绿色财税政策也随之深化，绿色财税政策整体发展呈现逐步上升趋势。并且我们可以发现，绿色发展观念变迁前后，各阶段的关注程度存在转折。根据四个阶段的回归结果（斜率变化率），可持续发展概念提出后，绿色财税政策的关注程度增加了54.98%，科学发展观提出与生态文明建设纳入“五位一体”总体布局后，相较于上一阶段，绿色财税政策关注程度则

分别增加了354.13%及93.34%。可以发现，绿色财税政策的发展自1979年开始早期处于缓慢发展阶段，在可持续发展概念提出后开始进入探索扩张阶段，在2003年科学发展观提出后迈入了转型调整阶段，这一阶段的政策文本累积值呈明显增长趋势。而自从党的十八大将生态文明建设纳入“五位一体”总体布局以来，绿色财税政策也保持了此前高速发展的势头，进一步深化发展。

（二）绿色财税组合分析

根据前述生态环境财政政策组合三维分析框架（见图3-1），对1516份政策文本编码分类并进行汇总后发现：从政策主体［见图3-3（a）］角度来看，地方政府所承担的政策主体责任最多，约占全部政策主体的36.5%，而企业与中央政府也都发挥了关键性的作用。相较而言，绿色财税政策对居民个人及社会组织的直接调动能力较弱。这也进一步表明了地方政府由于具备信息优势，往往是绿色财税政策作用的主体；而绿色财税政策中涉及的税收调整、绿色补贴等，直接作用于企业层面，企业作为构成经济社会的基本细胞，也是绿色财税政策落实的主要作用对象。绿色财税政策尽管在短期内会加大财政资金压力，但相关研究表明，采取应对环境问题的早期政策，能增加财政系统韧性，推动长效机制的建立。

从绿色财税政策工具［见图3-3（d）］的角度出发，在八种财税政策工具类型中，可以发现各类财税政策工具使用频次有一定差距，说明各类政策的实行并不均衡。其中，财政资金支出，预算资金管理，PPP、工程及示范项目都占据了总样本15%以上的比例，这表明现有的绿色财税政策工具是以资金和试点项目为基点展开的。进一步分析财政政策工具属性、干预程度，可以发现制度及机制的使用频次较高，而体制占比较低；大部分绿色财税政策偏向于使用混合性财政工具，而非自愿性及强制性政策工具。从政策着力点［见图3-3（b）］分析，最常见的方式是引导、示范与管理，而财政协调功能则较少得到发挥。

从绿色财税政策治理效应的角度出发，就治理场域［见图3-3（e）］而言，绝大多数的政策在国家层面上运行，区域和地方层面的政策仅约占样本的12.7%。这

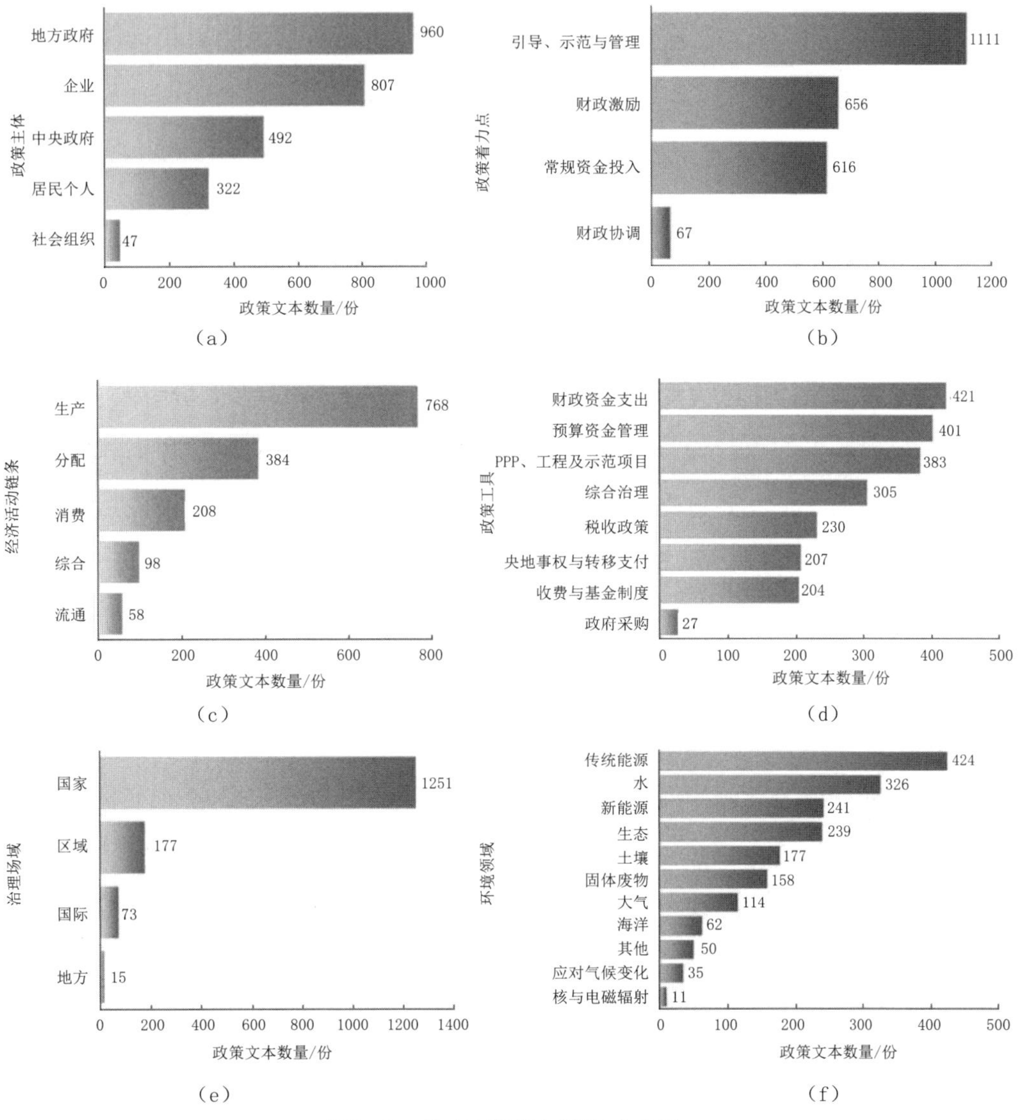

图3-3　绿色财税政策组合频次

一方面是因为中央制定的政策更偏向战略性及宏观性，从国家层面出发，然后由地方政府分别落实；另一方面是由于绿色环境治理的外部性特征，相关政策的制定更适合置入更大的时空中进行。此外，现有绿色财税政策的国际化水平也较低，这表明现有绿色财税政策的国际合作不够多。绿色发展是一个全球性的问题，后续的妥善处理需要加强国际合作交流（Nordhaus et al., 2003）。经济活动链条［见图3-3（c）］方面，可以看出政策侧重于生产环节，表明现有的绿色财税政策治理更多地从生产端出发。相较而言，代表着多环节的综合环节占比较低，表明全链条的绿色生态治理方式仍未形成。绿色财税政策针对的环境领域［见图3-3（f）］主要为传统能源，另外，水、新能源及生态占比也较高，表明现有绿色财税政策以能源调控为环境治理的主要手段，同时兼顾各类生态环境要素的改善。

从绿色财税政策对象变化趋势来看，基于政策文本的梳理可以发现，大多数绿色财税政策都是作用于地方政府及企业的，且两者具有相似的变化趋势，都随着时间的变化呈现显著的上升趋势。这表明，地方政府及企业一直是绿色财税政策的主要政策对象，在绿色发展过程中有着举足轻重的地位。此外，近几个阶段政策主体的多样化表明，居民个人也逐渐成为绿色财税政策的重要行为者。

从绿色财税政策工具随时间变化的趋势来看，财政资金支出与预算资金管理两者的变化趋势线较为吻合且占比较大，表明两者是绿色财税政策中两种主要且稳定的政策工具。相较而言，PPP、工程及示范项目则在2012年左右有一个明确的上升趋势，并在近年成为主要的绿色财税政策工具之一。相较于其他政策工具在2012年左右的跃升趋势，收费与基金制度则一直保持较为和缓的增长模式，这也导致了其从2010年前的最主要的绿色财税政策工具变为辅助性工具，表明绿色财税政策工具从强制性政策工具向混合型政策工具转变，从偏向于控制命令式的收费与基金制度向更具有市场激励型政策转变。此外，涉及综合性、战略性、长期性财政政策工具的综合治理也在党的十八大以后保持了良好的上升势头，这也体现出财政政策工具逐步迈向多元化、联动式发展。

从构成绿色发展的各个生态环境领域来看，除了新能源领域从第四阶段起有明显的跃升趋势外，其他领域都较为符合文本数量增长的整体态势。从发展趋势上看，传统能源和新能源一直是绿色发展过程中的重点和难点。这是因为人类活动导致的二氧化碳排放主要来自化石能源的使用，要达到碳排放平衡收益，就需要化石能源有序、逐步地退出。传统能源及新能源的两端共同发力可以有效减少环境污染，促进绿色发展。此外，水、生态、土壤和固体废物等环境要素也是绿色财税政策的主要着力点。值得一提的是，尽管近年来应对气候变化的提议越发瞩目，但由于发展年限较短、理论机制还不够完善，直接作用于应对气候变化的政策文本数量仍较少。

（三）绿色财税政策二维量化

通过政策文本来分析绿色财税政策工具与经济活动环节的关系，可以较为直观地发现，绿色财税政策工具与经济活动环节存在一定的相关性。其中，生产环节表现为多种财税政策工具均衡着力。这表明现有的财税政策工具多从生产端发力治理环境问题，生产环节作为环境治理的重要过程，已经嵌入绿色财税政策治理的全链条。不同于生产环节的多种财税政策工具均衡着力，其余经济活动链条都受几个主要的财税政策工具影响。

绿色财税政策工具和主要参与者之间存在较强的关联性，中央政府和地方政府侧重于使用财政资金支出及预算资金管理的方式参与绿色发展，充分发挥政府的宏观调控导向作用，以资金为重要纽带对绿色发展所要求的绿色转型进行积极引导。企业及居民个人则更多适用于税收政策和PPP、工程及示范项目。

从治理场域来看，由于国际与地方层面的政策文本分布较少，交叉分布的特征体现得不够明确，故分析主要从国家及区域两个层面展开。从构成绿色发展的各个生态环境领域来看，生态、水、大气、土壤、固体废物等传统领域更多地受到央地事权与转移支付、预算资金管理及财政资金支出的影响。

以绿色发展所涉及的各个生态环境领域为分析视角，来观察生态环境要素与绿色财税政策治理场域的关系，可以较为直观地发现，绿色发展所涉及的生态环境要素与绿色财税治理场域存在一定的相关性。其中，绿色财税在国家层面的治理对各个生态环境领域的用力较为均衡，更多的治理偏向于传统能源及水资源领域，表明绿色财税政策对传统能源及水资源领域治理给予较多的关注和治理力度。区域层面的治理侧重于生态及水资源领域，这是因为生态保护的外部性以及水资源的跨域性特征，这两个领域更适合在区域范畴展开协作治理。

从绿色财税政策对象的角度来看，绿色发展所涉及的生态环境领域和主要参与者之间存在较强的关联性。中央政府和地方政府更多地参与生态和水资源的治理，企业和居民个人的主要着力点则为传统能源和新能源领域。这表明，生态和水资源由于具有复杂性、跨越性等特征，需要中央政府和地方政府在宏观层面进行更多的协调。能源领域的调节则更多地通过企业和居民个人层面达到效果，这是因为能源的使用与企业和个人日常活动息息相关，企业和个人作为社会经济活动的主体，只有被绿色财税政策充分调动积极性，才能推动绿色能源发展，更好地促进我国的绿色发展。

此外，通过关注绿色财税政策工具与生态环境领域之间的关系，可以进一步地分析现有政策工具对绿色发展涉及的生态环境领域的治理结构及效应。从绿色财税政策工具的角度来看，央地事权与转移支付主要针对生态领域进行治理；预算资金管理侧重生态、水资源治理；收费与基金制度侧重水和传统能源；综合治理侧重水和传统能源；财政资金支出，PPP、工程及示范项目则侧重生态、水、传统能源、新能源治理；税收政策与政府采购侧重传统能源。这一方面表明了不同的绿色财税政策工具有不同的作用机理和重点针对领域；另一方面也体现出现有的绿色财税政策工具多着眼于传统能源、水、生态及新能源等重点领域，而对其他生态环境领域的关注不足。对能源、水及生态的威胁一直是绿色发展领域的重点及难点，但鉴于这些威胁的紧迫性，后续政策仍有进一步解决此类威胁的空间。同时，其他环境领域，诸如应对气候变化、海洋、土壤、固体废物等环境领域，则面临着一定的政策缺口，在后续相关问题进一步解决的过程中需要提高现有政策的关注程度。

（四）绿色财税政策工具协同网络分析

政策工具是实现治理目标的举措，经由设计、组织搭配与运用形成政策（Flanagan et al., 2011）。政策工具是达成政策目标的手段，政策的有效落地需要政策工具协同。在绿色财税政策工具分类的研究中，本小节将现有的绿色财税政策工具分为八类，分别为：财政资金支出；税收政策；收费与基金制度；政府采购；央地事权与转移支付；预算资金管理；PPP、工程及示范项目；综合治理。在1979年至2022年间，我国中央层面颁布的1516份涉及生态环境财政政策的文本中，运用财政资金支出，税收政策，收费与基金制度，政府采购，央地事权与转移支付，预算资金管理，PPP、工程及示范项目，综合治理政策工具的政策占所有颁布政策的比例分别为27.8%、15.2%、13.5%、1.8%、13.7%、26.5%、25.3%和20.1%。其中，财政资金支出，预算资金管理以及PPP、工程及示范项目是运用较多的绿色财税政策工具；另外，每条政策制定时使用的政策工具并不是单一的，存在多种政策工具共同运用的政策协同情形。

根据政策工具分类标准，将单一政策文本中涉及多种绿色财税政策工具的文本定义为“多元政策”文本；由于在政策工具分类过程中，本小节将具有综合性、战略性、长期性的财政政策定义为使用综合治理的绿色财税政策工具，故涉及综合治理的政策文本自带协同属性，将涉及综合治理政策工具的文本定义为“综合治理”文本，并绘制绿色财税政策工具协同趋势图（见图3-4），分别表示各类绿色财税政策文本随时间变化的累积分布数量［见图3-4（a）］及逐年分布数量［见图3-4（b）］。由图3-4可以较为直观地发现：从绿色财税政策文本累积分布数量［见图3-4（a）］来看，尽管“多元政策”文本及“综合治理”文本数量在2012年有较大跃升，但涉及多种财政政策工具的政策文本在总体样本中占比仍较低，政策工具协同在改革开放以来的整个样本区间中不够突出。从逐年分布数量［见图3-4（b）］来看，“多元政策”文本及“综合治理”文本数量总体呈上升趋势，且与各年度发布的绿色财税政策总体样本呈现相似增长态势。其中，“多元政策”文本在2012年之后有较大跃升，且“多元政策”样本逐年发布数占总体样本的比例逐步加大，呈现一定的政策工具协同趋势。

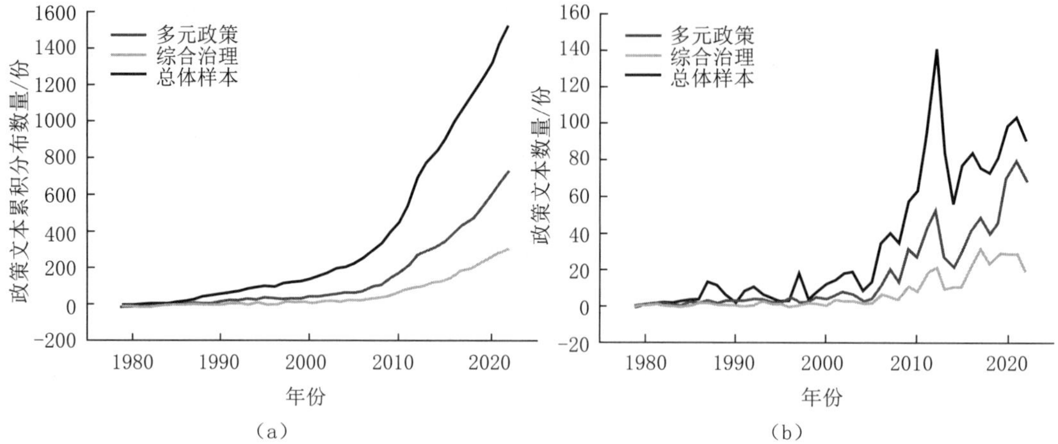

图3-4　绿色财税政策工具协同趋势

为了进一步分析绿色财税政策工具协同演变特征，需要构建政策工具协同度指标。政策工具协同度主要指该政策涉及内容的协同程度，表达的是一条政策使用多个政策工具的状况。本小节采取内容分析法，参考赵晶 等（2022）的政策工具协同度计算方法，如果该政策内容中同时涉及多种工具，则认为其存在政策工具协同，各年度政策工具协同度（STy_n，以下用S表示）计算如式3-1：

$$S_t = \frac{\sum_{n=1}^{N} P_n}{N} \quad \text{（式3-1）}$$

其中，t表示年，N表示t年颁布的政策数目，n表示t年颁布的第n条政策。P_n表示第n条政策的工具协同度，若政策工具中仅含财政资金支出，税收政策，收费与基金制度，政府采购，央地事权与转移支付，预算资金管理，PPP、工程及示范项目，综合治理中的一个，则取值为1；若含有某两类，则取值为2，以此类推。将t年颁布的所有政策工具协同度加总后取均值，则S_t即可表示t年的政策工具协同度。

根据上述指标构建方法，将政策文本进行整理汇总后，绿色财税政策工具协同度变化绘图如图3-5所示。由图可知，政策工具协同度在第一阶段较低，但在第二阶段出现了明显的跃升趋势，并在1996年及1999年达到高位，在第三阶段保持较为稳定的态势，在第四阶段尤其是2020年之后，得到了明显的提升。尽管不同年份具体政策工具协同度有很大的波动性，但整体上呈现出一定的上升趋势，说明我国绿色财税政策正逐渐摆脱依靠单一工具，而逐步转向综合利用各种政策工具。

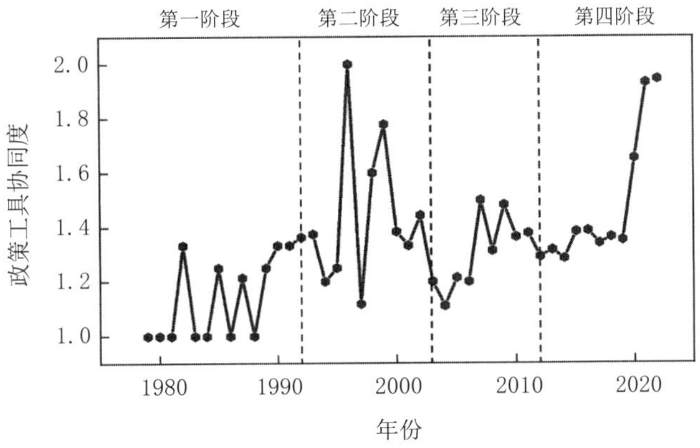

图3-5　绿色财税政策工具协同度变化

政策工具协同不仅有利于促进制度的有效运行，而且有助于各利益相关者的合作创新（Flanagan et al., 2011）。然而，由于整个样本区间的政策工具协同度均值为1.44，即一个政策文本平均由1.44种政策工具共同发力，整体的协同度较低，绿色财税政策工具的协同发展仍有较大的发展空间。

（五）绿色财税治理目标协同

由于政府颁布绿色财税政策的主要目标是减少污染以及促进绿色转型与绿色发展，因此本章将“目标协同”定义为绿色财税政策呈现出多主体参与、多维发力、全链条嵌入的发展态势。即随着阶段的不同，如若政策文本呈现出多政策主体、多元环境领域及国民行业部门、多经济活动链条协同的情况，则认为符合多元目标趋势。为了进一步探索绿色财税治理目标协同演变态势，笔者绘制了绿色财税治理目标相关指标时间趋势图（见图3-6），涉及绿色财税的政策主体、经济活动链条累积分布图以及国民经济行业部门、生态环境领域雷达图。

根据下图（见图3-6），可以较为直观地发现：从绿色财税的政策主体［见图3-6（a）］来看，相较于“单政策对象”政策文本，“多元政策对象”政策文本从2012年起呈现较快的增长态势，在总体样本中占据越来越大的比重，整体符合多元主体发展趋势。从国民经济行业［见图3-6（b）］来看[1]，四个阶段的雷达图显示绿色财税政策以农、林、牧、渔业以及制造业为主要发力点，兼顾其他行业部门的发展态势，总体上着力点较为单一，多元行业部门趋势不明显。从绿色发展涉及的生态环境领域［见图3-6（c）］来看，政策侧重点从单一传统能源，逐步转向以传统能源与水资源为主，兼顾新能源、生态、土壤及固体废物综合发力的态势，呈现出一定的多元协同趋势。从绿色发展的经济活动链条［见图3-6（d）］来看，代表着涵盖多个经济活动环节的“综合”环节一直处于较低的水平，尽管近年来增长速度有所提升，但整体水平较低，协同趋势不明显。综合来看，尽管绿色财税政策在政策主体以及绿色发展方面呈现一定的协同多元化，但在国民经济行业部门及经济活动环节上仍较为单一，多主体参与、多维发力、全链条嵌入的多元目标发展态势尚未形成。

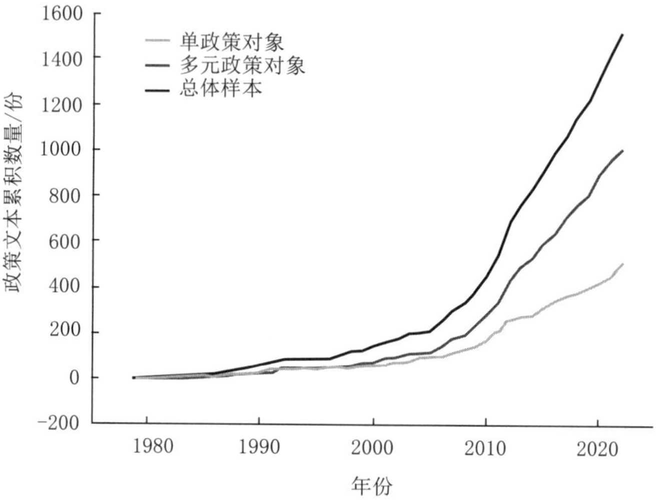

（a）

［1］ 为了便于可视化分析，将20个国民经济行业类别中数量较少的几大门类放入“其他”中。

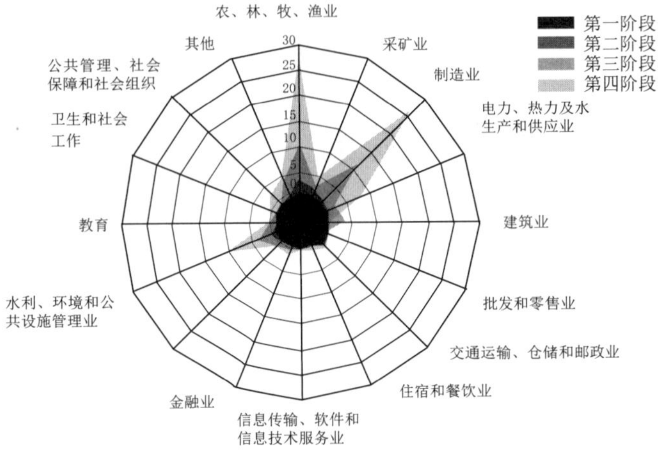

（b）

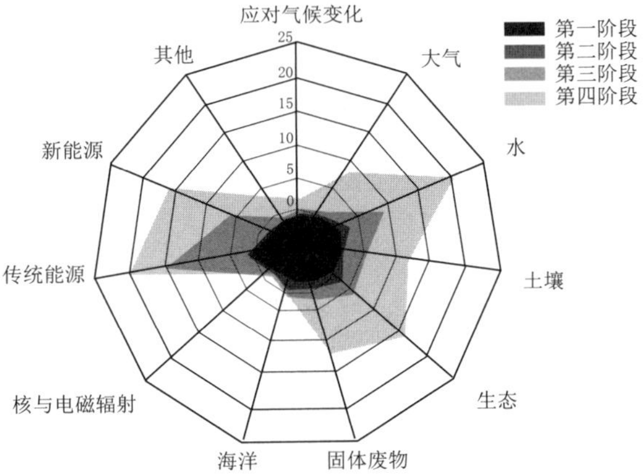

（c）

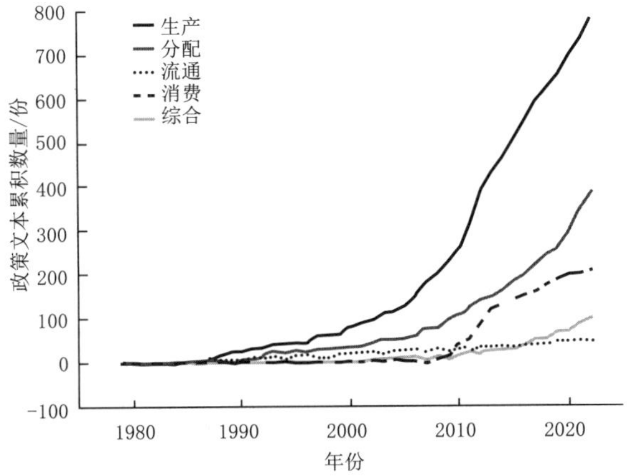

（d）

图3-6　绿色财税治理目标相关指标时间趋势

第六节

中国特色绿色财税的对策设计与分析

绿色财税政策及其组合对绿色发展至关重要，所以我们更应该加深对绿色发展过程中的财税政策及其组合的作用的理解，弄清楚绿色发展过程中财税政策组合以及它是如何随着时间的推移而变化的，财政政策是如何嵌入绿色发展的不同阶段、不同环节和不同要素领域中的，以及政策组合是否真正回应和解决了绿色发展的需要。

总的来说，作为实现我国绿色发展的重要组成部分，绿色财税政策主要通过激励、协调和补偿三个方面的作用来实现国家的绿色创新、转型与发展，具有基础性和重要支柱性的地位。目前，为实现绿色发展而投入的财政资金呈现出规模迅速增加、覆盖面扩大和结构不断优化的趋势，已经初步构建起以绿色发展、环境保护为目标的绿色财税体系和综合与分类相结合的生态转移支付体系，构建起包括国家绿色发展基金、中国清洁发展机制基金、绿色政府债券、政府与社会资本合作在内的推动绿色发展的筹资机制。环境税制也初步建立，涵盖大气、水、固体废物和噪声等多个污染源，初步形成了环境税制框架。财政支持力度也进一步加大。然而，目前的绿色财税政策还主要停留在“政策工具”层面，“治理功能”需要进一步发挥。将绿色发展目标纳入财政政策框架中，将环境目标与经济社会发展目标进行协调和融合，来解决绿色发展过程中长期面临的“环境—发展—民生”之间存在的不一致和冲突。基于本书分析，本节提出如下具体建议：

第一，将绿色转型和绿色发展目标全面纳入绿色财税政策体系中，持续提升绿色财税政策在绿色发展过程中的抗压能力和作用。财政部门需要加强绿色转型发展过程中的财政压力测试，包括对财政收支规模与结构、政府债券与PPP项目可持续性、预算平衡、财政体制的预测，特别要考虑对一些关键宏观经济参数的影响，如对债券收益率、通胀预期、贴现率和预期利率变化的影响，将绿色发展中的转型风险纳入公共投资、PPP项目、政府采购、政府债券发行的评估范围，全面提升财税系统在国家绿色发展进程中的韧性。

第二，构建全面、完整和有效地实现绿色发展目标的绿色财税政策体系，充分发挥激励、协调和补偿功能。在财政支出端，加强绿色发展相关的财政支出整合；创新支出方式，提升支出绩效；支持加快推进农业绿色发展进程；加大生物多样性保护财政支持力度。在财政收入端，全面提升现行税费制度的“绿色度”，研究各种污染税开征可行性，并进行试点工作，完善现有环境保护税收体系；制定绿色技术创新、能源节约、缓解气候变暖等绿色发展领域的税收激励政策。在投融资端，创新绿色转型项目的财政性融资机制，建立绿色PPP项目库；鼓励社会资本参与绿色发展的基础设施绿色转型项目，鼓励发行绿色政府债券，用好国家绿色发展基金、中国清洁发展机制基金等政府性基金；采取产业投资引导、创业风险投资、搭建投融资平台、信用担保、保费补贴、发现引进项目和人才奖励等新形式，加大对经济绿色转型发展的支持力度。

第三，创新绿色财税体制机制，激发绿色发展目标实现过程中各类主体的积极性，兼顾相关方的利益诉求。在预算管理端，建立并完善绿色预算理念，实施基于自然的预算解决方案，强化政府绿色采购的力度，引导社会绿色低碳消费和企业绿色低碳转型，将ESG理念贯穿预算绩效评价全过程，提升节能环保标准在预算管理绩效评价中的权重。在财税体制端，厘清和明确绿色发展的政府事权，合理划分绿色发展过程中的事权与支出责任变化，设立绿色转型与发展的转移支付机制，完善生态补偿制度，激励社会资本投资保护良好生态环境，促进生态环境与经济协调发展。除此之外，还需要进一步明确绿色财税政策功能定位和职能，基于内部协同和政策工具间协同，提升绿色财税政策促进绿色发展的能力和整体公共政策绩效。

第四，加强绿色财税政策与其他公共政策的协同，构建环境保护和推动经济社会全面绿色转型的公共政策体系，是实现绿色发展的关键举措。中国的绿色发展仅依靠财税政策是不够的，还需要与其他公共政策形成合力，共同推进绿色发展，应加强财政政策与环境政策、金融政策、产业政策、能源政策、贸易政策的协同。同时，支持健全法律法规标准、提高绿色发展评估和监测能力，通过经济激励手段协调地区之间、部门之间及与国际组织的利益关系，加强国际财金合作，承担大国责任。财政部门和税务部门需要进一步形成实现绿色发展目标的更大共识和决心，加强对绿色创新与绿色发展的重视程度，包括财政部可以考虑赋予自然资源和生态环境司更大的政策制定权和预算资金分配权，国家税务总局可以考虑单独设立绿色税收司，强化税收激励政策的前瞻性设计以及统筹绿色税收管理和协调。总之，加强绿色财税政策与其他公共政策的协同，形成全方位、多层次的绿色转型公共政策体系，是实现经济社会全面绿色转型的重要途径。这不仅有助于环境保护，也将推动经济高质量发展，最终实现人与自然和谐共生的美好愿景。

本章小结

本章系统地探讨了绿色财税及其在绿色发展中的关键作用，从理论上将绿色财税在绿色发展中的基础和重要支柱作用予以系统提炼、科学总结和学理阐释。本章明确了绿色发展与绿色财税之间的紧密关系，梳理了绿色财税政策工具的类型及其功能定位。现代财政制度在推动绿色转型发展中具有兼顾不同利益主体、联结不同治理环节、平衡地区间和代际间利益分配的独特作用，已成为完善生态文明基础体制、健全生态环境治理体系和创新绿色低碳发展机制越来越倚重的工具。本章通过对改革开放以来中央部门发布的与“生态环境财政”密切相关的1516份政策文本研究进行回溯，探寻财政政策在生态环境治理领域中作用逻辑和实施效能。针对研究结论，本章提出相关的政策优化建议。

Chapter 4

第四章

绿色信贷

第一节

引言

在我国全面建成社会主义现代化强国的进程中，金融强国的建设至关重要，同时，为了建设人与自然和谐共生的现代化强国，绿色金融不可或缺。绿色信贷作为绿色金融体系的重要组成部分，其影响力和重要性不言而喻，对于促进产业升级、引导资金流向绿色低碳领域起着举足轻重的作用。2024年7月31日，《中共中央 国务院关于加快经济社会发展全面绿色转型的意见》发布，该意见鼓励银行在合理评估风险的前提下，引导信贷资源绿色化配置。

第二节

绿色信贷的内涵与分类

一、绿色信贷的定义

我国有关绿色信贷的相关政策性论述最早可以追溯到2007年。2007年7月12日，环保总局、人民银行和银监会联合颁布《关于落实环保政策法规防范信贷风险的意见》。在该文件中，尽管并未直接提及“绿色信贷”这一术语的定义，但相关内容强调了金融机构在贷款审批、发放和监督管理中应遵守环保法律法规，对未通过环评审批或环保设施验收的项目不得新增授信支持。此外，还规定对鼓励类项目在风险可控的前提下给予信贷支持，对限制和淘汰类新建项目不得提供信贷支持，以及对属于限制类的现有生产能力，且国家允许企业在一定期限内升级的可继续给予信贷支持。这些内容体现了绿色信贷的核心原则，即通过信贷政策促进环境保护和污染减排，防范信贷风险。因此，尽管文件中没有明确定义“绿色信贷”，但可以推断其含义与当前对绿色信贷的普遍理解相符，即金融机构在贷款活动中考虑环境影响，支持环保项目和企业，限制对污染性项目的融资。该文件的发布意味着“绿色信贷”概念的初步形成，并从功能上将其作为落实环境保护与节能减排工作的市场化手段（喻旭兰 等，2023）。

2012年，银监会印发了《绿色信贷指引》，该文件成为中国绿色信贷体系中的纲领性文件。其中有关“绿色信贷”的定义可以总结为：绿色信贷是指银行业金融机构通过在金融信贷领域设立能源和环境准入条件，从源头上遏制高耗能、高污染企业无序发展的政策措施。它强调金融机构在信贷活动中应考虑的环境和社会影响，支持绿色经济、低碳经济、循环经济的发展，并防范由此产生的风险。文件中还提到，银行业金融机构应当从战略高度推进绿色信贷，加大对绿色经济、低碳经济、循环经济的支持力度，防范环境和社会风险，提升自身的环境和社会表现，并以此优化信贷结构，提高服务水平，促进发展方式转变。

从学界来看，有学者认为绿色信贷是指商业银行和政策性银行等金融机构依据现行的国家环境政策和产业政策，对贷款项目进行环境评估；对从事生态保护建设、新能源开发利用等领域的环境友好型、资源节约型项目提供贷款扶持和优惠性的低利率等方面的信贷支持；对破坏生态、污染环境的项目贷款施行贷款额度限制和惩罚性高利率等信贷约束的政策（胡荣才 等，2016）。从政策性质来看，也有学者认为绿色信贷与传统的环境规制工具既存在相同点又有差异：绿色信贷侧重市场机制与政府监督相结合，将环境风险因素纳入金融机构的日常管理中，是基于金融手段进行环境治理的重要实践（王艳丽 等，2021）。此外，绿色信贷是金融机构致力于实现经济社会可持续发展的责任感的体现，是实现社会健康发展的内在需求，是保护环境的重要经济手段，也是银行业发展的必然趋势（陈柳钦，2010）。绿色信贷也是各国协调环境保护与经济增长的必然选择（蔡海静，2013）。

二、绿色信贷的分类

（一）我国绿色信贷分类

目前我国常见的绿色信贷产品主要包括绿色建筑按揭信贷、绿色汽车消费贷款、绿色标识产品消费贷款等产品，旨在为各项绿色消费和生产行为提供贷款与优惠，推动环保和可持续发展（见表4-1）。

表4-1　我国常见的绿色信贷产品介绍

产品名称	产品内容
绿色建筑按揭信贷	商业银行为购买绿色建筑、被动式建筑和装配式建筑的个人或企业提供按揭贷款，同时给予利率优惠和快速审批等便利，鼓励个人和企业在建筑过程中使用环保材料和节能技术。例如兴业银行的“绿色按揭贷”等
绿色汽车消费贷款	为鼓励消费者购买节能型汽车和新能源汽车，商业银行推出了绿色汽车消费贷款。该产品可以为个人或企业提供贷款，用于购买符合国家环保标准的汽车，同时利率也相对较低。例如，中信银行与特斯拉在2015年达成汽车消费贷款业务战略合作，推出多种融资方案、弹性尾款方案等
绿色标识产品消费贷款	为鼓励消费者购买符合环保标准的商品，商业银行为购买绿色标识产品的个人或企业提供消费贷款，商品范围包括国家市场监督管理总局发布的《绿色产品评价标准清单及认证目录》中的产品和中国环境标志认证产品、中国节能（节水）认证产品、能效标识产品、水效标识产品、绿色建材标识产品等
绿色信用卡	为鼓励消费者参与环保行动，商业银行推出了绿色信用卡。该卡可以为个人或企业提供消费信贷，用于支付环保产品和服务的费用。同时，部分商业银行还为使用绿色信用卡的消费者提供额外的优惠和奖励，如兴业银行的“中国低碳信用卡”、中国光大银行的“绿色零碳信用卡”、中国农业银行的“金穗信用卡”等
绿色光伏贷	为支持光伏发电，商业银行推出了绿色光伏贷。该产品主要是为个人提供贷款，用于支付光伏电站成套设备费用的消费类贷款。还款来源主要是家庭收入、国家补贴及余电上网收益。例如，华夏银行推出“光伏贷”，以分布式光伏电站个人农户发电并网的收益以及国家、省、市各级地方政府的贴补款作为第一还款来源
绿色惠普农林贷款	为支持林业生产和生态农业发展，商业银行为农户和林户提供此类贷款。此类贷款用途包括解决林业生产经营及其他生产、生活相关的资金需求，如购买种苗、购买肥料、购买农药、支付运输费用等
绿色节能贷款	为鼓励企业进行节能改造，商业银行为小微企业、个体工商户和个人提供此类贷款。此类贷款用途主要为设备升级、工艺改进、流程改造等，以达到节能减排和企业升级的目的。部分商业银行还针对此类贷款推出了利率优惠、快速审批等政策。例如，中国建设银行苏州分行推出“绿色智造贷”，成功为苏州东吴热电有限公司申报2500万元授信支持，用于企业锅炉排放系统脱硫脱硝改造

（二）国际主要绿色信贷产品分类

国际主要绿色信贷产品大致可分为三类：传统绿色信贷产品、支持减排项目公司的上市融资产品、绿色投资衍生产品（见表4-2）。

表4-2 国际常见的绿色信贷产品介绍

产品名称	产品类别	银行	产品内容
传统绿色信贷产品	项目融资	巴克莱银行	制定涉及多个行业、涵盖所有融资条款的信贷指引，明确客户可能存在的环境违法信息和环境风险等级，提高对融资项目审查和评估的效率
		花旗集团	和夏普电器达成联合营销协议，向购置民用太阳能技术的客户提供便捷的融资
		瑞士联合银行	将环境与社会风险分为四类：信用风险、合规风险、法律责任风险与声誉风险，并根据这四类风险对项目融资进行审批
	个人绿色消费信贷	巴克莱银行	推行"呼吸信用卡"，持卡人购买环境友好型产品和服务可获得低透支利率优惠和折扣，并将部分税后利润和消费金额用于应对气候变化的项目
	购房按揭贷款	美国银行	房屋按揭利率优惠或减免利息贷款：对购买符合国家"能源之星"标准住宅的个人提供房屋按揭利率优惠或减免利息
	商业建筑贷款	美国新资源银行	提供利率折扣优惠：向绿色信贷项目中的商业或多用居住单元项目提供0.125%的折扣优惠
支持减排项目公司的上市融资产品	金融咨询服务	花旗集团	向大型上市公司提供绿色贷款相关金融咨询服务
	个性化解决方案	美国银行	为大型节能减排公司上市提供个性化解决方案，提高其自身碳信用交易能力，帮助客户通过现有市场机制和新兴市场机制增强获取碳排放的能力
绿色投资衍生产品	碳中和借记卡	巴克莱银行	推出了英国首个碳中和借记卡，所有用来补偿借记卡的碳信用都来自英国本土的环保项目
	专项性业务	日本瑞穗银行	为可再生资源和碳排放期货交易推出了经纪业务以及大宗期货交易产品和服务，为从事可再生能源研发和推广的企业提供融资支持
	全球气候产品	瑞士联合银行	包括首个依托美国15个城市天气期货合约的全球变暖指数在内的不同气候产品

资料来源：谢国梁 等（2017）。

三、绿色信贷流程

我国金融机构在受理绿色信贷时，一般按以下程序进行（见图4-1）。

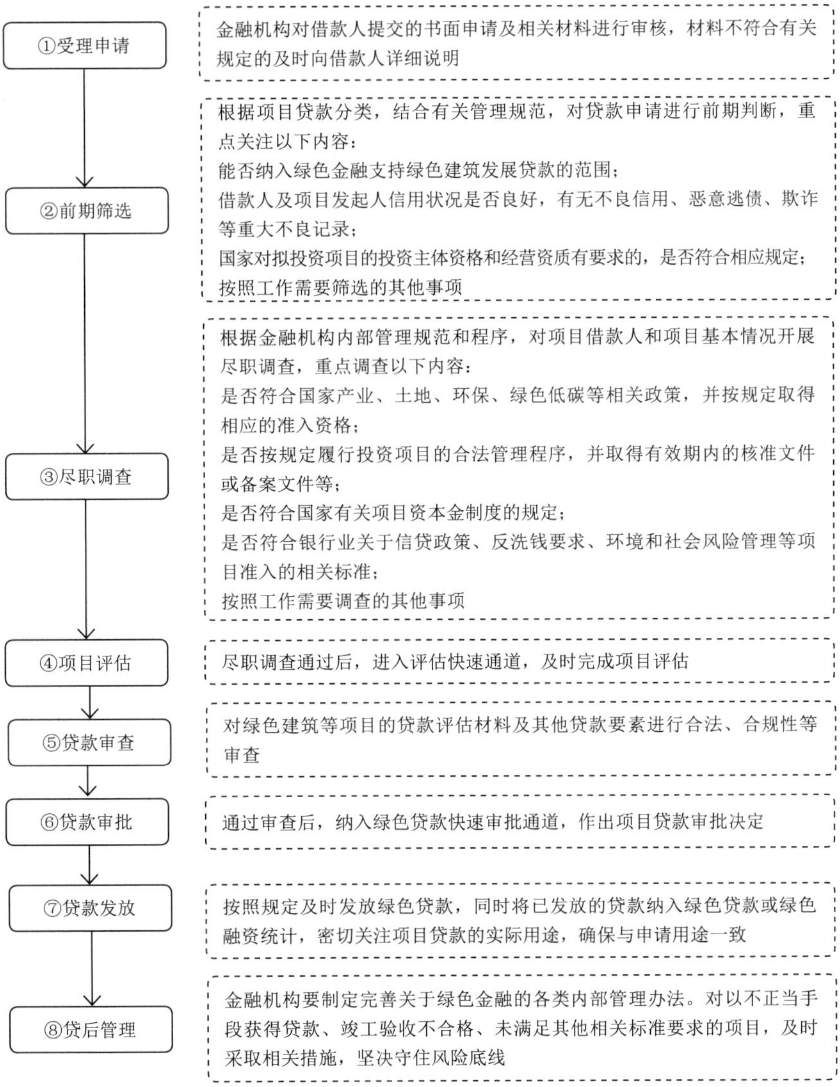

图4-1　我国绿色信贷受理流程[1]

[1]　住房和城乡建设局.【绿色金融】金融机构受理绿色信贷的办理流程是什么?[EB/OL].(2023-11-21)[2024-05-13].https://zjj.xa.gov.cn/hd/zcwdk/12345smrxdy/1732324697512628225.html.

①金融机构受理与审核借款人的书面申请及相关材料，对不符合规定的材料及时向借款人说明；②重点关注项目是否符合绿色金融支持范围，对借款人及项目发起人的信用状况等信息进行前期筛选；③根据内部规范进行尽职调查，核实项目是否符合国家相关政策和银行业信贷标准；④尽职调查通过后，项目进入快速评估通道；⑤完成合法、合规性等审查；⑥审查通过后，项目将纳入绿色贷款快速审批通道，金融机构作出审批决定；⑦贷款审批通过后，及时发放贷款；⑧进行贷后管理，确保贷款用途与申请一致，同时制定和完善绿色金融相关内部管理办法，对不符合要求的项目及时采取相关措施，坚决守住风险底线。

第三节

绿色信贷的国内外发展现状

一、绿色信贷规模发展

（一）我国绿色信贷规模

从整体规模来看，2018年，我国金融机构绿色信贷余额约为8.2万亿元。截至2024年第一季度末，我国绿色信贷余额已接近35万亿元，年复合增长率为30.9%，保持高速增长态势（见图4-2）。

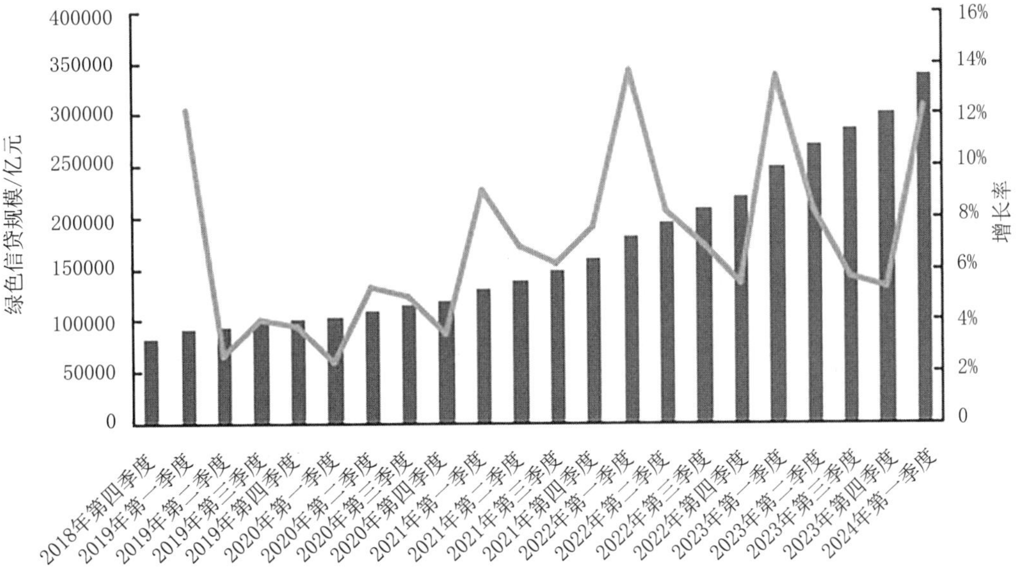

图4-2　2018年第四季度至2024年第一季度我国绿色信贷规模

资料来源：iFinD、中国人民银行。

从绿色信贷的用途来看，截至2024年第一季度末，我国基础设施绿色升级产业、清洁能源产业和节能环保产业贷款余额分别为14.57万亿元、8.72万亿元和4.79

万亿元，同比分别增长31.4%、39.3%和34.6%，比年初分别增加1.48万亿元、0.85万亿元和0.58万亿元（见图4-3）。

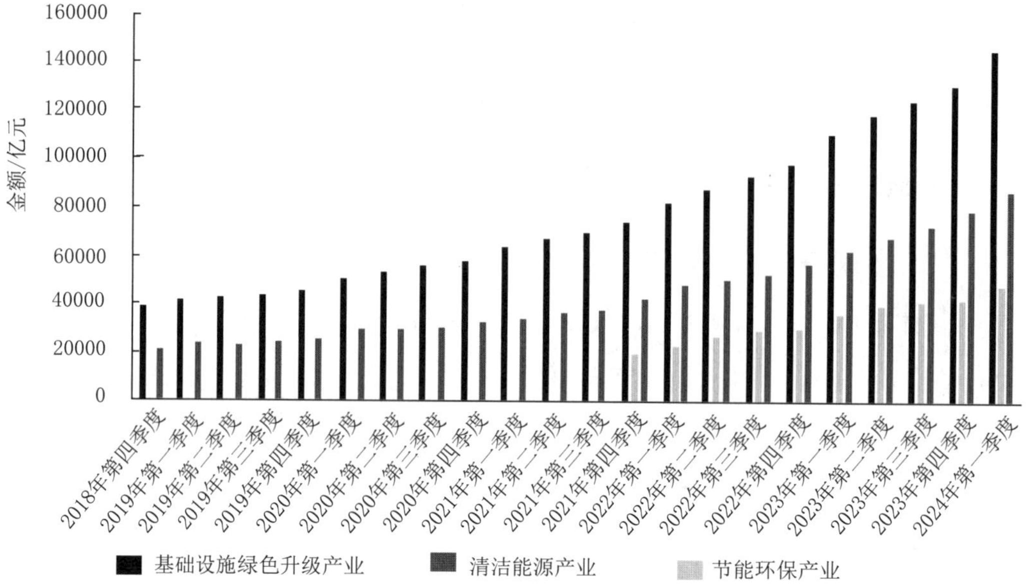

图4-3　2018年第四季度至2024年第一季度我国绿色信贷分用途规模

资料来源：iFinD、中国人民银行。

分行业来看，截至2024年第一季度末，电力、热力、燃气及水生产和供应业绿色贷款余额7.89万亿元，同比增长31.3%，比年初增加0.57万亿元；交通运输、仓储和邮政业绿色贷款余额5.62万亿元，同比增长16.1%，比年初增加0.31万亿元（见图4-4）。

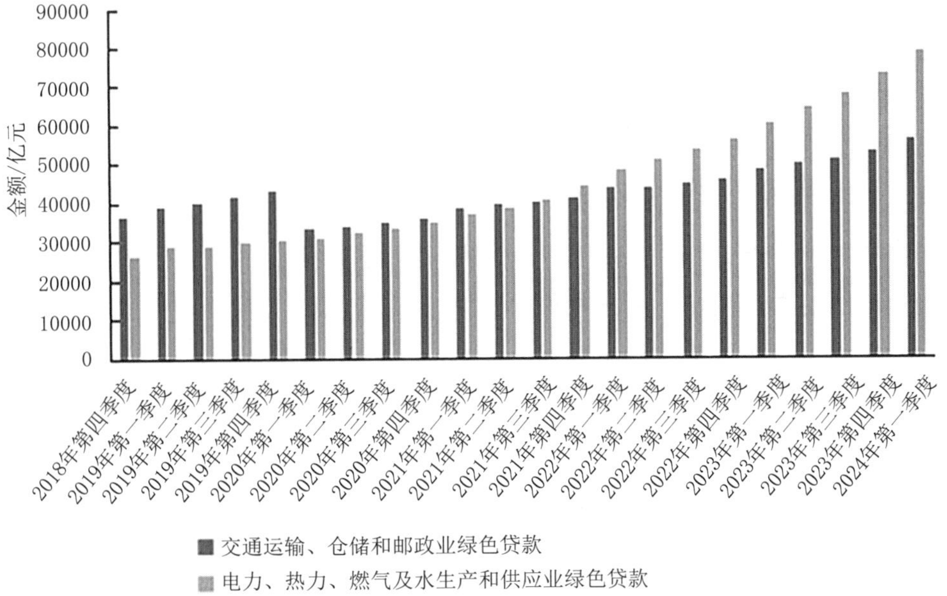

图4-4　2018年第四季度至2024年第一季度我国绿色信贷分行业规模

资料来源：iFinD、中国人民银行。

此外，根据中国人民银行统计，2023年末，投向具有直接和间接碳减排效益项目的贷款分别为10.43万亿元和9.81万亿元，合计占绿色贷款的67.3%[1]。

（二）国际绿色信贷规模

The City UK和法国巴黎银行研究报告《Green Finance：A Quantitative Assessment of Market Trends》数据显示，在2017年至2021年的5年间，全球绿色信贷年总量从4.32亿美元增长至786亿美元，涨幅近200倍。相较于我国明确披露绿色信贷数据，国际上各国的绿色信贷数据并没有统一披露。

[1]　即国际公认的气候减缓类项目。其中，直接减排项目具有显著的直接碳减排效益，国际国内对其减碳特性具有较高共识；间接减排项目本身无直接碳减排贡献，但通过支持其他项目实现碳减排目标或为其他项目提供技术服务，间接实现碳减排。

二、绿色信贷政策发展

（一）我国绿色信贷政策发展

为了实现经济与环境协调发展和社会可持续发展，自“十二五”以来中国政府在绿色发展方面采取了一系列措施，绿色信贷政策正是宏观调控政策之一。我国绿色信贷政策的发展经历了从初步探索到逐步完善的过程，不仅体现了国家对绿色发展的坚定决心，也展示了金融支持绿色转型的实际行动（见表4-3）。

表4-3 我国绿色信贷政策梳理

时间	发文单位	文件	绿色信贷相关内容
2007年7月	环保总局、人民银行、银监会	《关于落实环保政策法规防范信贷风险的意见》	要求加强环保和信贷管理工作的协调配合、强化环境监督管理等
2012年1月	银监会	《绿色信贷指引》	在总结前期实践的基础上，进一步丰富完善绿色信贷相关规定，从组织管理、政策制度及能力建设、流程管理、内控管理与信息披露、监督检查等方面细化了绿色信贷的管理体系
2013年7月	银监会	《绿色信贷统计制度》	对绿色信贷相关统计领域进行了明确划分，要求银行机构对涉及环境、安全等重大风险企业贷款和节能环保项目及服务贷款、年度节能减排能力进行统计
2014年6月	银监会	《绿色信贷实施情况关键评价指标》	这是绿色信贷考评的关键性文件，以及绿色银行评级的依据和基础
2017年12月	中国银行业协会	《中国银行业绿色银行评价实施方案（试行）》	开展绿色银行评价工作。同年，中国人民银行将银行机构绿色信贷业绩表现纳入宏观审慎评估（MPA）

续表

时间	发文单位	文件	绿色信贷相关内容
2018年7月	中国人民银行	《关于开展银行业存款类金融机构绿色信贷业绩评价的通知》	将绿色信贷业绩评价指标设为定量和定性两类。定量指标权重为80%，包括绿色贷款余额占比、绿色贷款余额份额占比、绿色贷款增量占比、绿色贷款余额同比增速、绿色贷款不良率5项。定性指标权重为20%，得分由央行综合考虑银行业存款类金融机构日常经营情况并参考定性指标体系确定
2019年12月	银保监会	《关于推动银行业和保险业高质量发展的指导意见》	要求金融机构建立健全环境与社会风险管理体系，将环境、社会、治理要求纳入授信全流程，强化环境、社会、治理信息披露和与利益相关者的交流互动等
2020年12月	财政部	《商业银行绩效评价办法》	将绿色信贷占比纳入服务国家发展目标和实体经济的考核条件
2022年6月	银保监会	《银行业保险业绿色金融指引》	将ESG因素纳入绿色信贷管理流程和风险管理体系
2024年3月	中国人民银行、国家发展改革委等7部门	《关于进一步强化金融支持绿色低碳发展的指导意见》	提出“加大对能源、工业、交通、建筑等领域绿色发展和低碳转型的信贷支持力度，优化绿色信贷流程、产品和服务”

（二）国际绿色信贷政策发展

早在1980年，美国就通过颁布《综合环境反应、赔偿和责任法》，正式以法律的形式明确了在发放信贷资金时商业银行要保证该笔项目无环境污染的可能，并对其承担永久环境保护责任。1988年，德国成立了历史上第一家绿色银行（又称生态银行，Eco-bank），其主营业务为发放环境保护相关的信贷。

2003年，赤道原则由花旗银行、荷兰银行、巴克莱银行等银行共同制定，截至2019年已发布第四版。这一原则的提出为全球众多金融机构提供了国际项目融资的新标准。它要求金融机构对融资项目给环境和社会造成的潜在影响进行综合评估，并利用金融杠杆支持项目融资以促进社会的可持续发展。赤道原则的制度体系较为全面，且金融机构执行制度也较为严格。接受赤道原则的银行（赤道银行）需要自觉接受外部独立的监督和审查，在贷款存续期需要由外部独立的机构和社会专家来进行项目评估，环境评估报告也需要由外部独立的机构和社会专家来审查。同时，赤道银行也要求借款人建立环境评估信息公开披露和投诉等机制。赤道原则被广泛用于国际绿色信贷实践，实践该原则的银行也包括我国的兴业银行、重庆银行和湖州银行等。

2018年，贷款市场协会和亚太区贸易市场协会联合发布了“绿色信贷原则”（Green Loan Principles, GLP），为金融机构的绿色信贷提供了高标准的指导框架。其主要参考《绿色债券原则》（GBP），从四个方面来制定标准框架，包括贷款资金用途、项目评估和选择、贷款资金管理、信息披露报告。与赤道原则不同，“绿色信贷原则”详细列出了绿色项目类型，对贷款资金管理的制度约束作出了明确要求，可有效引导银行发放绿色贷款，使资金流向绿色产业。

2019年，贷款市场协会、亚太区贸易市场协会和贷款银团贸易协会联合发布了“可持续发展关联贷款原则”，对可持续发展贷款市场提供了进一步的框架性指引。在此原则下，利用可持续发展绩效指标（SPTs）来衡量借款人的可持续发展绩效，其中包括关键绩效指标、外部评级和其他等效指标。其重点在于将贷款条件与借款人预先确定的SPTs挂钩，从而激励借款人改善其可持续发展绩效。

三、绿色信贷的风险管理与信息披露

（一）我国绿色信贷风险管理与信息披露

1. 我国绿色信贷风险管理

我国金融机构和商业银行在气候与环境风险管理发展上已有一些尝试（见表4-4），以此来降低绿色信贷发放的风险。例如，2021年，中国人民银行组织了全国23家主要银行开展了第一次气候风险压力测试，主要针对火电、钢铁和水泥三大高碳行业。但是由于气候与环境风险的复杂性，银行业气候与环境风险评估仍处于起步阶段。

表4-4　我国气候与环境风险管理案例

机构	气候与环境风险管理案例
中国工商银行	率先开展了火电和水泥行业的环境压力测试，以评估环境政策变化对银行信贷风险的影响。通过设置一系列新的环境政策和标准，对火电和水泥行业设定不同程度的压力测试，由此建立环境政策向信贷风险传导的模型
清华大学绿色金融研究中心	开发了气候转型风险分析模型，针对煤电行业进行实践分析。该模型衡量了未来10年中可能产生的主要转型因素，如煤电需求的下降、新能源成本下降导致煤电价格被迫下降、碳价上升迫使煤电企业用更高的价格购买配额等不同情境，以评估煤电行业在应对以气候变化为导向的经济转型过程中贷款违约率的变化

2024年《关于进一步强化金融支持绿色低碳发展的指导意见》中进一步强调金融机构应围绕“推动金融机构定期向金融管理部门报送高碳资产规模、占比和风险敞口等信息”“适时披露中国金融体系气候变化相关风险压力测试结果”以及“研究完善风险监管指标和评估方法”三方面健全审慎管理。

2. 我国绿色信贷信息披露

2012年，银监会发布《绿色信贷指引》，初步规定了商业银行等金融机构应重视环境信息披露问题。《绿色信贷指引》第二十四条中明确规定银行业金融机构对于发展绿色信贷的总体战略和相关政策措施应当自主公开，并且对银行业金融机构绿色信贷的发展情况应充分披露。受环境因素影响严重的信贷项目需要依法进行环境信息披露，并接受相应的监管，应在必要时聘请第三方机构对绿色信贷项目进行独立评估审查。银监会随后在2014年发布的《绿色信贷实施情况关键评价指标》中又对《绿色信贷指引》的第二十四条规定进行了细化，主要表现在定性指标方面，并列举出相关的定量指标供银行参考（见表4-5）。

表4-5 我国绿色信贷评估指标情况

指标性质	指标分类	指标内容
定性指标	指标一	发布本机构的绿色信贷/社会责任报告/可持续发展报告，披露利益相关方关心的信息： （1）本机构有关环境、社会表现的理念、价值观、愿景、目标； （2）本机构绿色信贷战略和政策； （3）本机构支持绿色经济、低碳经济、循环经济，严控“两高一剩”（不含转型升级部分）、落后产能的信贷情况； （4）本机构通过支持绿色经济、低碳经济、循环经济，由此带来的节能减排效果，如节省的能源总量，减少的二氧化碳、二氧化硫、化学需氧量、氮氧化合物等污染物排放量； （5）环境和社会风险分类为A类的客户名单； （6）本机构提升自身环境和社会表现，开展相关活动及取得成效的情况
	指标二	对涉及重大环境与社会风险影响的具体项目的授信情况，依据法律披露相关信息，接受利益相关方的关注和监督
	指标三	有效地与利益相关者进行沟通，通过总结接纳利益相关者提出的建议，改进对环境和社会风险的管理
	指标四	聘请合格、独立的第三方鉴证机构，对本机构在履行环境和社会责任方面的活动进行评估或审计
定量指标	支持及限制类贷款情况	（1）节能环保项目及服务贷款； （2）节能环保、新能源、新能源汽车贷款； （3）上述两类贷款合计情况； （4）涉及“两高一剩”（扣除转型升级部分）行业贷款情况； （5）涉及落后产能且尚未完成淘汰的企业信贷情况； （6）涉及环境保护违法违规且尚未完成整改的企业信贷情况； （7）涉及安全生产违法违规且尚未完成整改的企业信贷情况； （8）每亿元贷款的二氧化碳减排当量； （9）主要电子银行业务发展情况
	机构的环境和社会表现	（1）工作活动产生的员工人均碳排放量（吨）； （2）员工人均用电量（千瓦时）； （3）中高层女性员工情况； （4）残疾人员工情况
	绿色信贷培训教育情况	（1）全体员工年内人均绿色信贷培训小时数； （2）新员工年内人均绿色信贷培训小时数； （3）中高层员工人均绿色信贷培训小时数
	与利益相关方的互动情况	本机构与媒体、环境公益组织等的互动交流次数

从商业银行微观层面来看，上市商业银行基本制定了信息披露制度。例如，中国工商银行有明确的信息披露制度，2009年制定了《中国工商银行股份有限公司社会责任信息披露管理办法（试行）》，并于2012年对该管理办法进行了修订。管理办法明确规定了“绿色信贷”、环境保护等内容对应的信息编制和披露职能部门的相关具体职责。

（二）国际绿色信贷风险管理与信息披露

1.国际绿色信贷风险管理

国际上绿色信贷业务起步较早，国际领先的金融机构普遍建立了分行业的环境风险管理政策，加强对其风险防控，这些行业政策通常涉及能源、矿业、军工、林业等；同时也有金融机构根据自身的风险偏好制定了负面清单，严格禁止对某些行业提供融资支持。

国际金融机构主要从三个方面加强绿色信贷风险防范，为绿色信贷发展提供有力的支撑：第一，制定科学、严格的环境评估机制和信贷审核机制，花旗银行等就是这一方面的代表（见表4-6）；第二，设立专业的绿色信贷机构或部门，如英国针对风险管理产品设立了专职做环境金融的部门，来指导银行对贷款的风险评估；第三，通过环境压力测试量化评价环境风险，如英格兰央行等。

表4-6　国际金融机构绿色信贷环境风险评估案例

银行	主要内容
花旗银行	在赤道原则基础上，制定环境与社会风险管理体系，通过贷前审核、贷后密切跟踪贷款使用情况等对贷款项目进行环境风险评价。同时，在内部设立环境与社会政策评估委员会，建立起环境政策和流程培训、环境与社会问题风险管理、外部公共和私人事务合作及环保业务开发等机制
荷兰银行	建立环境因素分析资料库，对每个行业的环境影响和存在的环境风险进行研究分析，并建立“绿色贷款排除名单”，对处于该名单内的项目一律不发放绿色信贷，并根据荷兰银行全球可持续性风险指数（SRI）对项目的社会环境风险分级，按照分级结果进行差异化尽职调查，以决定是否放贷

续表

银行	主要内容
巴克莱银行	通过定性和定量的方式考察项目的环境效益。同时，巴克莱银行在绿色信贷的实践中编制了一套集社会和环境于一体的信贷指引，向全球170多个金融机构发布

2.国际绿色信贷信息披露

2003年，针对贷款授信项目中可能出现的社会与环境风险以及声誉风险，国际上发布了赤道原则，其中对信贷信息披露作出了初步的规定。其特点主要有：

①披露标准统一。

②无严格的报告格式，赤道银行可自主决定报告的方法、格式，依据各个地区和产业的不同情况进行披露。

③披露内容丰富，并且指标兼具定量和定性。赤道原则规定了加入赤道原则的金融机构应当制作年度报告，并定期公开，年度报告的内容包括执行赤道原则的过程和经验、各家赤道金融机构的交易数量、披露内容交易分类、赤道银行的信用和在风险管理体系中的适用情况、赤道原则的执行情况以及赤道银行适用赤道原则的程序、措施、安排和员工培训，同时，明确规定了报告公开的地点、方式与频率以及宽限期等。

④完全自愿性的行业自律原则。

2017年6月，气候相关财务信息披露工作组（TCFD）发布了官方报告——《气候相关财务信息披露工作组建议报告》。这一工作组具有全球性质，小组成员由金融稳定委员会以及相关机构在各大组织（其中包括大型银行、保险公司、资产管理公司、养老基金、大型非金融公司、会计咨询公司和信用评级机构等）中选出。工作组利用成员的专业知识，结合利益相关方以及现有的与气候有关的披露制度，为气候相关财务信息披露制定了一个可参照的专业框架。其核心要素如图4-5所示。

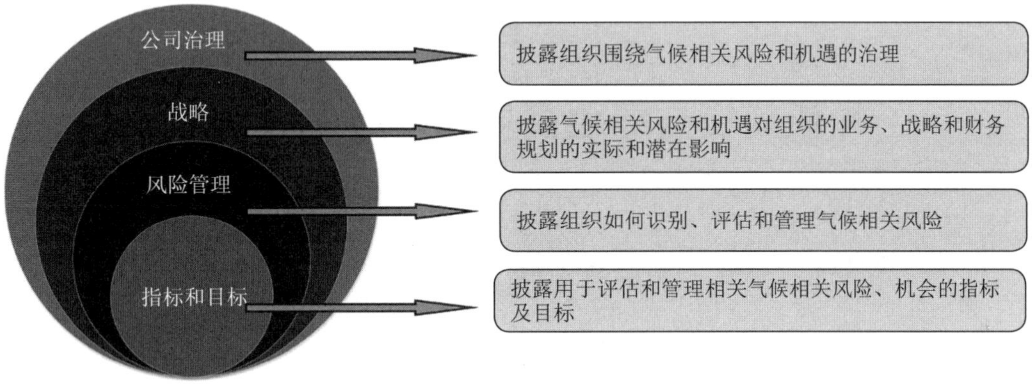

图4-5 TCFD信息披露框架

资料来源：崔涛（2018）。

2023年6月26日，为了建立一个更为统一和全面的全球可持续信息披露标准，国际可持续发展准则理事会（ISSB）发布了《国际财务报告可持续披露准则》（IFRS Sustainability Disclosure Standard）S1、S2的正式版，该准则于2024年1月生效。在同年7月6日，二十国集团（G20）金融稳定理事会宣布，将于2024年起将气候相关财务信息披露工作组（TCFD）的监督职责全部移交给国际可持续发展准则理事会（ISSB）。

《国际财务报告可持续披露准则》的主要内容沿用了TCFD的核心要素，涵盖了其治理、战略、风险管理的指标与目标等方面，并对这些要素进行了深化和完善。其中，S1作为一般要求准则，明确了准则的目标、范围、概念基础以及核心内容，并对一般性要求和判断、不确定性和差错等作出了规定。S2作为气候披露准则，规范了企业应如何披露气候变化带来的风险和机遇。

金融机构与企业需要披露包括温室气体排放、气候相关转型风险、气候相关物理风险、气候相关机遇、资本部署、内部碳定价和管理层报酬等跨行业指标。尽管ISSB的准则中并未直接涉及“绿色信贷”的具体条款，但绿色信贷作为金融机构在推动可持续发展和应对气候变化方面的一种工具，与ISSB准则中关于气候相关风险和机遇的披露要求是紧密相连的。

第四节

绿色信贷与绿色高质量发展的理论分析

一、绿色信贷与绿色高质量发展

绿色信贷，在国际上也被称为可持续融资。Thompson et al.（2003）认为绿色信贷就是银行在贷款的过程中将项目及其运作公司与环境相关的信息作为考察标准纳入审核机制中，并通过该机制作出最终的贷款决定。不同于西方自下而上的市场自律行为，我国更注重自上而下的政策推动作用，强调贷款政策应依据国家政策制定。何德旭 等（2007）认为绿色信贷是指商业银行等金融机构依据国家的环境经济政策和产业政策，对研发、生产治污设施，从事生态保护与建设，开发、利用新能源，从事循环经济生产、绿色制造和生态农业的企业或机构提供贷款扶持并实施优惠性的低利率，而对污染生产和污染企业进行贷款额度限制并实施惩罚性高利率的政策手段。

根据“十四五”规划纲要，高质量发展是指能够满足人民日益增长的美好生活需要的发展，它体现了新发展理念，以创新作为第一动力、协调作为内生特点、绿色作为普遍形态、开放作为必由之路、共享作为根本目的。更明确地，高质量发展意味着从关注“有没有”转向关注“好不好”，即经济发展的质量变革、效率变革、动力变革，提高全要素生产率，构建现代化经济体系，实现经济持续健康发展。

绿色信贷的发展满足了新时代经济高质量发展的需求。陈海若（2010）强调绿色信贷在提高资源利用效率、控制生产型污染和推动可持续发展方面的重要性，这与高质量发展的理念高度契合。高质量发展强调的是经济发展的质量、效率和动力的提升，而绿色信贷通过支持新能源、循环经济、绿色制造等领域的发展，实现了经济发展方式的转变，推动了生态文明建设。这不仅提升了经济发展的内生动力，还促进了经济的持续健康发展，为实现现代化经济体系提供有力保障。

二、绿色信贷支持绿色高质量发展的机理分析

党的十九大报告指出，必须坚定不移贯彻创新、协调、绿色、开放、共享的新发展理念。绿色信贷对高质量发展的影响机理主要从这五个维度展开。

（一）绿色信贷通过促进技术创新支持绿色高质量发展

创新是引领高质量发展的第一动力。绿色信贷推动了企业的绿色技术创新，从而为高质量发展提供了支撑，其实施机制多样（张冬梅　等，2024）。从企业绿色行为来看，面对绿色信贷政策的驱动，高污染企业倾向于采纳成本节约型策略，而致力于节能减排的企业则侧重于竞争优势策略（丁杰　等，2022）。在以银行为主导的差异化外部融资约束下，由于流动性债务融资和企业利润增加，污染企业的绿色技术创新更为突出，但其创新质量提升并不明显（周肖肖　等，2023）。此外，企业内部的环境关注度也会影响企业绿色创新行为。在《绿色信贷指引》颁布后，环境规制成本向企业转化，为缓解目标市场的规范压力和成本压力，受限制企业的环境关注度提高，进而履行环境社会责任，开展绿色创新活动（于波，2023）。

（二）绿色信贷通过推动产业协调支持绿色高质量发展

协调是高质量发展的内生要求。产业协调强调不同产业之间的平衡发展，避免资源过度集中于某一产业而忽视其他产业的发展。以往，中国金融资源配置的基本情况是向资本密集型、高能耗、高产值的重点行业和热门行业集中（刘锡良　等，2019）。然而，随着绿色信贷业务的开展，在创新激励与经济利益的驱动下，商业银行等金融机构采用差异化贷款定价策略，引导信贷资金向节能环保的新兴产业发展，纠正信贷资源错配等问题，推进我国产业结构转型升级（李毓　等，2020）。具体来看，绿色信贷通过控制绿色信贷的总投放量与企业投放量影响企业发展规划，传递发展绿色经济的信号；同时，绿色信贷的差异化贷款政策也使得资金良性

循环（徐胜 等，2018）。随着重污染企业的退出与转型，产业最终不断向更低污染程度、更高生产率水平的最优结构方向发展（何国华 等，2024）。此外，随着全球环境保护意识的提高，绿色产业逐渐成为新的经济增长点。通过绿色信贷支持，可以提高相关产业的技术创新能力，增强其市场竞争力，推动产业整体向高质量发展。

（三）绿色信贷通过增强绿色建设支持绿色高质量发展

绿色作为高质量发展的普遍形态，强调在发展过程中要尊重自然、保护自然，实现人与自然和谐共生，推动经济社会发展与生态环境保护的协调。从定量角度分析，重点在于有效控制环境污染，尤其是对碳排放的量和质进行严格管理。绿色信贷在这一过程中扮演着至关重要的角色，它通过激发市场主体的内生动力来减少碳排放，节约传统化石能源，推广绿色能源，有效推动全要素碳生产率的上升和碳排放强度的降低（孙少岩 等，2023）。同时，绿色金融的发展可以通过绿色金融产品和服务的创新间接增强企业的社会责任感，加快企业绿色文化建设，提升全民对绿色经济发展的认同。作为绿色金融的重要组成部分，绿色信贷同样能够促进经济高质量发展（林木西 等，2023b）。

（四）绿色信贷通过持续对外开放支持绿色高质量发展

开放是指在全球化背景下，通过参与国际贸易和投资，促进资本、技术、信息等要素的自由流动和优化配置，提高经济效率。一方面，我国绿色信贷政策的实施显著提升了企业在全球价值链分工的地位，从而助力中国企业在全球价值链中的攀升，推动高质量发展（张晴 等，2023）。另一方面，绿色信贷作为一种金融手段，通过降低重污染企业要素边际产出，有效抑制了高污染、高耗能和资源类产品的出口，提高了我国出口企业绿色声誉，并促进了高质量出口贸易的发展（马妍妍 等，2022）。从产品结构来看，绿色信贷提高了绿色产品信贷规模，降低了信贷成本，并促使非核心绿色产品提价扩利，驱动了企业出口产品绿色重构（韩国高 等，2024）。从产品本身质量来看，绿色信贷政策通过创新激励能够显著地推动污染企业出口产品质量的提高（高源，2023）。

（五）绿色信贷通过促进共享理念支持绿色高质量发展

共享是高质量发展的根本目的，强调发展成果由全体人民共同分享。绿色信贷通过向涉农领域等提供金融支持，有助于缩小城乡差距和促进社会公平，这是共享发展理念的具体体现。例如，绿色信贷作为政策倾向性资金，显著改善农业农村绿色产业的融资困境，是农业农村绿色产业发展的重要资金来源之一（张近乐 等，2024）。此外，绿色信贷也能够引导企业积极参与环境治理，承担社会责任，促进共同富裕（斯丽娟 等，2022）。

第五节

绿色信贷与绿色高质量发展的实证分析

近年来，我国科技创新成果丰硕，创新驱动发展成效日益显现；城乡区域发展协调性、平衡性明显增强；改革开放全面深化，发展动力、活力竞相迸发；绿色低碳转型成效显著，发展方式转变步伐加快，高质量发展取得明显成效。然而，制约高质量发展的因素还大量存在。立足于内外部发展的矛盾与困境，新质生产力的提出成为破局之刃。发展新质生产力是推动高质量发展的内在要求和重要着力点，它强调通过提高全要素生产率来实现经济的量质双升。新质生产力与新发展理念具有内在一致性，包括创新发展、协调发展、绿色发展、开放发展和共享发展，这些都是推动高质量发展的重要方面。因此，本节将采用企业新质生产力相关指标来代表高质量发展水平。

一、绿色信贷支持中国高质量发展的模型构建

为了验证绿色信贷发展水平与企业新质生产力之间的因果关系，本节利用固定效应模型比较了不同地区上市公司的生产力水平，回归模型（1）设置如下：

$$Score_{i,t} = \alpha_0 + \alpha_1 GD_{i,t} + \alpha_2 \sum Control_{i,t} + \sum Id + \sum Year + \varepsilon_{i,t} \qquad （式4-1）$$

其中，下标i和t分别表示企业i和年份t。$Score_{i,t}$为被解释变量的企业新质生产力水平。核心解释变量是$GD_{i,t}$，即地区绿色信贷水平。$\sum Control_{i,t}$代表了可能影响企业新质生产力的公司层面控制变量。此外，$\sum Id$ 作为公司固定特征，$\sum Year$作为时间固定效应，$\varepsilon_{i,t}$为误差项。

本节的被解释变量是企业新质生产力（*Score*）。新质生产力的核心是创新，本节参考宋佳 等（2024）的构建方法，基于生产力二要素理论，并考虑了劳动

对象在生产过程中的作用和价值，采用熵值法衡量新质生产力，其结果如表4-7所示。

表4-7　新质生产力各因素权重

因素	子因素	指标	指标取值说明	权重
劳动力	活劳动	研发人员薪资占比	研发工资薪酬/营业收入	26
		研发人员占比	研发人员数/员工人数	2
		高学历人员占比	本科以上人数/员工人数	3
	物化劳动（劳动对象）	固定资产占比	固定资产/资产总额	1
		制造费用占比	（经营活动现金流出小计+固定资产折旧+无形资产摊销+减值准备-购买商品接受劳务支付的现金-支付给职工以及为职工支付的工资）/（经营活动现金流出小计+固定资产折旧+无形资产摊销+减值准备）	1
生产工具	硬科技	研发折旧摊销占比	研发折旧摊销/营业收入	24
		研发租赁费占比	研发租赁费/营业收入	13
		研发直接投入占比	研发直接投入/营业收入	27
		无形资产占比	无形资产/资产总额	1
	软科技	总资产周转率	营业收入/平均资产总额	1
		权益乘数倒数	所有者权益/资产总额	1
新质生产力	—	—	—	100

本节的核心解释变量是绿色信贷（*GD*）。本节整理了各省份规模以上工业企业利息支出总额与高污染行业利息支出差值并取对数，作为衡量绿色金融水平的指标。

在回归分析中，其他可能影响企业新质生产力发展的因素也将被控制，主要包括地区经济发展水平（*ln_agdp*）、地区金融发展（*fd*）、企业年龄（*Age*）、审计意见（*Audit*）、独立董事比例（*Indep*）、两职合一（*Dual*）和股权集中度（*Top*1）。具体指标设计见表4-8。

表4-8 控制变量设计

变量符号	变量名称	衡量方法
ln_agdp	地区经济发展水平	地区人均GDP取对数表示
fd	地区金融发展	机构存款加贷款余额占地区生产总值比重
Age	企业年龄	企业成立以来年数的对数
Audit	审计意见	虚拟变量，若审计意见类型为“标准无保留意见”则为1，反之则为0
Indep	独立董事比例	独立董事占董事总数的比例
Dual	两职合一（董事长兼CEO）	虚拟变量，若董事长与CEO相同则为1，反之为0
*Top*1	股权集中度	第一大股东持股比例

本节的研究数据为面板数据，来自2015—2021年全体A股上市公司，经处理后得到13678个观察值，共涉及1954家企业。涉及的上市公司基本信息、财务原始数据及地区数据来自国泰安（CSMAR）数据库、万得（Wind）数据库、国家统计局以及《中国工业统计年鉴》。

二、绿色信贷支持中国绿色高质量发展的实证分析

表4-9显示了绿色信贷对企业新质生产力影响的基准回归结果。其中，第一列为没有添加任何控制变量的回归结果，可以发现绿色信贷（*GD*）的回归系数在1%的水平上，显著为正，表明区域绿色信贷水平对企业新质生产力有显著的正向影响。第二、三列逐次加入公司层面控制变量和地区层面控制变量，结果显示，绿色信贷（*GD*）的回归系数始终在1%的水平上，显著为正，这意味着绿色信贷发展对企业新质生产力具有促进作用。

表4-9　绿色信贷与企业新质生产力：基准回归结果

变量	一	二	三
	Score	Score	Score
GD	0.156***	0.162***	0.149***
	（0.048）	（0.048）	（0.048）
Age		−0.124	−0.136
		（0.287）	（0.286）
Audit		−0.010	−0.013
		（0.056）	（0.056）
Indep		0.001	0.001
		（0.003）	（0.003）
Dual		−0.031	−0.034
		（0.037）	（0.037）
Top1		0.006***	0.006***
		（0.002）	（0.002）
ln_agdp			−0.723*
			（0.425）
fd			−0.311***
			（0.056）
常数项	4.511***	4.663***	14.263***
	（0.267）	（0.940）	（5.071）
年份固定	是	是	是
公司固定	是	是	是
样本量	13678	13678	13678
值	0.58	0.54	0.63

注：***、**、*分别代表在 1% 、5% 和 10% 的水平上显著。括号中为*t*值；固定效应中“是”“否”分别代表控制和未控制。

现有许多文献也都通过实证检验从不同角度论证了绿色信贷推动了经济高质量发展。

从企业微观层面来看，绿色信贷主要通过影响生产企业和银行主体来促进高质量发展，李强 等（2023）运用双重差分法（DID）考察了绿色信贷对污染企业绿色技术创新的影响，发现绿色信贷政策激励污染企业积极改造企业的技术创新过程以及产品与服务的绿色属性，提高了绿色实用新型专利的总量。宁宇新 等（2024）选取2008—2022年沪深A股上市公司相关数据，探究绿色信贷政策对企业环境绩效的影响，研究结果表明绿色信贷政策通过企业技术创新这一协同效应，促进企业环境绩效的提升。张晨 等（2021）以新能源车企为例，基于资源禀赋和创新补偿理论，分析了绿色信贷对新能源车企创新效率的影响机制，发现绿色信贷对新能源车企创新效率存在积极的促进作用。

从银行层面来看，一方面，贷款项目的环境风险被纳入银行考虑范畴，绿色信贷对环境和社会表现不佳的企业具有约束效应（顾雪松 等，2023）；另一方面，考虑到资金的安全性，对于已授信的企业或项目，银行会对企业或项目进行定期检查并追踪其资金的使用情况，以避免授信企业或项目可能存在的环保或资金滥用等风险造成效率损失，在一定程度上确保了经济增长效率（郭威 等，2021）。

从宏观层面来看，首先，绿色信贷能够起到引导资源优化配置的作用。张小可 等（2021）以2012年绿色信贷政策出台作为准自然实验，探究得出绿色信贷政策能够优化行业间的资源配置效率，有助于在重污染行业内部引导资源从低效率企业流向高效率企业，从而促进经济绿色高质量发展。其次，绿色信贷通过资本形成、信号传递以及反馈与信用催生等机制，在绿色意义上助力经济结构优化，包括但不限于劳动力结构、能源消费结构和产业结构等，进而助力高质量发展目标的实现（徐秋艳 等，2024）。

本章小结

绿色信贷政策旨在通过金融手段支持环保项目和绿色产业的发展，促进经济结构的优化升级，实现经济增长与环境保护的双赢。我国自2007年开始提出绿色信贷机制，旨在利用优惠的信贷政策，包括贷款额度、期限和利率等，来鼓励企业实施绿色行为。目前，我国已经建立了以《绿色信贷指引》为基础的绿色信贷政策体系，对银行开展绿色信贷的方向、目标、组织管理、流程管理、内控管理、信息披露与监督检查等方面作出了明确规定。

我国金融机构积极响应绿色信贷相关政策，不断创新绿色信贷产品和服务，为绿色项目提供资金支持。这些政策和措施不仅促进了绿色技术的研发和应用，还提高了企业的环保意识，加强了社会责任感，为我国经济的绿色转型和可持续发展提供了坚实的金融支撑。随着政策的深入实施，银行等金融机构将进一步审慎评估贷款项目的环境风险，提高金融部门对绿色项目的偏好，通过借贷市场加强对社会资金的引导作用，促进生态协调与可持续发展。绿色信贷已经成为我国金融体系中不可或缺的一部分，对推动我国经济高质量发展具有重要意义。

Chapter 5

第五章

绿色债券

第一节

引言

绿色债券是一种直接融资工具，专门将所募集的资金用于资助绿色产业和项目，是绿色金融体系中的关键组成部分。作为21世纪新兴的一种金融工具，绿色债券最早在国际资本市场出现，2007年欧洲投资银行发行“气候意识债券”，标志着绿色债券市场的诞生。此后，国际组织和区域联盟出台绿色债券标准，国际绿色债券市场规模实现迅速增长。我国的绿色债券市场相较于国际起步较晚，但监管部门陆续出台系列政策，为我国绿色债券市场的建设提供了重要保障，自上而下地推动了我国绿色债券市场的发展。如今，我国累计的绿色债券发行规模已位列全球第二。我国绿色债券市场的快速发展不仅为投资者提供了参与绿色投资的机会，更重要的是，为企业的绿色转型提供了支持，促进了我国产业结构升级和绿色发展。

第二节

绿色债券的内涵与分类

一、绿色债券的定义

对于绿色债券的定义，国际上未能形成统一标准，不同国际组织和相关机构的界定各不相同。绿色债券（Green Bond）的概念最早由世界银行在2007年提出。世界银行将绿色债券定义为专门为支持气候相关或环境项目而发行的债务工具，将其作为收益型债券大类别中的一个小分支。经济合作与发展组织（OECD）指出，绿色债券是指一种由政府、跨国银行或企业发行的，为促进低碳经济和适应气候变化的项目筹集必要资金的固定收益证券。国际资本市场协会（ICMA）则认为，绿色债券是将募集资金专用于为合格的绿色项目提供融资或再融资的各类型债券工具。

国内对绿色债券的界定一方面基于中国人民银行等联合颁布的《绿色债券支持项目目录》，另一方面源自国家发展改革委颁布的《绿色债券发行指引》。2015年12月，央行发布第39号公告，制定了绿色金融债券的发行及相关事宜，并将绿色金融债券定义为“金融机构法人依法发行的、募集资金用于支持绿色产业并按约定还本付息的有价证券”。其中金融机构法人包括开发性银行、政策性银行、商业银行、企业集团财务公司及其他依法设立的金融机构；绿色产业项目范围参考《绿色债券支持项目目录（2015年版）》。2016年，国家发展改革委印发《绿色债券发行指引》，对绿色债券发行进行规范，并将绿色债券定义为“募集资金主要用于支持节能减排技术改造、绿色城镇化、能源清洁高效利用、新能源开发利用、循环经济发展、水资源节约和非常规水资源开发利用、污染防治、生态农林业、节能环保产业、低碳产业、生态文明先行示范实验、低碳试点示范等绿色循环低碳发展项目的企业债券”。

2021年4月，央行会同国家发展改革委和证监会发布了《绿色债券支持项目目录（2021年版）》，该版本重新整合了此前央行和国家发展改革委对绿色债券的定义，改变了绿色金融债券、绿色企业债券和绿色公司债券此前在发行和监管方面的割裂状态，也与国际上绿色债券的定义相统一。新的绿色债券被定义为“将募集资金专门用于支持符合规定条件的绿色产业、绿色项目或绿色经济活动，依照法定程序发行并按约定还本付息的有价证券，包括但不限于绿色金融债券、绿色企业债券、绿色公司债券、绿色债务融资工具和绿色资产支持证券”。

二、绿色债券的标准

（一）国际绿色债券标准

绿色债券标准制定方面，世界范围内存在公认的两套绿色债券国际准则。一是国际资本市场协会（ICMA）发布的《绿色债券原则》（GBP），其最早在2014年发布，2018年进行了最新修订。二是气候债券倡议组织（CBI）发布的《气候债券标准》（CBS），在2011年发布，2019年公布了更新的3.0版本。这两个标准发布的时间均较早，因此成为其他国家、地区与国际机构制定绿色债券标准时的重要参照。

GBP详细描述了各种结构的绿色债券，总结了四种绿色债券类型（见表5-1）。GBP 的核心内容是关于绿色债券的四大原则，这些原则代表着市场各方的最低共识，揭示了绿色债券获取信任应遵循的基本要求（见表5-2）。同时，GBP建议发行人利用外部审查确保发行的绿色债券符合四大原则的要求。

表5-1　GBP总结的四种绿色债券类型

类型	资金用途	债券追索权
募集资金作绿色用途的一般债券（Green Use of Proceeds Bond）	专用于绿色项目	对发行人有标准/完全追索权；因此该债券的信用评级与发行人其他债券的信用评级一样

续表

类型	资金用途	债券追索权
募集资金作绿色用途的收益债券（Green Use of Proceeds Revenue Bond）	专用于绿色项目	将发行人获得的收入如服务费、税收等作为抵押
绿色项目债券（Green Use of Project Proceeds Bond）	资金被隔离并用于特定的绿色项目	仅对项目资产或项目资产负债表具有追索权
证券化绿色债券（Green Use of Proceeds Securitized Bond）	专用于绿色项目，或直接用于特定的绿色项目	对绿色项目组合具有追索权（如资产担保债券）

资料来源：洪艳蓉（2017）。

表5-2　GBP提出的绿色债券四大原则

原则类型	具体内容
募集资金用途	发行人应在募集说明书等法律文件中适当描述募集资金用途，确保所投资的绿色项目能够产生积极的环境效益，这种效益应可被评估并在可能的情况下被量化
项目评估和筛选流程	发行人应披露募集资金所投项目符合绿色债券标准的依据及其具体决策过程
募集资金管理	发行人应建立募集资金追溯管理制度，通过设立专门账户或以适当方式追溯募集资金的使用，并建立正式的内部流程验证相关资金被用于绿色项目的投资与运作。发行人可将闲置资金进行适当投资，但应向投资者披露
存续期信息披露	发行人应至少一年一次对外披露募集资金使用情况报告，内容应包括募集资金投向的绿色项目清单、项目的简要描述、募集资金的支出总额以及项目的预期影响。GBP建议发行人使用定性绩效指标和/或定量绩效指标衡量特定投资（如适用）的环境影响

CBS在继承GBP的四大原则的基础上，进一步将这些原则细化为对发行人获取气候债券认证的强制性要求，建立起一套明确的绿色债券标准。CBS的强制性要求覆盖发行前和发行后，包括特定项目、募集资金的管理、信息披露等方面。CBS建立分类目录，并为每类项目制定行业特定标准，清晰地呈现出气候债券的资格准入图谱，便于发行人对照和遵循。

CBS建立起一套完整有效的认证方案，用于核查债券所募集资金是否真实地用于低碳和气候适应经济（a low carbon and climate resilient economy），并将通过核查被CBSB[1] 认证（贴标）的债券称为“气候债券”，而非使用一般的“绿色债券”名称。

（二）国家和区域联盟的绿色债券标准

许多国家的政府和地区联盟在两个国际权威绿色债券标准的基础上，制定了符合自身情况的绿色债券标准。例如，2015年，印度证券交易委员会（SEBI）在董事会备忘录中提出了“绿色债券发行及上市的披露要求”，并于2017年5月正式发布，以满足印度可再生能源发展的融资需求。日本环境省在2017年3月制定了“绿色债券指引”，旨在积极推动日本绿色债券的发行和投资，同时防止“洗绿”等状况的发生。印度与日本的绿色债券标准主要参照GBP制定，基本沿用了GBP的细则要求，仅在对绿色项目的范围划定上，印度将“污染防治”和“生态效益性和循环经济产品、生产技术及流程”这两类排除在合格项目之外。

东盟资本市场论坛（ACMF）在2017年11月发布了“东盟绿色债券标准”（ASEAN GBS），该标准借鉴了GBP绿色债券的四大核心要素及外部认证审核的建议，并增加了一些额外要求，包括发行人需与东盟存在地理或经济联系、排除化石燃料发电项目、强制绿债接受外部审核等。欧盟委员会可持续金融技术专家组（TEG）在2019年6月发布了对“欧盟绿色债券标准”（EU GBS）的建议，同样是在GBP的基础上做了调整补充，主要区别在于两点：一是欧盟绿色项目范围采用了与欧盟分类法（EU Taxonomy）相一致的六大环境指标，而非直接沿用GBP的标准；二是欧盟强制要求绿色债券进行定期信息披露与外部审核认证，而非类似GBP的自愿和鼓励（陈骁 等，2022）。

[1] CBI专门设立气候债券标准委员会（Climate Bonds Standard Board，CBSB），负责审查CBS相关规则，监督CBS及其认证方案的施行。

（三）我国绿色债券标准

我国绿色债券市场发展初期存在多头监管的状况，各部委及相关市场监管主体都发布了绿色债券的发行指引或指导意见，作为其监管绿色债券的标准（见表5-3）。

表5-3　各主管部门对于不同类型绿色债券的监管标准

债券类型	发行主体	主管部门	政策文件	发布时间	文件内容
绿色金融债券	金融机构	中国人民银行	《中国人民银行公告（2015）第39号》	2015年12月	对金融机构法人发行绿色金融债券的条件、申请材料、发行方式、募集资金管理及信息披露、做市安排、登记托管结算业务等方面提出要求；沿用中国金融学会绿色金融专业委员会制定的《绿色债券支持项目目录（2015年版）》划定了绿色项目的支持范围，包括节能、污染防治、资源节约与循环利用等六个大类
绿色公司债券	公司	证监会	《中国证监会关于支持绿色债券发展的指导意见》	2017年3月	对绿色公司债券的发行人条件、申报及审核流程、发行人信息披露、募集资金使用、债券承销等方面作出要求；沿用中国金融学会绿色金融专业委员会制定的《绿色债券支持项目目录（2015年版）》划定了绿色项目的支持范围
绿色企业债券	企业	国家发展改革委	《绿色债券发行指引》	2015年12月	明确绿色企业债券适用范围，划定12类重点支持项目；重点支持项目为：节能减排技术改造项目、绿色城镇化项目、能源清洁高效利用项目、新能源开发利用项目、循环经济发展项目、水资源节约和非常规水资源开发利用项目、污染防治项目、生态农林业项目、节能环保产业项目、低碳产业项目、生态文明先行示范实验项目、低碳发展试点示范项目；明确绿色债券的审核要求及其他相关政策支持

续表

债券类型	发行主体	主管部门	政策文件	发布时间	文件内容
绿色债券融资工具	非金融企业	中国银行间市场交易商协会	《非金融企业绿色债务融资工具业务指引》	2017年3月	定义绿色债务融资工具为境内外具有法人资格的非金融企业（以下简称企业）在银行间市场发行的，募集资金专项用于绿色项目的债务融资工具；企业发行绿色债务融资工具应在交易商协会注册；明确企业发行绿色债务融资工具在信息披露、募集资金使用、做市安排等方面的要求；绿色项目的界定与分类参考中国金融学会绿色金融专业委员会编制的《绿色债券支持项目目录（2015年版）》

2021年4月，央行会同国家发展改革委和证监会联合发布《绿色债券支持项目目录（2021年版）》，对国内绿色债券进行统一指引。新目录对绿色债券的定义、支持领域和范围进行了统一的界定，成为界定绿色项目和绿色领域是否符合各类绿色债券支持和适用范围的唯一专业性目录清单，各类型投资主体投资绿色债券市场、配置各类型绿色债券资产均需参照《 绿色债券支持项目目录（2021年版）》[1]。本次修订实现了国内绿色债券监管口径的统一，同时《绿色债券支持项目目录（2021年版）》与《绿色产业指导目录（2019年版）》的三级目录基本一致，实现了政策间的统筹协调。新目录亦在多方面体现了与国际标准的接轨：在绿色项目分类逻辑上，与国际主流绿色项目分类标准基本一致；采用了国际通行的“无重大损害”原则，对水电、核电等项目的利用加上了“对生态环境无重大影响”“在保障环境安全前提下”等前提。

2022年7月29日，绿色债券标准委员会发布《中国绿色债券原则》，标志着我国绿色债券标准在国内初步统一。《中国绿色债券原则》参考国际资本市场协

[1] 金融学术前沿：浅析《绿色债券支持项目目录（2021年版）》，https://fdifudan.blog.caixin.com/archives/246236。

会（ICMA）发布的《绿色债券原则》（GBP），从募集资金用途、项目评估与遴选、募集资金管理和债券存续期信息披露四大核心要素对绿色债券发行人和相关机构提出了基本要求（见表5-4）。

表5-4　《中国绿色债券原则》对绿色债券四项核心要素的要求[1]

核心要素	要求
募集资金用途	绿色债券募集资金需100%用于绿色产业、绿色经济活动等符合《绿色债券支持项目目录（2021年版）》的绿色项目；境外发行人合格绿色项目需满足《可持续金融共同分类目录报告-减缓气候变化》《可持续金融分类方案-气候授权法案》等相关要求；募集资金使用范围包括绿色项目的建设、运营、收购、配套营运资金补充及其有息债务偿还等
项目评估与遴选	发行人应在募集说明书等相关文件披露绿色项目的具体信息。对于发行前暂无具体募投项目的发行人，应披露绿色项目遴选的分类标准、技术标准或规范及其环境效益测算标准和重要前提条件等信息；在内控方面，发行人应披露绿色项目遴选流程制定依据、职责划分、具体实施过程等决策流程，并保证所选绿色项目合法合规、手续真实准确完整等，不存在虚假记载、误导性陈述或重大遗漏；建议发行人聘请独立第三方评估认证机构对绿色债券进行评估认证
募集资金管理	发行人应开立募集资金监管账户或建立专项台账，全流程追踪募集资金流向；闲置募集资金可进行单期投资期限小于12个月的现金管理操作，如投资国债、政策性银行金融债、地方政府债等安全性高、流动性好的产品；绿色债券募集资金用途变更后投向的项目，仍需满足绿色债券募投项目要求
债券存续期信息披露	募集资金全部投放完毕前，其使用信息应留档记录并在债券存续期届满后保存2年以上；发行人应按年披露上一年度募集资金整体使用情况、绿色项目进展情况、预期或实际环境效益等；鼓励发行人定期实施持续第三方跟踪评估认证并披露相关报告

[1] IIGF观点：《中国绿色债券原则》解读，https://iigf.cufe.edu.cn/info/1012/5636.htm。

第三节

绿色债券的国内外发展状况

一、绿色债券规模的扩大与发展

（一）国际绿色债券规模的扩大与发展

2007年，欧洲投资银行面向欧盟27个成员国发行了全球首只明确指定资金用于绿色项目的债券——气候意识债券，拉开了债券市场绿色投资与发展的序幕。随后，在2008年，世界银行与瑞典北欧斯安银行联手，发行了第一笔真正意义上的标准化绿色债券，其资金专门用于废物、农业、林业及气候变化适应性项目投资。这些早期的绿色债券大多由类似的国际机构与多边组织发行。

全球绿色债券市场自2007年启动至今，除了受到2008年金融危机、2011年欧债危机和2022年新冠疫情三次较大的冲击之外，其余各年份均维持了较高增速。从2013年开始，全球绿色债券市场爆发式增长。2013年，国际金融公司发行了第一只规模达10亿美元的绿色债券，对绿色债券市场从细分市场向主流市场转型作出了贡献。随后，绿色债券原则和气候债券标准的发布也从制度上推动了绿色债券的发展。截至2023年末，全球绿色债券发行量已达5877亿美元（见图5-1）。

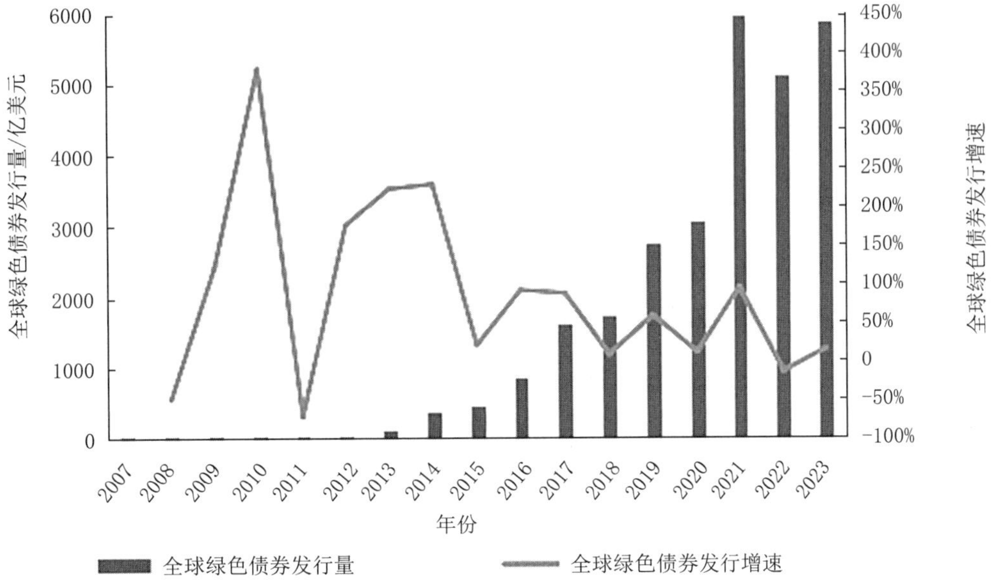

图5-1　全球绿色债券发行规模变化

资料来源：CBI（气候债券倡议组织）。

从地区分布上看，美国、中国、德国、法国的绿色债券发行规模领先（见图5-2），发达经济体的绿色债券发行量远高于新兴经济体和超国家机构（见图5-3）。其中，美国、德国的绿色债券市场发展较早且制度完善，分别以4354亿美元和2871亿美元的累计发行量排名全球第一和第三。中国的绿色金融起步较晚，但得益于近年来绿色债券标准和监管框架的完善，累计发行量已超过法、德等绿色债券发行大国，以4112亿美元的累计发行量排名全球第二。

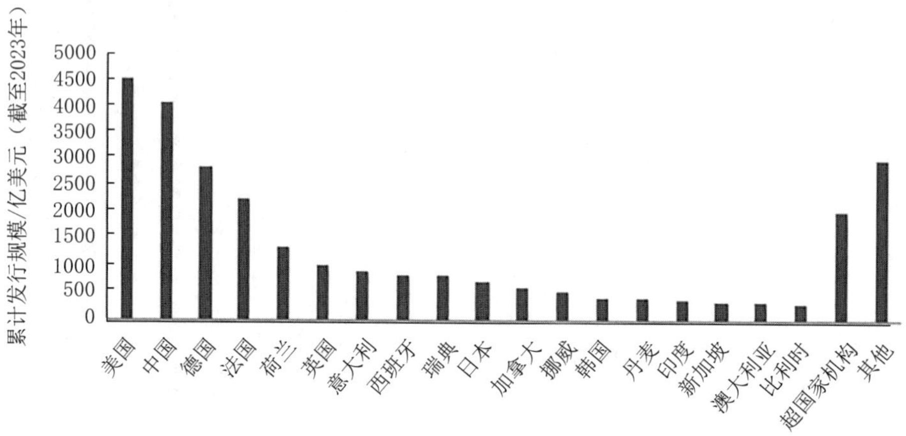

图5-2　不同地区绿色债券的累计发行规模

资料来源：CBI（气候债券倡议组织）。

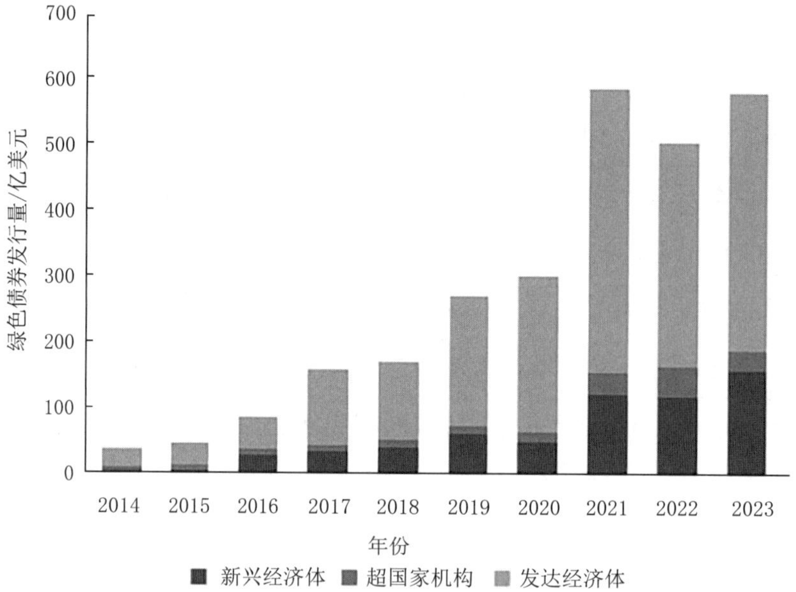

图5-3　新兴经济体与发达经济体绿色债券发行情况

资料来源：CBI（气候债券倡议组织）。

（二）国内绿色债券规模的扩大与发展

尽管我国绿色债券市场起步较晚，但建设速度较快。我国绿色债券市场的建设可追溯至2015年9月，当时中共中央、国务院发布的《生态文明体制改革总体方案》中明确提出了“建立绿色金融体系”“研究银行和企业发行绿色债券”的目标。此后，在2015年底，中国人民银行、国家发展改革委分别发布了绿色金融债和绿色企业债的标准与监管规则。2016年3月至4月间，沪深交易所发布了绿色公司债券的试点通知。自2018年起，在基本监管框架的基础上，国内其他相关部门的绿色债券配套政策也陆续出台，助推了国内绿色债券市场的蓬勃发展（见图5-4）。

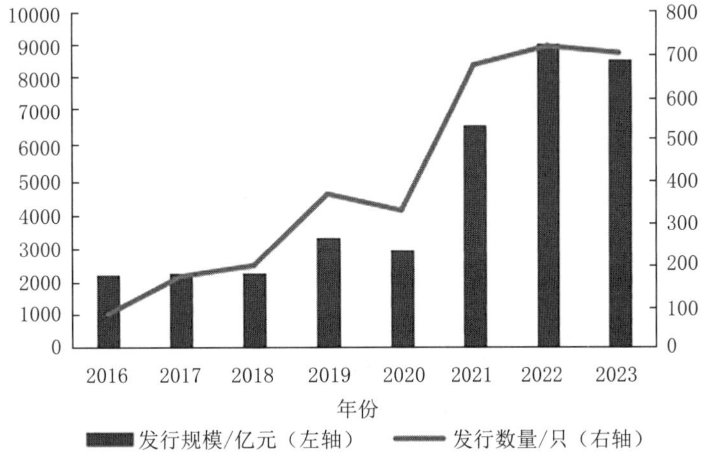

图5-4　中国境内绿色债券发行情况

资料来源：CSMAR。

2023年，我国绿色债券发行规模有所回落，但债券质量有所提高（见图5-5）。从发行规模看，2023年我国发行且被纳入CBI（气候债券倡议组织）绿色债券数据库的绿债比例仍显著提高，从2022年的57.3%提升至63.6%，表明我国发行人对监管机构的指导和规定迅速作出反应，并在实践中积极适应最新标准。

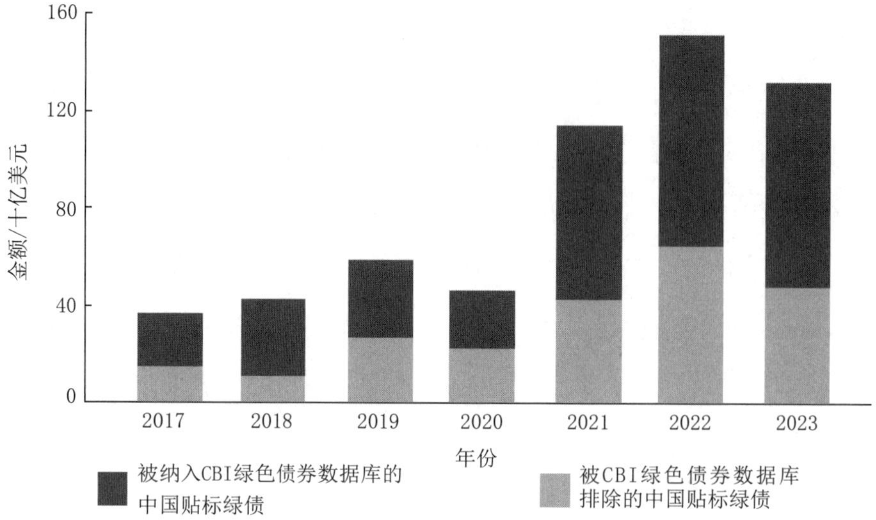

图5-5　我国贴标绿债被纳入和被排除CBI绿债数据库的金额对比

资料来源：CBI（气候债券倡议组织）。

从资金投向上看，可再生能源和低碳交通是目前我国绿色债券主要支持的领域（见图5-6）。

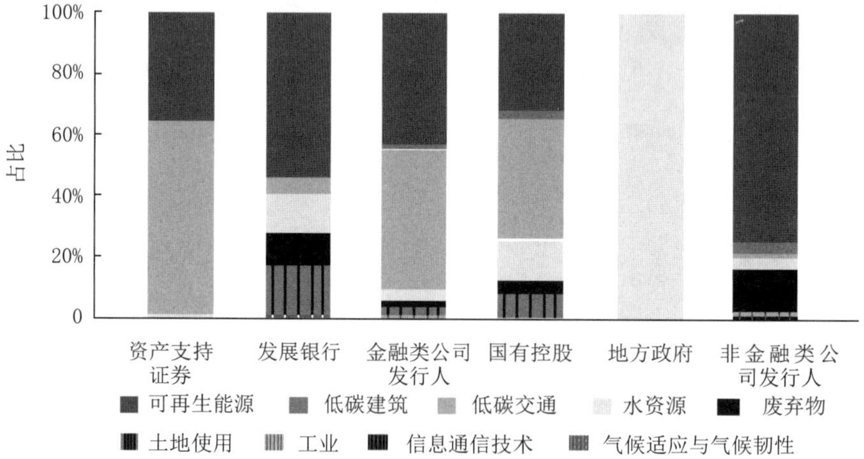

图5-6　我国绿色债券募集资金投向

资料来源：CBI（气候债券倡议组织）。

从发行主体上看，目前我国大部分绿色债券发行量来自国有企业（见图5-7）。

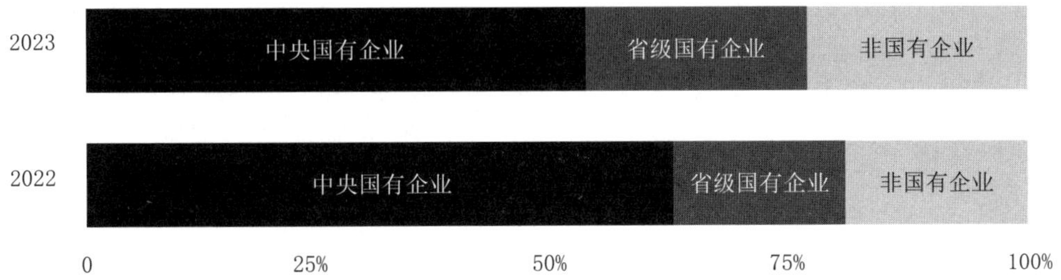

图5-7　我国绿色债券发行主体所有权性质

资料来源：CBI（气候债券倡议组织）。

二、绿色债券政策的发展

（一）我国绿色债券政策

2015年5月，中共中央、国务院联合发布了《中共中央 国务院关于加快推进生态文明建设的意见》，标志着我国生态文明建设的顶层设计和总体部署正式启动。在同年9月，《生态文明体制改革总体方案》的发布首次明确了绿色金融体系的顶层设计，提出发展包含绿色债券在内的绿色金融市场。此后，一系列相关政策陆续出台，对我国绿色债券发行的总体规划、产业目录、评级体系和信息披露等方面给出了明确的要求，我国绿色债券政策体系逐渐完善（见表5-5）。

表5-5　我国绿色债券政策的发展

时间	文件名称	发布单位	主要内容
2015年9月	《生态文明体制改革总体方案》	中共中央、国务院	首次明确了建立绿色金融体系的顶层设计，并将发展绿色债券市场作为其中的一项重要内容

续表

时间	文件名称	发布单位	主要内容
2015年12月	《关于在银行间债券市场发行绿色金融债券有关事宜的公告》	中国人民银行	首个对绿色债券发行制定正式规则和重要基础性指导文件，对银行间债券市场发行绿色金融债券有关事宜进行规范引导。明确了发行人具备的条件、报送材料清单、评估或认证意见等；要求发行人开立专门账户或建立专项台账，对绿色金融债券募集资金到账、拨付及资金收回加强管理，保证资金专款专用，在债券存续期内全部用于绿色产业项目，并按季度向市场披露募集资金使用情况；对绿色金融债券的登记、托管、结算业务作出要求
2015年12月	《绿色债券支持项目目录（2015年版）》	中国金融学会绿色金融专业委员会	我国第一份关于绿色债券界定与分类的文件，可作为绿色债券审批与注册、第三方绿色债券评估、绿色债券评级和相关信息披露的参考
2015年12月	《绿色债券发行指引》	国家发展改革委	明确了绿色债券的适用范围、支持重点、审核要求，以及其他相关政策支持
2016年8月	《关于构建绿色金融体系的指导意见》	中国人民银行、财政部、国家发展改革委、环境保护部、银监会、证监会、保监会	明确提出推动证券市场支持绿色投资，指出要完善绿色债券的相关规章制度，统一绿色债券界定标准；采取措施降低绿色债券的融资成本；研究探索绿色债券第三方评估和评级标准；积极支持符合条件的绿色企业上市融资和再融资；支持开发绿色债券指数、绿色股票指数以及相关产品；逐步建立和完善上市公司和发债企业强制性环境信息披露制度；引导各类机构投资者投资绿色金融产品。还提出要推动绿色证券市场双向开放

续表

时间	文件名称	发布单位	主要内容
2017年3月	《中国证监会关于支持绿色债券发展的指导意见》	证监会	明确绿色公司债券募集资金必须投向绿色产业项目，严禁名实不符，冒用、滥用绿色项目名义套用、挪用资金；鼓励各市场主体投资绿色公司债券，探索建立绿色投资者联盟；证券交易所研究发布绿色公司债券指数，建立和完善绿色公司债券板块，扩大绿色公司债券市场影响力
2017年3月	《非金融企业绿色债务融资工具业务指引》	中国银行间市场交易商协会	明确企业在发行绿色债务融资工具时，应在注册文件中披露绿色项目具体信息；鼓励第三方认证机构在评估结论中披露债务融资工具的绿色程度；首次明确绿色债务融资工具可纳入绿色金融债券募集资金的投资范围；同时鼓励养老基金、保险资金等各类资金投资绿色债务融资工具；进一步加强信息披露要求
2017年10月	《绿色债券评估认证行为指引（暂行）》	中国人民银行、证监会	明确绿色债券评估认证包含发行前和存续期评估认证两部分。发行前评估认证重点判断发行人绿色债券框架是否合规完备；存续期评估认证重点判断绿色债券框架是否有效执行
2018年2月	《中国人民银行关于加强绿色金融债券存续期监督管理有关事宜的通知》	中国人民银行	加强对存续期绿色金融债券募集资金使用的监督核查，确保资金切实用于绿色发展；加强对存续期绿色金融债券信息披露的监测评价，提高信息透明度；加强对存续期绿色金融债券违规问题的督促整改，完善动态管理机制；加强组织协调，明确工作责任，确保将绿色金融债券存续期监督管理工作落到实处
2018年2月	《绿色金融债券存续期信息披露规范》	中国人民银行	明确绿色金融债券募集资金使用情况季度报告和年度报告应重点说明报告期内募集资金的使用情况，并制定信息披露报告模板

续表

时间	文件名称	发布单位	主要内容
2021年2月	《国务院关于加快建立健全绿色低碳循环发展经济体系的指导意见》	国务院	主要对建立健全绿色低碳循环发展的经济体系作出了全方位、全过程的部署。指出要大力发展绿色金融，其中包括统一绿色债券标准，建立绿色债券评级标准
2021年3月	《关于明确碳中和债相关机制的通知》	中国银行间市场交易商协会	明确了绿色债务融资工具项下的碳中和债的定义和募集资金用途范围，包括清洁能源类项目、清洁交通类项目、可持续建筑类项目和工业低碳改造类项目等，并规范了项目评估与遴选、募集资金管理、存续期信息披露等方面，为碳中和债的高效发行、助力“30•60目标”的实现提供了政策支持
2021年4月	《绿色债券支持项目目录（2021年版）》	中国人民银行、国家发展改革委、证监会	采纳国际通行的“无重大损害”原则，对绿色债券界定标准问题进行了进一步明确和细化。明确了详细的支持目录，主要包含6个领域；明确对煤炭等化石能源清洁利用等项目不再纳入支持范围，并增加了绿色农业、绿色建筑、可持续建筑、水资源节约和非常规水资源利用等新时期国家重点发展的绿色产业领域类别
2021年7月	《上海证券交易所公司债券发行上市审核规则适用指引第2号——特定品种公司债券（2021年修订）》	上海证券交易所	新增碳中和绿色公司债券、蓝色债券和乡村振兴公司债券相关制度规定
2021年9月	《绿色债券评估认证机构市场化评议操作细则（试行）》《绿色债券评估认证机构市场化评议标准》《绿色债券评估认证机构市场化评议材料清单》	绿色债券标准委员会	明确了评估认证机构开展绿色债券评估认证业务需满足的条件，界定了市场化评议申请步骤、市场化评议内容及评议结果运用等内容

续表

时间	文件名称	发布单位	主要内容
2022年1月	《关于加强绿色金融债券存续期信息披露自律管理的通知》	中国银行间市场交易商协会	要求绿色金融债券发行人应做好绿色金融债券存续期的信息披露。按季度向市场披露募集资金使用情况、绿色项目相关信息等，按年度披露募集资金使用情况的年度报告和专项审计报告。要求市场机构积极反馈信息披露的相关问题至交易商协会；交易商协会持续对绿色金融债券存续期信息披露情况进行监测排查，汇总市场机构的反馈评价信息，并定期将有关情况报送中国人民银行
2022年3月	《非金融企业债务融资工具专项产品指南（2022年版）》	中国银行间市场交易商协会	明确了各专项产品定义及相关产品规范文件，并从募集资金管理、注册发行以及存续期管理等方面列示了相关要求，有利于债务融资工具注册发行及存续期管理工作的规范化与透明化
2022年6月	《上海证券交易所公司债券发行上市审核规则适用指引第2号——特定品种公司债券（2022年修订）》	上海证券交易所	在前期发布修订的《特定品种公司债券指引》的基础上，新增了低碳转型公司债券事项，有助于进一步深化特定品种公司债券对低碳转型领域融资支持
2022年6月	《关于开展转型债券相关创新试点的通知》	中国银行间市场交易商协会	通知创新推出转型债券，应对气候变化目标，支持传统行业绿色低碳转型。转型债券是指为支持适应环境改善和应对气候变化，募集资金专项用于低碳转型领域的债务融资工具。要求募集资金应专项用于企业的低碳转型领域，重点推动传统行业转型升级；要求发行人建立与“双碳”目标相符的清晰的总体转型规划
2022年7月	《中国绿色债券原则》	绿色债券标准委员会	明确绿色金融债、绿色债务融资工具、绿色公司债等多个绿债品种将同步使用《中国绿色债券原则》。除企业债以外，国内绿色债券标准实现统一，标志着与国际接轨的绿色债券标准正式建立

续表

时间	文件名称	发布单位	主要内容
2023年12月	《关于支持中央企业发行绿色债券的通知》	证监会、国务院国资委	支持中央企业发行绿色债券（含绿色资产支持证券）融资，协同推进降碳、减污、扩绿、增长，带动支持民营经济绿色低碳发展

（二）国际绿色债券政策

与国内自上而下的政策体系不同，国际绿色债券政策呈现自下而上的特点。在实践中，国际上形成公认的自愿性质的绿色债券准则，如GBP和CBS。自愿性绿色债券准则推动了绿色债券市场的标准化和透明化。与绿色债券的认证、评估和评级相关的制度也逐渐完善，国际上出现专业的环境评估体系和第三方认证机构，代表性机构包括CICERO（国际气候与环境研究中心）、Vigeo评级、DNV-GL集团等。证券交易所也制定了标准化的绿色债券发行和交易规则，设立了专业化的绿色债券市场板块并面向广泛的投资者群体，从而提高绿色债券市场运行的质量，并促进绿色债券市场的长远规范发展。此外，绿色债券数据库与资源共享中心模式也在逐渐推广。例如，《绿色债券原则》（GBP）正式启动了资源中心，旨在帮助投资者更方便地找到绿色债券发行标准化信息。

国际组织和各国政府也制定了一系列政策，从发行端和投资端推动绿色债券市场发展。联合国发起负责任投资原则（PRI），联合世界主要的机构投资者，强调投资者需要在投资过程中考虑环境、社会以及公司治理因素。联合国的号召力与影响力，以及其强大的技术支持网络，有效地推进了绿色投资者网络建设的步伐。国际上还设立绿色投资基金，例如，欧洲投资银行（EIB）和卢森堡政府共同合作创立气候融资平台，该平台作为欧洲投资银行环保基金公共投资的一部分，旨在吸引更多私人资本投资气候相关项目。多国政府也对绿色债券利息收入及绿色债券基金提供免税或者优惠政策。例如，美国的绿色市政债券可以免除投资者的利息税，提高了绿色债券对投资者的吸引力；荷兰政府推进的绿色基金计划，对绿色基金投资者仅征收1.2%的资本收益税和1.3%的所得税；韩国政府对投资绿色产业超过60%的产业投资基金给予分红收入免税等优惠政策。此外，政府还通过给予发行主体优惠政策以降低绿色项目融资成本，鼓励绿色债券的发行。这些激励政策包括政府采购、绿色贷款贴息和担保、价格补贴等。目前，全球共有50多个国家对可再生能源或清洁能源企业给予价格补贴，以固定价格对发行企业的产品进行长期回购。例如，对太阳能项目的新能源电价给予10～25年的固定价格回购，这在一定程度上保障了绿色企业的资金流，提高了绿色债券的发行吸引力（万志宏 等，2016）。

三、绿色债券的风险管理与信息披露

（一）我国绿色债券的风险管理

风险即损失的可能性，是无法避免且贯穿于绿色债券发行的各个环节的。绿色债券的风险主要源自两个方面。一方面，风险可能源于债券的发行人本身，包括但不限于信用风险、流动性风险、操作风险。为了有效管理这些风险，发行人应采取相应的风险管理对策，确保自身的流动性和绿色债券还本付息，确保绿色债券的资金投向规定的产业。另一方面，风险也可能来自募集资金的使用过程，包括项目评估的风险和资金使用管理的风险。

目前，国内外对于绿色债券的风险管理的研究还处于起步阶段，绿色债券风险管理缺少相应的理论支持，完善的绿色债券风控体系暂未形成。部分金融机构在实践中积累绿色债券风险管理的经验。以兴业银行为例，自2016年起，该银行便开始涉足绿色债券的发行工作。根据中国银行间市场交易商协会发布的2023年度绿色债务工具投资人排名，兴业银行在全国性股份制商业银行中位列榜首。其依托良好的经营状况和盈利能力，确保了绿色债券的到期偿还，同时遵循分散化投资策略，将绿色金融债券的投放余额分布在多个项目中。除此之外，兴业银行还针对绿色债券的内部风险和外部风险进行了管理（见表5-6）。

表5-6 兴业银行的绿色债券风险管理

风险类型	风险管理措施
信用风险	制定相关的绿色债券贷款政策制度，坚持绿色债券为绿色支持项目服务，专款专用，减少不必要的风险；优化绿色信贷业务的授权流程，根据公司现状和外部环境及时调整业务流程；制定《绿色信贷资产减值测试管理办法》，通过绿色债券往期贷款资金损失的经验数据对资金进行贷款拨备计提
流动性风险	根据FTP模型对绿色债券的资金来源和资金使用进行限期构造；根据绿色债券的销售市场状况，确定流动性风险预警额度；按照相关部门规定的资产负债指标，保证财产和资金的比例
项目评估和筛选风险	明确绿色项目筛选标准，对于绿色项目的评判严格按照《绿色债券支持项目目录》以及《绿色信贷指引》等政策文件；规范固定资产绿色贷款审核流程
资金使用和管理风险	为确保绿色债券资金的有效利用，对于绿色债券的闲置资金不会完全投向货币市场工具，仅作为过渡性处理；制定了系列资金管理制度，如制定《绿色金融债券管理办法》、设置专门管理部门负责绿色债券的资金使用；对绿色债券的贷款进行持续跟进

（二）我国绿色债券的信息披露

在我国绿色债券市场发展的初期阶段，各监管主体分别对绿色金融债、绿色公司债和非金融企业绿色债券融资工具提出披露要求，但未形成统一的披露标准。2020年12月，为推动公司信用类债券信息披露规则统一，中国人民银行会同国家发展改革委、证监会发布了《公司信用类债券信息披露管理办法》，对企业公开发行的企业债券、公司债券以及银行间债券市场非金融企业债务融资工具的发行及存续期信息披露作出要求。

2023年11月，绿色债券标准委员会依据《公司信用类债券信息披露管理办法》以及现行绿色债券存续期信息披露规则，形成《绿色债券存续期信息披露指南》

（见表5-7），首次统一境内绿色债券[1]存续期信息披露标准。该指南项下绿色债券品种包括但不限于普通绿色债券（含蓝色债券、碳中和债券）、碳收益绿色债券（环境权益相关的绿色债券）、绿色项目收益债券及绿色资产支持证券等。

表5-7　《绿色债券存续期信息披露指南》核心内容[2]

指南目标	具体要求
规范总体要求，明确披露要点	要求绿色债券发行人于每年4月30日前对存续或逾期未偿还的绿色债券信息进行披露，披露内容包括但不限于绿色债券基本情况、募集资金整体使用情况、绿色募投项目进展与环境效益情况、募集资金管理情况等四项核心要素，并围绕四项核心要素细化披露要点
形成定期报告模板，统一披露形式	提供《绿色债券存续期定期报告模板》，将披露内容规范化、标准化、格式化，便于投资者快速、精准定位核心要素信息；提供了绿色项目环境效益披露的方式方法，并形成环境效益测算公式，提升环境效益信息披露可核实性及可测性
搭建指标体系，强化环境信息披露	借鉴境内外环境效益指标要求，搭建了一个环境效益信息披露指标体系，以《绿色债券支持项目目录（2021年版）》47项三级目录为基础，共设置62项分类；设置25项环境效益指标，其中基础核心指标11项，包括节能降碳、大气污染物减排、节水、水污染物减排四大类；此外，设置必选指标与可选指标，发行人可结合项目所属分类对环境效益核心指标进行披露；实现环境效益信息可操作、可计量、可检验，量化并规范环境效益测算标准和披露维度

（三）国际绿色债券的信息披露

1. 国际准则

国际资本市场协会（ICMA）推出的《绿色债券原则》（GBP）要求披露的信息每年更新，并在发生重大事项时及时更新，披露的内容包括：配置绿色债券募集资金的项目清单；项目简要说明、资金配置量及预期效果；若由于保密协议、商业

[1]　该指南所称绿色债券是指募集资金专门用于支持符合规定条件的绿色产业、绿色项目或绿色经济活动，依照法定程序发行并按约定还本付息的有价证券。

[2]　绿色债券标准委员会.信披护航，同文共规：《绿色债券存续期信息披露指南》（中英文版）发布[EB/OL].（2023-11-29）[2024-05-04].https://www.nafmii.org.cn/ztbd/lszqbzwyh/gzdtzt/202311/t20231129_316419.html.

竞争或项目数量过多不便披露细节，则通过描述或组合形式披露。

气候债券倡议组织（CBI）推出的《气候债券标准》（CBS）要求每年至少披露一次，披露的内容包括：募集资金投放（或再投放）的指定项目和资产清单；项目内容简介及支付金额；指定项目和资产预期的环境效益目标。

在性质上，GBP和CBS都属于自愿性流程指南，不具有法律约束力。2023年6月26日，国际可持续发展准则理事会（ISSB）正式发布了《国际财务报告可持续披露准则第1号——可持续相关财务信息披露一般要求》（IFRS S1）和《国际财务报告可持续披露准则第2号——气候相关披露》（IFRS S2），标志着可持续信息披露从以自愿披露为主向强制披露要求的重大转变。IFRS S1旨在要求主体披露其关于可持续重大风险和机遇的信息，以帮助财务报告使用者评估企业价值，作出投资决策。IFRS S1要求主体披露治理、战略、风险管理、指标和目标四个方面的相关内容（见表5-8），同时对指引来源、披露位置、报告时间、可比信息、合规声明五个方面提出了具体要求。

表5-8　IFRS S1的核心内容

披露内容	解释
治理	主体用于监督和管理可持续相关风险和机遇的治理流程、控制措施和程序
战略	主体应对可持续相关重大风险和机遇时所制定的战略
风险管理	主体用于识别、评估和管理可持续相关风险的流程
指标和目标	用于评估、管理和监督主体一段时间内在可持续相关风险和机遇方面的业绩的信息

IFRS S2则要求主体披露气候相关信息，包括气候相关物理风险、转型风险、气候相关机遇等，其披露内容框架与IFRS S1保持一致。在战略方面，IFRS S2要求主体关注气候韧性并使用气候相关情景分析；在指标和目标方面，IFRS S2要求主

体披露温室气体排放信息。同时，IFRS S2还要求企业进行行业特定披露。

2. 国际实践经验

除了上述国际组织制定的准则外，不同组织和机构对绿色债券作出的信息披露要求，丰富了绿色债券信息披露的国际实践（刘晓，2020；刘剑平 等，2023）。

其一，出台详细指标体系，形成分领域标准。如ICMA绿色债券环境影响力报告根据不同项目类型建立了分领域指标体系：清洁运输项目下归集了电动汽车基础设施等二级项目，设计了乘坐新交通工具人数、创建新自行车道及火车线路等的公里数等指标；废物管理项目下归集了节能和资源保护废物处理等二级项目，设计了二氧化碳排放减少量、预期材料回收率等指标；可再生能源项目下归集了地热能等二级项目，设计了可再生能源发电量等指标。道明银行（TD）在加拿大标准协会的支持下制定了《绿色债券资格标准》，分别对可再生能源发电、能源效率与管理、绿色基础设施和土地可持续利用四个领域制定了分类目录。

其二，环境相关专业机构参与到信息披露中，制定详细要求并开展认证评估。例如，在世界银行的绿色债券支持项目开展时，环境专家将参与尽职调查和监督、向投资者披露信息、认证评估等重要环节，并由奥斯陆国际气候与环境研究中心独立审查所依据的标准。

其三，拓宽披露平台，提高信息可得性。西班牙毕尔巴鄂比斯开银行在其绿色债券年报中设置单独版块，详细披露了不同类型绿色项目采用的测算方法、计算期等信息，以图文并茂的形式展示了依据的标准及其指标，并披露了第三方顾问；卢森堡证券交易所搭建“卢森堡绿色交易所”（Luxembourg Green Exchange）平台，专门展示挂牌绿色证券及披露环境信息，还推出了“绿色债券信息通”中英文资讯平台。

四、绿色债券核查与评估

（一）我国绿色债券的评估

根据国内监管的定义，绿色债券评估认证就是指评估认证机构对债券是否符合绿色债券的相关要求，实施评估、审查或认证程序，发表评估、审查或认证结论，并出具报告的过程和行为。2017年10月26日，中国人民银行、证监会发布《绿色债券评估认证行为指引（暂行）》，规范了机构在国内债券市场开展的绿色债券评估认证业务。该指引规定，绿色债券评估认证分为发行前评估认证和存续期评估认证（见表5-9）。从评估认证的主要内容来看，绿色债券评估应当包括形式认证和绿色效益认证。其中形式认证是指判断发行人及募投项目，在项目评估与筛选、募集资金使用与管理、信息披露与报告等方面是否符合发行绿色债券的监管要求；绿色效益认证即综合判断绿色项目预期实现环境效益的高低。

表5-9 《绿色债券评估认证行为指引（暂行）》规定的绿色债券评估认证内容

发行前评估认证的主要内容（包括但不限于）	存续期评估认证的主要内容（包括但不限于）
拟投资的绿色项目是否合规	已投资的绿色项目是否合规
绿色项目筛选和决策制度是否完备	绿色项目筛选和决策制度是否得到有效执行
绿色债券募集资金管理制度是否完备	绿色债券募集资金管理制度是否得到有效执行
绿色信息披露和报告制度是否完备	绿色信息披露和报告制度是否得到有效执行
绿色项目环境效益预期目标是否合理	绿色项目环境效益预期目标是否达到

目前，我国通过绿色债券标准委员会审议的绿色债券评估认证机构共有18家，包括安永华明等审计机构，中债资信、联合赤道等评级机构，以及中节能、中财绿融、商道融绿等咨询机构，这些机构在绿色债券评估认证方面进行了积极的理论和

实践探索（见图5-8）。比如，中债资信公司制定和发布了国内首个与《绿色债券支持项目目录（2015年版）》相衔接的《绿色债券评估认证方法体系》；安永华明会计师事务所自主开发了《绿色债券发行认证方法学》；联合赤道公司对绿色项目的绿色等级进行分类打分；中节能公司制定了《绿色债券认证报告审批流程》《咨询及第三方认证质量管理办法》《绿色债券认证操作流程暂行办法》等内控制度和工作流程。中财绿融公司开发了《中国绿色债券评估文件》模板和一系列评估方法指南，形成了“发行主体+债券项目”和“环境风险+环境效益”的双评估框架，建立了环境信用风险跟踪系统（曹媛媛　等，2017）。

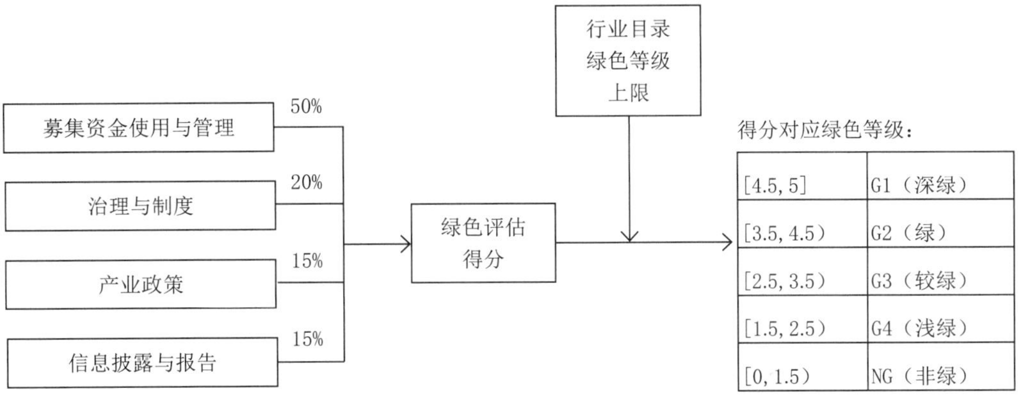

图5-8　中债资信的绿色债券评估认证框架

资料来源：远东资信。

（二）国际绿色债券的评估

目前国际上尚未建立面向绿色债券的统一绿色评级体系，而是依赖于第三方认证来判断绿色债券的“绿”属性。国际绿色债券市场通常将《气候债券标准》（CBS）和《绿色债券原则》（GBP）作为绿色债券评估认证业务的指导文件。GBP建议发行人利用外部审查确保发行的债券符合要求，借助第三方的独立地位和专业服务完成对项目的评估和筛选过程，以及验证内部追溯方法和募集资金的配置等。外部审查的形式可以多样化，如知名研究机构出具的第二方意见（Second Opinions）、审计机构出具的审计报告、非营利机构出具的第三方认证报告、评级机构出具的评级报告等（见表5-10）（洪艳蓉，2017）。CBS则建立起包括鉴证和认证两个环节的审查方案，先引入独立的专业核查机构对发行人是否满足气候债券标准进行鉴证，CBI专设的委员会再对这一鉴证结果进行最终认证。

表5-10 绿色债券外部审查的方式及审查范围（赵涵亦，2023）

方式	机构类型	审查范围
第二方意见	ESG咨询服务公司、科学研究机构、其他环境咨询评估机构	确认是否符合绿色债券原则。对发行人绿色债券项目框架进行评估，并分析项目在资质、资产、环境以及气候效益方面的符合性
第三方发行前认证	气候债券倡议组织批准授权的核查机构	核查项目及资产是否符合气候债券标准的行业资格标准、是否存在内部流程管理及债券收益的控制
第三方发行后鉴证	审计公司	发行后验证服务提供独立的第三方意见，以判断债券是否符合气候债券标准的发行要求，但不提供气候债券认证
绿色债券评级	信用评级公司	对符合绿色债券原则的程度以及债券的绿色资质进行评估
信用评级	信用评级公司	对发行人根据合同偿还债券本金和利息的能力进行评估

资料来源：CBI（气候债券倡议组织）。

全球的评级评估机构基于各国的指导文件，构建绿色债券评估认证方法。如穆迪发布的《绿色债券评估建议与方法》，从职能组织、募集资金用途、募集资金使用披露、募集资金管理和持续报告与披露这几个因素评估债券绿色水平。对每个因素通过其子因素进行评分，最后按照因素权重加总得到绿色评估得分以及对应的绿色等级（见图5-9）。

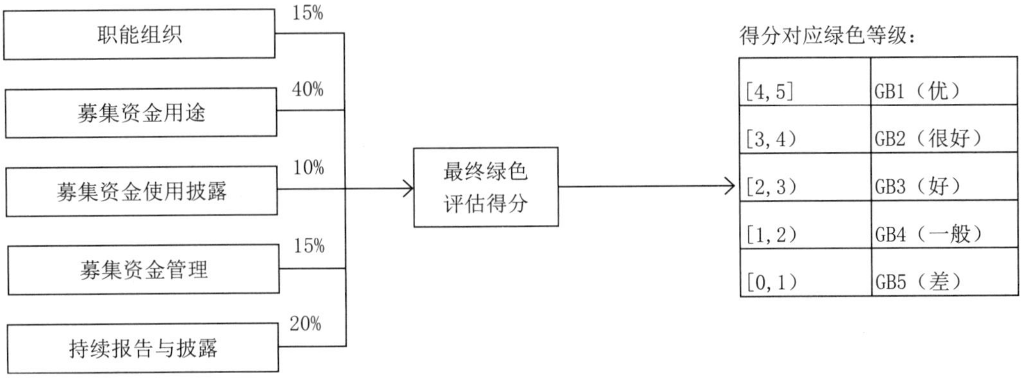

图5-9　穆迪的绿色债券评估认证框架

资料来源：远东资信。

标普的绿色债券评估认证方法则侧重于分析债券募集资金投资所能产生的绿色效益。在具体评估时，标普将绿色债券所投资项目分成了两类，建立不同的评估认证框架：一类是有助于提升环境质量的项目，另一类是可以帮助适应环境变化的项目。标普从透明度、治理水平和环境效益（或适应效益）三个方面对项目进行评估，最后形成绿色评估得分和对应的绿色等级。

第四节

绿色债券支持绿色发展的典型案例

一、水务环保行业绿色债券融资案例分析——北控水务集团有限公司

水务行业是指由原水、供水、节水、排水、污水处理及水资源回收利用等构成的产业链（杨明祥 等，2014）。在碳达峰碳中和战略背景下，水务企业作为水资源供给和污水处理的主力军，面临新的时代挑战和责任，城镇水务、水环境综合治理、固废处理和新能源建设等工程建设实施是碳减排的重点关注领域（任怡 等，2024）。近年来，我国对黑臭水体处理、水环境综合治理、海绵城市建设等领域需求增长，水务行业整体处于业务扩张期，预期会对资金有大量需求。

（一）北控水务的绿色债券发行情况

北控水务集团有限公司（简称“北控水务”）是北京控股集团有限公司旗下专注于水资源循环利用和水生态环境保护事业的旗舰企业，在香港主板上市。北控水务业务涵盖市政水、流域水、工业水、村镇水、海淡水及环卫固废、科技服务、金融服务、清洁能源等领域，是大型综合性水务环境综合服务商。

2016年8月1日，北控水务发行绿色公司债券“G16北控1”，为我国绿色债券发行方式创新起到示范作用（见表5-11）。北京商道融绿咨询有限公司为此次债券发行提供第三方认证。此次发行募集资金将全部用于洛阳水系综合整治示范段工程项目。经评估，该项目的实施将有效改善河道水质，使河道行洪能力得到提升。项目过程中构建和修复的小型人工湿地系统将具备净化水质、保存物种、为水生动物提供栖息地等生态效益，初步建立起具有自净化功能的生态河道[1]。

[1] 新华财经.绿色公司债券案例：北控水务[EB/OL].（2016-09-05）[2024-05-04].https://www.sohu.com/a/113577354_119663.

表5-11　北控水务绿色债券基本信息

信息类型	具体内容
债券全称	北控水务集团有限公司2016年公开发行绿色公司债券
债券简称	G16北控1
债券代码	136605.SH
债券类型	公司债-一般公司债
发行规模（亿元）	7
发行期限（年）	8（5+3）
票面利率	3.25
信用评级	AAA/AAA
募集资金用途	本期债券的募集资金拟全额用于绿色产业项目建设和运营（洛阳水系综合整治示范段工程项目）

资料来源：iFinD。

（二）北控水务的绿色债券发行效应

政府支持方面，通过比较北控水务绿债发行前后获得政府补助补贴金额发现，2016年北控水务获得的补助补贴金额明显高于其他年份，可以认为发行绿色债券为北控水务带来更大力度的政府支持。

财务效益方面，债券发行后，北控水务短期偿债能力暂时提升，整体偿债能力保持稳定；以ROA衡量的企业盈利能力有所提高（曲琦，2020）。

股价效应方面，事件分析法研究表明发行绿色债券对北控水务公司股价有显著正面影响，且正面影响有一定的持续性（杨成，2019）。

环境效益方面，“G16北控1”募集资金全部用于洛阳水系综合整治示范段工程项目，该项目改善了洛河水系的生态环境情况，通过河道底泥疏挖减少水体中铜、铅、汞、砷、镉等重金属含量，通过构建人工湿地为水生动物提供栖息地。项目产生了河道水质改善、水系行洪能力提升等多种生态环境效益。

二、电力行业绿色债券融资案例分析——华能国际电力股份有限公司

电力产业作为传统能源产业之一，其发电业务关系到群众日常生活和国家社会的发展运行。传统的发电方式是由煤炭作为主要燃料的火力发电，具有高耗能、高污染的特点。随着“双碳”目标的提出，政府和社会对企业碳排放的要求提高，2021年，中共中央、国务院发布的《中共中央 国务院关于深入打好污染防治攻坚战的意见》中明确提出“十四五”期间要把能源转型列入重点发展任务。电力企业亟须进行转型，加大对清洁能源的利用，如水电、风电、太阳能等，降低化石能源的使用比例（刘善栋，2024）。清洁能源发电项目建设和电网升级改造等工程大多期限较长，电力企业难以从政府和银行处获得长期资金，而绿色债券以其期限长、成本低和规模大的特点，有利于弥补这一资金缺口。

（一）华能国际的绿色债券发行情况

华能国际电力股份有限公司（简称“华能国际”）成立于1994年6月，先后于1994年、1998年和2001年在纽交所、港交所和上交所上市。公司主要在中国全国范围内开发、建设和经营管理大型发电厂，是中国电力行业的龙头行业之一，其核心业务是经营火力发电。

华能国际在2021年2月7日发行了第一笔碳中和债券（简称“21华能GN001”），这也是我国首批碳中和债券。第一期碳中和债券成功发行后，华能国际于2021年4月14日发行规模更大的第二笔碳中和债券“21华能GN002”。两笔债券募集资金均用于风力发电清洁能源项目，包括海上风力发电项目和陆上风力发电项目（见表5-12）。风能是可再生能源之一，与传统化石燃料相比，风力发电在运行过程中不产生污染气体，可优化能源结构、降低碳排放量。联合赤道环境评价有限公司为华能国际两期碳中和债券做发行前独立评估认证。

表5-12　华能国际绿色债券基本信息

信息类型	具体内容	
债券全称	华能国际电力股份有限公司2021年度第一期绿色中期票据(碳中和债)	华能国际电力股份有限公司2021年度第二期绿色中期票据(碳中和债)
债券简称	21华能GN001	21华能GN002
债券代码	132100012.IB	132100035.IB
债券类型	中期票据	中期票据
发行规模/亿元	10	25
发行期限/年	3	3
票面利率/%	3.45	3.35
信用评级	AAA/AAA	AAA/AAA
募集资金用途	用于风力发电项目的建设	用于风力发电项目的建设

（二）华能国际的绿色债券发行效应

2020年，我国首次提出“双碳”目标。2021年，“双碳”目标被写入国家政府工作报告。2021年3月18日，中国银行间市场交易商协会发布了《关于明确碳中和债相关机制的通知》。碳中和债券比普通绿色债券准入门槛更高、资金用途更明确，同时有着更为丰厚的政策福利。华能国际投资建设的项目大多符合碳中和债券的发行要求，把握住政策风口发行碳中和债券使华能国际更好地利用了外部政策环境。股价效应方面，国内研究机构通过事件研究法分析绿债发行前后华能国际的市场表现，发现绿色债券发行为华能国际带来了正向的市场反应。环境效益方面，随着绿色项目在绿色债券的支持下逐渐完成，2019年至2022年华能国际的清洁能源装机占比持续提高，表明其能源结构向更加绿色清洁的方向发展。根据研究测算，“21华能GN001”累计实现年上网电量952833MWh，碳减排量69.6万吨；“21华能GN002”募投项目累计实现年上网电量7167894MWh，碳减排量576.3万吨。

第五节

绿色债券推动绿色发展的机制分析

绿色发展是高质量发展的重要维度，可以实现人与资源环境的均衡和谐发展，生产出更多优质的绿色产品和绿色制造模式（赵剑波 等，2019）。政府财政投入、信贷融资和债券融资是实现绿色发展的重要途径。当前经济下行压力增大，各级财政收入总体呈下降趋势，因此财政对绿色领域的扶持难以实现大的突破。同时，受到特殊情况、地产调控等因素影响，商业银行对企业的信贷投放有所收缩，信贷增速进入了瓶颈期（刘嘉颖，2024）。作为仅次于绿色信贷的第二大绿色项目融资来源，绿色债券市场参与范围更广，是一种很好的引进社会资本的手段，可填补绿色领域融资缺口。

从企业微观层面来看，绿色债券作为一种兼具“债券”和“绿色”双重特点的融资工具，具有显著的优势。它不仅能降低企业融资成本，而且通过募集资金，可以有效缓解企业的融资约束，进而提高投资效率。此外，企业将这些资金投入绿色项目中，将进一步推动企业在绿色技术方面的创新。从宏观层面来看，发行绿色债券有利于资源向绿色产业集中，促进环境改善，有助于产业结构升级和绿色经济转型。

一、宏观层面机制

（一）产业结构升级

目前我国处在经济发展以及产业转型的关键期。过去，我国的经济发展依赖于一种基于劳动力、资本和能源的传统经济增长方式，需要大量的资本投入和能源消耗。我国亟须改变这种粗放式的能源与工业结构，实现经济的绿色转型。

绿色债券有助于促进产业结构升级，发行绿色债券可促进资源向绿色产业集中、有助于高污染企业转型并引导绿色消费。绿色债券发行过程中对绿色项目、募集资金用途和生态效益等作出严格要求，鼓励节能环保等绿色企业的发展，同时切断了高消耗、高污染传统企业的融资渠道（张伟　等，2018），促使更多资源从传统高能耗、高污染、低附加值行业流向绿色、高附加值行业，提高了资源的配置效率，带动了产业结构升级（姜涛　等，2022）。绿色债券不仅可以将社会闲置资金引导至绿色产业，在国际层面，大力发展绿色债券还有助于树立良好的国际形象和展示本国改善环境的决心，从而有助于吸引更多的国际资金入境投资，帮助政府实现产业政策目标（洪艳蓉，2017）。此外，高污染传统企业向绿色企业转型，需要投入大量资金以购置环保设备、进行绿色技术研发，且环保项目风险大、产生效益需要的时间长，而绿色债券能够提供大额长期的资金支持，从而为高消耗、高污染传统企业的绿色化转型提供了可能性（张伟　等，2018）。冉雪苗（2021）利用灰色关联模型证明绿色债券能引导资金流向环保产业并推动其发展。金融不仅会影响生产者，也会影响消费者，金融的衍生性功能之一便是引导消费（王遥　等，2016）。通过引导资金流向绿色领域，绿色债券还能促进消费者形成绿色消费观念，优化消费者偏好和市场供求关系，进而推动绿色产业发展。

高质量发展要求创新、协调、绿色、开放、共享的内在统一。产业结构升级通过推动高新技术产品的研发、带动落后地区经济、改善高耗能企业的生产方式、促进资源配置效率、激发对外开放的需求等方式促进经济高质量发展（程广，2022）。

（二）环境改善

从企业层面，绿色债券发行可以降低企业融资成本，缓解企业融资约束，提高企业在绿色领域的投资规模和投资效率，从而促进企业绿色创新。Flammer（2021）采用环境评级和二氧化碳排放量两个环境指标衡量企业环境绩效，发现企业发行绿色债券后环境绩效提高。陈奉功　等（2023）利用Janis-Fadner系数，从上市公司社会责任报告中提取指标构建上市公司综合环境表现指标，发现企业绿色债券发行有改善环境表现的作用。企业层面的环保行动和环境绩效提升可以促进宏观层面的环境改善，国内实证研究表明，发行绿色债券能显著降低城市碳排放强度（张科 等，2023）。

二、微观层面机制

（一）降低企业融资成本

绿色债券作为融资工具的一种，兼具“债券”和“绿色”的双重特点，能使发债企业以较低成本获得融资。

首先，绿色债券具备普通债券的基本功能和特点。债券募集资金规模大、期限较长，适合大型基础设施建设等资金需求大且投资回报期限较长的投资项目。企业发行债券的利息费用是税前列支，具有抵税作用；债券投资风险相对较低，投资人对收益率的要求也较低，由此降低了资金成本（王遥 等，2015）。绿色债券作为直接融资工具，减少了银行间接融资方式的交易成本，也规避了借新还旧的贷款方式产生的资金链断裂风险（王遥 等，2016）。

其次，绿色债券在绿色效益方面提出要求，相比于普通债券，能进一步降低融资成本。该作用可以从信息不对称、投资者情绪和政策优惠三方面理解。

从信息不对称角度，绿色债券发行主体信息披露质量高，能缓解与投资者之间信息不对称，从而降低融资成本。信息对于资本市场至关重要，它引导价格的形成，并通过价格引导资源配置（Kothari et al., 2005）。拥有良好信息环境的公司会让资本市场参与者作出对公司真实价值更为准确的估计，降低债券投资者投资决策的信息风险，因此会产生一定的信息增量作用（方红星 等，2013）。周宏 等（2012）认为，信息不对称水平越高，债券的融资成本越大，并实证检验中国企业债券信用利差和债券发行者与投资者之间信息不对称程度存在显著正相关关系。相较于普通债券，绿色债券信息披露范围更广，信息披露质量更高。绿色债券发行主体在债券募集说明书中不仅要说明发行主体的财务状况、偿债保证以及其他必要事件的情况，还需要详细说明募集资金拟投向领域、绿色工程项目情况、预期正在进行或未来绿色项目的环境效益以及募集资金使用计划等信息，而且要在债券存续期内定期披露绿色资金实际使用情况以及达到的环境效益等信息（刘斯琴，2022）。此外，部分绿色债券发行过程中引入第三方认证环节，进一步缓解了发行人与投资者之间的信息不对称。Flammer（2020）研究发现绿色债券发行对于公司股价和业绩的积极作用仅当存在独立第三方认证时显著。

从投资者情绪角度，企业发行绿色债券有助于提升投资者情绪，从而使企业可以在股票市场和债券市场以更低成本融资。绿色债券所募集资金主要投向资源节约型和环境友好型项目，这可以显示出发行企业对绿色项目的支持，彰显其社会责任感，提高了其社会知名度与声誉，这有助于提升投资者情绪（马亚明 等，2020）。投资者情绪对企业的债券融资成本和股权融资成本有显著的负向影响，投资者情绪越高，企业债券融资成本和股权融资成本越低（喻言，2023）。投资者特殊偏好如环境偏好、社会责任偏好也会对资产价格产生影响，吕怀立 等（2022）指出债券市场和股票市场均存在投资者环境偏好，投资者更愿意对那些承担社会责任、进行环保实践的企业要求更低的投资回报率，这些企业的债券收益率利差往往较低。

从政策优惠角度，政府的相关补贴和优惠政策支持可直接降低绿色企业的融资成本。巴曙松 等（2019）基于“理性人假设”，建立效用最大化模型进行理论分析，指出政府通过给绿色债券提供担保使绿色债券得以有更高的信誉和更低的利率。此外，一些绿色企业作为普通债券的发行主体暂时无法达到监管部门和市场的要求，但如果企业绿色项目前景良好、受到相关部门支持、有足够的现金流支持还款，则可以通过专设的“绿色通道”发行绿色债券，解决融资问题（王遥 等，2016）。另一方面，国家环保政策的不断出台，对高污染企业来说具有较大的政策风险，而绿色债券支持的绿色产业则受到国家政策的支持，降低了其风险水平，债券收益率利差也随之降低（刘嘉颖，2024）。

（二）提高企业投资效率

投资效率反映企业投融资活动形成的资源配置状态，提高投资效率对企业价值的提升具有重要作用。绿色债券融资通过缓解企业融资约束和改善企业债务期限结构两方面机制提高发债主体投资效率。

融资约束是影响企业投资效率的关键因素，融资约束的存在使企业投资规模低于最优水平，降低了企业投资效率（连玉君 等，2009）。发行绿色债券作为低成本融资手段，有利于企业缓解融资约束，扩大投资规模，提高投资效率。绿色投资项目往往具有运作周期长、短期收益低的特点。在绿色市场机制尚不健全的情况下，企业缺乏转型升级的内生动力，更多是靠政府的激励和引导将资金导向绿色产业。而绿色债券作为改善环境效益的新型融资工具，为企业提供了直接融资渠道，企业对不同运作周期投资项目的资金调配需求得到充分满足，企业投资规模扩大（李学峰 等，2023）。

另一方面，绿色债券融资通过改善企业债务期限结构提升投资效率。债务期限结构错配导致企业长期项目更加依赖于不断滚动的短期债务，会引发“短融长投”的困境，进而导致企业投资效率低下。相比于非重污染企业，重污染企业在实现技术改造、开发新能源、降低污染排放等绿色转型过程中需要更多长期绿色资金，面临更为严重的债务期限错配困境（刘斯琴，2022）。通过发行绿色债券，企业可以获取相对稳定的长期资金保障，缓解融资困境，合理规划投融资决策，资产期限与债务期限尽量匹配，从而起到降低企业投融资期限错配程度的作用（宁金辉 等，2021）。

（三）促进企业绿色创新

现有文献对于绿色债券促进企业绿色创新的讨论主要集中在提高研发投入和监督效应两方面。

发行绿色债券具有资源效益，可以改善企业绿色创新外部环境，促进企业增加研发投入。创新活动具有周期长、难度大的特点，企业仅仅依靠内源融资会增加创新活动的不稳定性（解维敏　等，2011）。根据前述分析，绿色债券可以改善企业债务期限结构，其期限长的特点与创新活动周期长的特点相匹配，这种长期稳定性有助于企业在绿色技术创新领域进行更为深入和持续的研发投入（李云琦，2024）。绿色债券拓宽了企业融资渠道，缓解了融资约束，降低了融资成本，从而可以促进企业扩大投资规模，将更多资金投资于绿色项目。虽然研发投入与成果产出不一定成正比，但研发投入越多，人力资本和技术知识的积累越大，从而为创新产出提供支持（王营　等，2022）。

绿色债券具有监督效应，可以提高企业创新意愿。企业发行绿色债券伴随着政府的严格监管，企业污染治理的合规成本提高，迫使企业将绿色发展纳入经营战略，推动绿色创新（卢冰雪　等，2024）。同时，发行绿色债券提升了企业在环保领域的形象和声誉，可以让企业获得更多的投资者和消费者的青睐。这种正面的品牌效应可以激励企业加速绿色技术的研发和应用，以满足社会对环保的需求和期待（李云琦，2024）。吴世农　等（2022）也指出，绿色债券融资的企业一方面受到政策扶持，政府会关注其募集资金用途和节能减排成果；另一方面，发债企业也会受到来自资本市场投资者的关注和监督。此外，发行绿色债券可以在一定程度上缓解委托代理问题。绿色债券对募集资金的使用和未来现金流的偿还有着更为严格的要求，因此能够有效防止经理人滥用职权，促使经理人关注企业绿色发展，提高企业绿色创新水平（王营　等，2022）。

本章小结

绿色债券作为一种专门用于支持环保和可持续发展项目的融资工具，成为推动高质量发展的重要途径之一。高质量发展强调经济增长的稳定性、区域和城乡发展的均衡性，以及通过创新驱动实现绿色、生态发展的目标。绿色债券在此过程中扮演着连接企业融资需求与绿色发展目标的关键角色。绿色债券为企业提供了一个低成本、高效率的融资渠道。企业通过发行绿色债券，能够募集到专门用于环保项目或绿色产业的资金，缓解了企业在传统融资渠道收紧情况下的资金约束问题。这种资金的有效流入，不仅提升了企业的投资效率，还推动了企业在绿色技术和工艺上的创新和突破。绿色债券的广泛发行有助于引导资金流向绿色产业，促进资源配置的优化。随着更多资金投入清洁能源、污染防治、节能减排等领域，绿色债券的发行有力支持了经济结构的转型升级，加速了传统产业的绿色化进程。这不仅改善了环境质量，还推动了全社会向低碳、可持续发展的方向迈进，符合高质量发展的内在要求。绿色债券作为推动绿色发展的重要工具，通过提供融资支持、引导资源配置和促进产业升级，成为实现高质量发展不可或缺的组成部分。

Chapter 6

第六章

绿色保险

第一节

引言

近年来，随着环保理念的普及，“环境风险”一词也被频频提及，引起了社会各界的广泛关注。从世界经济论坛发布的《全球风险报告》中可以发现，无论是可能性还是影响力，环境风险都已经成为最紧迫的问题[1]。这些环境风险的主要产生根源就是工业活动，例如工业废物处理、工业废气污染、燃料燃烧和排放等。世界各国针对环境风险问题作出了许多有益探索，其中最普遍且有效的措施就是要求工业污染企业购买绿色保险。

绿色保险在环境风险管理中发挥着重要作用，主要是通过三个途径。第一，绿色保险可以解决判决无法执行问题（Judgment-Proof Problem）。保险公司需要按照合同条款赔偿可能超过公司资产的损失，而有限责任公司在发生环境事故后也无法通过宣布破产来逃避相应责任（Shavell, 1986; Boyer et al., 1997）。第二，绿色保险可以刺激工业企业为降低环境风险展开自主行动。如果保费的高低取决于对企业可能造成的环境损失的评估，并会随着企业的违规和罚款记录作出调整，那么企业必然将更有动力去从事降低环境风险的活动来减少保费支出（Freeman et al., 1997）。第三，保险公司会对购买绿色保险的企业开展生产和安全活动的持续监测，最大限度地降低环境事故的发生概率。

鉴于绿色保险在环境风险管理中的独特功能，不少学者针对绿色保险与绿色发展展开了相关研究，主要集中于探索绿色保险是否可以降低企业污染以及减少环境事故。Yin et al.（2011）通过研究美国各州的保险基金计划发现，强制要求为地下

[1] 从2017年开始，与环境相关的五类风险（极端气候、生物多样性丧失、人为环境事故、自然灾害以及无法缓解和适应气候变化）每年都能排在全球风险的前十位，详情参看https://www.weforum.org/reports。

储油罐购买责任保险可以降低燃料泄漏的频率，因为这些地下储油罐的所有者会更愿意在事故发生前就去修补容易泄漏的罐体。Boomhower（2019）指出，美国得克萨斯州的石油天然气行业在引入强制保险要求后，那些容易发生井喷事故的小企业大量退出市场，废弃油井和环保违规行为都明显减少。他们的研究结果表明引入绿色保险会带来更好的企业环境表现，从而有利于实现绿色发展。然而，这些研究大多集中在单一行业，并以美国公司为主。考虑到国家之间制度环境以及保险行业发展水平的差异，这些结论在绿色保险刚刚起步的中国是否也能成立犹未可知。

本章的结构如下：第二节提供了绿色保险的内涵与分类；第三节介绍了绿色保险的国内外发展现状；第四节介绍了绿色保险与绿色发展的机理分析；第五节报告了绿色保险与绿色发展的实证分析；第六节讨论了中国特色绿色保险的政策设计与分析。

第二节

绿色保险的内涵与分类

一、绿色保险的内涵

绿色保险指为降低因经济社会活动中的环境问题衍生的环境风险，而提供的一种保险制度安排和长期治理机制，包括与农业、工业、其他社会生产领域相关的通过创新保险模式来改善环境的保险，是一种以环境保护为目的，综合协调各生产领域的险种（陈诗一 等，2019）。绿色保险能够有效调动多方力量，构建政府、企业和社会多方参与的环境治理机制，有效防范环境责任风险、分担损害赔偿责任、保障受害者合法权益，在改善生态环境、促进绿色发展、支持生态文明建设方面发挥着积极作用。

从企业层面来看，绿色保险以平滑企业收益为目的，通过稳定企业经营业绩或现金流，增强投资人的信心，从而助力企业融资。因此，绿色保险是指在支持环境改善、应对气候变化及资源节约和高效利用等方面，提供相应的风险管理保险服务以及保险资金支持。从社会层面来看，绿色保险是保险业转变发展方式的具体表现。因此，绿色保险本质上不仅是一种保险产品，其根本目的是实现保险业自身与整个社会经济的长期可持续发展。

国外绿色保险的发展相对较为成熟，多数国外学者从企业角度出发，解读绿色保险内涵。Neil（2002）基于美国环境责任保险，认为企业视环境污染损失为潜在、昂贵且可避免的成本，因此绿色保险成为企业规避风险、保障利益的重要工具。同样地，Misheva（2016）将绿色保险视为企业（特别是高污染风险企业）在风险管理中不可或缺的金融工具，为企业提供对抗环境污染风险的“保障”。

通过对绿色保险内涵的分析，可以总结出绿色保险的三大基本理论，具体包括环境污染成本内部化理论、环境侵权责任社会化理论和可持续发展理论。

第一，环境污染成本内部化理论是为了解决环境成本的外部性问题。企业在生产经营过程中，无偿地利用环境资源，产生环境污染，破坏了工厂周围的生态环境。企业的部分收益来自对生态环境的开发及破坏，但没有支付相应的使用生态环境的成本，从而导致私人对生态环境过度使用，所以必须依靠政府干预使得环境污染成本内部化。

第二，环境侵权责任社会化理论是指把个体的环境侵权造成的损害视为社会损害，并通过一定的损害赔偿机制，由社会上不特定的多数人来承担和消化这些损害。污染企业生产产品的受益者不仅是企业自己，还包括购买及使用产品的消费者，因此绿色保险的目的是实现“利益社会共享”和“责任社会共担”的平衡，但需要注意区分各主体的责任大小。

第三，绿色保险的内涵是为社会经济实现可持续发展提供金融支持，因此绿色保险是对可持续发展理论的具体实践。可持续发展理论的基本研究内容包括经济结构优化、资源供需平衡、全要素生产率提升等，其焦点是经济发展与生态环境的协调性。绿色经济和绿色金融是可持续发展理论在经济学上的体现，而绿色保险是绿色经济和绿色金融的重要内容。

二、绿色保险的分类

绿色保险有广义和狭义之分。广义的绿色保险指与一系列环境问题（例如气候变化、自然灾害等）有关的保险，其实质是将保险作为一种绿色发展的工具，以应对一系列与环境有关的问题，包括气候变化、环境污染、生态破坏等（马骏，2015）。具体地，广义的绿色保险包括环境污染责任保险、与气候相关的巨灾保险、绿色建筑保险、风能与光伏绿色保险、环保技术装备保险、环保类消费品的产品质量安全责任保险、船舶污染损害责任保险、森林保险等多元化产品。综合来看，根据绿色保险的服务领域和服务功能，可以将绿色保险分为环境风险管理类、生态环境保护类、服务绿色产业发展类这三大类。

狭义的绿色保险则专门指环境污染责任保险，以企业环境事故带来的经济赔付责任为保险标的的保险。目前在国内主要的绿色保险是环境污染责任保险，旨在应对突发的环境污染事故风险，而应对气候变化等长期环境风险的绿色保险还具有较大的发展空间（田辉，2014）。根据《关于开展环境污染强制责任保险试点工作的指导意见》（环发〔2013〕10号），环境污染责任保险是以企业发生污染事故对第三者造成的损害依法应承担的赔偿责任为标的的保险，涉重金属企业、按地方有关规定已被纳入投保范围的企业，以及其他高环境风险企业被明确为环境污染强制责任保险的试点企业范围，并规定了环境污染强制责任保险的具体赔偿范围[1]。

[1] 环境污染强制责任保险的赔偿范围包括：（1）第三方因污染损害遭受的人身伤亡或者财产损失；（2）投保企业为了救治第三方的生命，避免或者减少第三方财产损失所发生的必要而且合理的施救费用；（3）投保企业根据环保法律法规规定，为控制污染物扩散，或者清理污染物而支出的必要而且合理的清污费用；（4）由投保企业和保险公司约定的其他赔偿责任。

第三节

绿色保险的国内外发展现状

一、绿色保险的国外发展现状

国际上绿色保险存在两种比较典型的模式，分别是以美国为代表的强制保险制度，以英国、法国和日本为代表的自愿保险为主、强制保险为辅的制度。

（一）以美国为代表的强制绿色保险

1.发展历程

美国从20世纪60年代就开始开展强制绿色保险业务，大致经历了三个发展阶段：1966年以前，综合普通责任险（Comprehensive General Liability, CGL）保单承保环境责任险；1966—1973年，CGL保单开始承保因为持续性或逐渐性污染所引起的环境责任；1973年以后，CGL保单将故意造成污染以及逐渐性污染引起的环境责任排除出保险的赔偿范围。

1975年，专门的环境损害责任保单（Environmental Impairment Liability Insurance, EILI）出现。环境损害责任保单属于索赔型环境责任保险，承保特定场所的突发性和渐进性污染。随着《美国资源保护与回收法案》（RCRA）、《综合环境反应、赔偿和责任法》（CERCLA或Superfund）等一系列环保法案的颁布，美国企业在20世纪80年代产生了大量的环境保险需求，承保 EILI保单的保险公司从1980年的3家扩大到40余家。与此同时，环境责任的风险也逐步显现。1983年，承保渐进性污染的保费收入为3500万美元，而保险公司因此偿付的损失约为9000万美元。到了1985年，市场上仅有2家保险公司承保环境损害风险，保障范围有限，价格猛涨，大部分企业无法获得绿色保险服务（王顺庆 等，2016）。

一直到20世纪90年代中后期，美国的保险人逐渐能够更加精准地估计自身的损失，绿色保险的责任范围渐渐扩大，价格也降到了比较合理的水平。1997年，EILI保单的保费比1987年下降了75%。更加合理的制度吸引了新的保险人进入绿色保险市场，已有的保险人也在提升保险能力。1995—2005年，美国环境保险投保量每年以20%～30%的速度增长，2005年的总保费达到20亿美元。购买绿色保险的企业广泛分布于制药、食品、化工等行业，绿色保险市场呈现出健康发展的趋势。

2.市场特征

美国的绿色保险积累了30多年的经验，通过保险条款的设计，有效控制了风险，刺激了保险需求的增长，形成一个兼具针对性、多样性、整体性的绿色保险市场。

第一，绿色保险产品具有针对性。美国的绿色保险市场上有一些特定的环境责任保单，保险人对承保的责任也进行了细分。保险人可以通过合同修正条款，修改基础保单，使保障范围更加适应特定的被保险人。美国的环境责任保单越来越灵活，保险人通过和环境工程师以及环境顾问的合作，致力于开发针对每一种具体风险（不是每一个行业）的保险产品。

第二，绿色保险产品用途多样。环境保险越来越多地用于支持房地产的金融活动，在21世纪初期成为一种被普遍接受的风险管理工具。这些环境保险产品的创新用途包括：代替环境评估报告，用于提高贷款证券化产品的评级；代替环境保证金，用于担保即使抵押地产出现环境问题，贷款人也能够获得贷款；保单随地产转让，用于保证地产购买者不会因购买地产承担环境责任，从而促进交易发生；恰当的保单条款甚至可以合理避税。

第三，绿色保险所涉及的环境风险管理融入整体风险管理体系。环境保险产品的作用不仅局限于管理环境风险，而且融入了企业的整体经营风险和财务风险管理体系。

（二）以英国、法国、日本为代表的自愿为主、强制为辅的绿色保险

1.英国的绿色保险

英国的绿色保险制度以任意责任保险为原则，采用非特殊机构承保，但在参与的国际公约范围内实行强制性保险。英国于1965年发布《核装置法》，规定安装者必须负责最低限额为500万英镑的强制性核反应堆事故责任保险。同时，英国作为《国际油污损害赔偿民事责任公约》和《设立国际油污损害赔偿基金公约》的成员国，在海洋油污损害赔偿领域也实行强制性环境责任保险。

2.法国的绿色保险

法国的绿色保险制度同样以任意责任保险为原则，法律特别规定实行强制责任保险的领域除外。法国在20世纪60年代还没有设立专门的环境污染损害保险，对企业可能发生的突发性水污染事故和大气污染事故，以一般的责任保险加以承保。直到1977年，法国保险公司和外国的保险公司成立污染再保险联盟以后，才正式制定污染特别保险制度。同时，将承保的范围由偶发性、突发性的污染损害事故扩展到渐进性环境污染所造成的环境损害。

20世纪90年代以前，英国、法国都要求潜在的环境侵权人购买保险或是具有足额的财务担保，以保证履行可能发生的环境损害赔偿责任，但由于没有能够准确测量环境损害具体数值的技术，保险公司不能利用精算工具进行定价。直到2000年，英国和法国将保险制度调整为允许相关企业在自愿基础上购买绿色保险或寻求相关金融机构担保，对企业具备的经济损害赔偿能力不做强制规定，但核反应堆事故责任保险目前依然是强制保险。

3.日本的绿色保险

日本的绿色保险采用自愿为主、强制为辅的方式进行，保险产品的分类比较细致，包括环境污染赔偿责任保险、附属地污染清理费用的污染损害赔偿责任保险、附属设施赔偿责任保险的特约型污染损害赔偿责任保险、承包业者污染损害赔偿责任保险这四大类。日本的绿色保险将环境风险分为三大类，分别是土地污染风险、

加油站漏油污染风险、非法废弃物投弃风险。日本的环境污染赔偿责任保险不属于强制险，企业根据自身经营中发生环境污染事故风险的高低，自行决定是否有参保的必要。在日本，科研机构、农业企业和化工企业以及担心交易土地可能受污染的不动产商是绿色保险的主要客户。特别对于农业领域，日本的气候保险覆盖了冰雹、洪水、台风等风险责任，采取高额财政补贴、再保险等方式进行风险分散。

二、绿色保险的国内发展现状

（一）中国绿色保险的发展历程

中国绿色保险的实践可以追溯到20世纪90年代初。以重工业为主的粗放式经济增长路径，使得东北老工业区成为工业污染最严重的地区之一。为刺激经济转型和可持续发展，大连、沈阳、长春等地的环保部门与当地保险公司展开合作，尝试推出环境污染责任保险。然而，由于当时社会普遍缺乏环保意识，仅有寥寥几家企业愿意购买这类绿色保险。以大连为例，从1991年到1994年累计只有15家企业购买了环境污染责任保险，且四年内只发生了一起保险赔付案件，赔付金额仅12.5万元；而沈阳从1993年到1995年，更是只有一家企业投保，且三年内没有任何保险赔付案件。

直到21世纪，环境事故带来的危害才逐渐引起社会的重视。根据《中国环境年鉴》的统计资料，中国在2000年至2010年间总共发生了13480起突发环境事件，累计造成的经济损失达到16.8亿元。环境事故在造成大量经济损失的同时，也威胁到人民群众的健康和生命。2005年11月的松花江水污染事件，直接造成5人死亡，1人失踪，70多人受伤；近100吨的苯胺和硝基苯等污染物被冲进河流，严重威胁到中国和俄罗斯沿岸居民的用水安全。

为缓解环境事故给中国经济社会带来的损失和压力，国务院于2006年出台的《国务院关于保险业改革发展的若干意见》中提到发展环境污染责任等保险业务。随后，中国环保部门和保险监管部门于2007年共同下发了指导意见，同意在湖北、湖南、上海、江苏、重庆等省市率先进行环境污染责任保险的试点工作，并在指导意见中明确了试点的重点行业和区域，指出环境污染责任保险预期要达成的目标：一是迅速应对污染事故，帮助企业尽快恢复正常生产；二是通过市场手段加强对环境风险的监管，促使企业做好污染治理，减少环境事故的发生；三是分散企业对污染事故的赔付压力，减轻地方政府的财政压力。

在中央政府的指导下，中国各省市从2008年开始陆续颁布和实施了符合本地情况的环境污染责任保险试点政策。其中，湖北省是第一个正式实施试点工作的省份；截至2013年底，环境污染责任保险的试点范围已经拓展到了25个省的240多个地级市（相关政策文件可见表6-1）。当然，试点的选择不是完全随机的，结合中央政府的指导意见可以归纳出两个基本的选择标准。第一个标准是环境污染的风险程度，即发生环境事故的可能性。高风险地区——比如水域和人口密集地区——更有可能成为试点。第二个标准是保险市场的成熟度。国家环境保护总局与中国保险监督管理委员会在2007年4月联合组成调研组前往吉林和浙江，针对如何开展环境污染责任保险的相关问题进行了考察。后续发布的调研报告中建议，应当首先从保险市场成熟、企业参保意愿强的地区开展试点工作。

表6-1　中国各地区关于开展环境污染责任保险试点的政策文件

地区	政策文件	年份
湖北	《关于开展环境污染责任保险试点工作的通知》（鄂环发〔2008〕33号）	2008
上海	《关于本市开展危险化学品安全责任保险试点工作的实施意见》（沪金融办〔2008〕4号）	2008
沈阳	《沈阳市危险废物污染环境防治条例》（2008-9-30）	2008
深圳	《关于开展环境污染责任保险试点工作的通知》（深环〔2008〕487号）	2008
湖南	《关于开展环境污染责任保险试点工作的指导意见》（湘政办发〔2009〕51号）	2009
宁波	《关于环境污染责任保险工作的指导意见》（2009-02-11）	2009
无锡	《关于开展环境污染责任保险试点工作的指导意见》（2009-05-06）	2009
昆明	《昆明市人民政府关于推行环境污染责任保险的实施意见》（2009-08-31）	2009

续表

地区	政策文件	年份
重庆	《关于环境污染责任保险工作的指导意见》（2009-9-19）	2009
河南	《关于开展环境污染责任保险试点工作的通知》（豫环文〔2010〕188号）	2010
江苏	《关于推进环境污染责任保险试点工作的意见》（苏环办〔2010〕4号）	2010
辽宁	《关于开展环境责任保险试点工作的意见》（辽环发〔2010〕48号）	2010
四川	《关于开展环境污染责任保险工作的实施意见》（川环发〔2010〕85号）	2010
浙江	《关于开展环境污染责任保险试点工作的意见》（浙环发〔2010〕35号）	2010
保定	《关于开展环境污染责任保险试点的通知》（2011-03-18）	2011
福建	《推进环境污染责任保险试点工作的意见》（2011-05-24）	2011
广西	《关于环境污染责任保险工作的实施意见》（桂环发〔2011〕47号）	2011
山西	《关于试行环境污染责任保险工作的通知》（晋环发〔2011〕194号）	2011
安徽	《关于推进环境污染责任保险试点工作的实施意见》（皖政办秘〔2012〕165号）	2012
广东	《关于开展环境污染责任保险试点工作的指导意见》（粤环〔2012〕47号）	2012
黑龙江	《关于开展环境污染责任保险试点工作的通知》（2012-11-29）	2012
内蒙古	《关于开展环境污染责任保险试点工作的意见》（内环办〔2012〕201号）	2012
陕西	《陕西省环境污染责任保险试点工作实施意见》（陕环发〔2012〕108号）	2012
甘肃	《甘肃省环境保护厅关于开展环境污染责任保险试点工作的意见》（甘环发〔2013〕19号）	2013
贵州	《关于开展环境污染强制责任保险试点工作的指导意见》（黔环通〔2013〕220号）	2013
江西	《江西省环境污染强制责任保险试点工作实施方案》（赣环法字〔2013〕4号）	2013
青海	《青海省环境污染强制责任保险试点工作实施方案》（2013-08-29）	2013
山东	《关于开展环境污染责任保险试点工作的通知》（鲁环函〔2013〕147号）	2013
新疆	《关于印发新疆开展环境污染责任保险工作实施意见的通知》（新环法发〔2013〕131号）	2013

注：本表根据地方环保部门或地方政府网站上的官方文件和新闻报道整理，其中部分政策文件的发布文号缺失，则用文件的发布日期作为替代。

尽管各地区关于环境污染责任保险的工作重心和试点范围有所差异，但开展试点工作的基本流程却都是一致的。首先，相关部门列出必须参保的目标行业和地区，并要求属于列表范围的企业在规定时间内（通常不超过一年）购买环境污染责任保险，不属于列表范围的企业则被鼓励自愿参保。随后，保险公司对各个企业的环境风险进行实地调查和评估，并为其提供一份符合自身条件的保险合同。一些地方政府还针对环境污染责任保险产品进行公开招标，确保这类保险产品的价格比较低廉，激励污染企业积极参保。环境污染责任保险为参保企业发生环境事故后应承担的赔偿责任提供保障，把更大的损失转移到保险公司，避免企业因支付能力不足而破产。需要注意的是，环境污染责任保险试点政策对于单个企业而言可以被视为一个外生因素，因为政策的实施对目标企业来说是强制的。如果一个企业属于试点目标行业（如石化、化工、钢铁等行业）或位于试点目标地区（通常为湖泊和河流流域），则必须按照政策要求购买保险。

2013年初，经过5年的试点实践，中国环保部门和保险监管部门总结经验并再次下发了指导意见，促进强制环境保险在全国范围内的推广应用，也明确了强制环境保险的试点企业范围。2018年，生态环境部还进一步审议并通过了强制环境保险的管理办法，考虑把保险的保障范围延展到同时涵盖渐进性和突发性的环境风险。随着“双碳”战略目标的提出，中国对绿色低碳发展和生态文明建设提出了更高的要求。2024年4月，金融监管总局印发《国家金融监督管理总局关于推动绿色保险高质量发展的指导意见》，增加了服务应对气候变化和提升企业环境污染防治水平这两个重点领域。

（二）中国绿色保险的市场特征

中国绿色保险市场的典型特征可以从绿色保险产品、绿色保险投保情况以及绿色保险发展模式三个方面进行刻画。

第一，中国绿色保险的产品更加细化，创新品种日渐增多。表6-2列举了中国部分省市的绿色保险产品。从表中可以看出，以环境污染强制责任保险、森林保险、农业保险为代表的经典保险产品已在全国范围内广泛推行；同时，各省市也根据当地的生态环境状况开发了具有地方特色的新型绿色保险产品。例如，北京市针对绿色建筑开发了绿色建筑性能责任保险，旨在为绿色建筑预定评级目标与实际评定级别之间的偏差风险提供保障。又例如，浙江省针对当地"龙游模式"的生猪养殖开发了生猪保险，将绿色保险与病死动物无害化处理进行联动。尽管中国的绿色保险产品种类多样，但由于数据基础不够，大部分产品的风险测算和费率厘定不太规范，导致推广难度较大。

表6-2　中国部分省市的绿色保险产品情况

省市名称	绿色保险产品名称
北京市	环境污染强制责任保险、森林保险、光照气象指数农险、蜂业气象指数保险、太阳辐射发电指数保险、绿色建筑性能责任保险等
河北省	环境污染强制责任保险、森林保险、农业大灾保险、冬枣气象指数保险、水产养殖气象指数保险、板栗干旱气象指数保险、风力发电指数保险等
上海市	船舶污染责任保险、油污责任保险、危化品安全责任保险、耕地地力指数保险、蔬菜气象指数保险、葡萄降水量指数保险等
江苏省	环境污染强制责任保险、船舶污染责任保险、森林保险、农业大灾保险、大闸蟹气温指数保险、池塘水产气象指数保险等
浙江省	安全生产和环境污染综合责任保险、森林保险、巨灾保险、生猪保险、茶叶气象指数保险、大黄鱼养殖气象指数保险等
福建省	林业碳汇指数保险、农业碳汇保险、红树林蓝碳生态保护保险、湿地生物多样性保护保险、空气清新绿色保险等
湖北省	环境污染强制责任保险、森林保险、碳保险、农业大灾保险、水稻高温天气指数保险、杨梅采摘期降水气象指数保险、小龙虾天气指数保险等
湖南省	环境污染强制责任保险、森林保险、公益林保险、农业大灾保险、农业气象保险、降雨气象指数保险等
四川省	环境污染强制责任保险、森林保险、农业大灾保险、生猪保险、蔬菜价格指数保险等

注：根据中国各省市生态环境局官方网站以及相关新闻报道整理。

第二，中国绿色保险的投保情况呈现积极态势，保障规模逐步扩大。《中国绿色金融研究报告（2020）》的数据显示，2014年全国约有5000家企业投保；2015年增长到约1.4万家企业，提供风险保障244.21亿元；2017年进一步增加到1.6万余家企业，提供风险保障306亿元。中国绿色保险的投保规模在2013年以后出现明显扩张的情况，主要原因在于环境污染强制责任保险的实施。然而，绿色保险的覆盖面还是比较狭窄，基本上都属于强制购买。要实现绿色保险的进一步发展，还需要找到新的激励点，促使企业进行自愿投保。

第三，中国绿色保险的发展模式较为灵活，做到了因地制宜。中国绿色保险的发展大致有三种模式：强制投保型、补贴投保型和综合信贷投保型。强制投保型的代表省份为湖南省，该省根据环境风险从高到低将企业界定为一类、二类和三类，并强制要求一类和二类企业进行投保。补贴投保型的代表省份为湖北省，该省利用补贴政策刺激企业积极投保，对购买绿色保险的企业实施50%的保费补贴，其中高科技企业的补贴高达70%。综合信贷投保型的代表省份为河北省，该省把绿色保险与绿色信贷相结合，提高投保企业的信贷授信额度，降低甚至取消未投保企业的信贷授信额度。上述三种发展模式各有利弊：第一种模式见效快，但容易使企业产生抵触心理；第二种有利于激发企业积极性，但可能导致“漂绿骗补贴”的行为；第三种可以实现绿色信贷和绿色保险的协调发展，但对于潜在污染企业的激励较小，推广范围有限。无论遵循上述哪一种模式发展绿色保险，只要能够做到对症下药，就是正确的前进方向。

第四节

绿色保险与绿色发展的机理分析

绿色保险在推动经济社会绿色发展中发挥着重要作用。利用保险工具来参与环境污染事故处理，一方面有利于分散企业的经营风险，促进企业快速恢复正常生产，可以利用费率杠杆机制促使企业加强环境风险管理，提升环境管理水平；另一方面还有利于受害人及时获得经济补偿，稳定经济秩序，减轻政府负担，促进产业绿色化转型。概括而言，绿色保险将从以下两个方面来促进经济社会绿色发展。

一、绿色保险有利于促进企业环境风险管理

绿色保险框架下的高危企业环境风险排查与监控机制可以通过事前预防、事中管理、事后补救，全面提升企业防范和治理环境污染事故的能力（杜鹃，2012）。保险公司承担事前风险评估，开展风险隐患排查和预警，有助于强化企业的环境责任意识，降低环境事故发生概率和节能减排的压力。通过事中管理，提升企业应对环境事故的能力，降低发生环境责任事故的风险和减少损失。通过事后补救，强化企业安全生产的责任，全面提升企业环境管理水平，最大限度降低环境事故发生的概率和风险。

不过，在现实实践中需要尽可能规避道德风险和逆向选择的发生。因为大部分环保行为在短期内不会产生明显的效果，所以工业企业是否真的为降低环境风险作出努力是很难被观察到的。购买绿色保险的企业如果预测到环境事故发生后保险公司总是会赔偿损失，那么他们就不太可能采取实质行动。如果承保的保险公司在监测上存在技术或制度上的缺失，那么投保的工业企业甚至会在生产和安全活动中更加随意，导致环境风险不降反升，产生道德风险问题（Chiappori et al., 2000）。

二、绿色保险可以提升绿色发展的稳定性

绿色保险通过市场化手段使保费作为经营成本内部化，将保费与企业经营风险等级和企业风险管理水平挂钩，用经济手段倒逼企业加强日常环境风险管理，同时也促进企业加强科技创新，对生产工艺和流程进行升级改造，促使企业及时调整发展战略，转向环境风险小、污染排放小、资源能源消耗低的行业和领域，间接推动产业结构绿色化转型。

同时，绿色保险基于市场化的赔偿机制，保险公司依据签署的保险合同，向投保人收取一定的保险费用，并承担经济赔偿责任，在保险事故发生时由其对受害者的损失承担相应的赔偿责任（彭芳春　等，2016），这大大提升了赔偿速度，有效降低了环境污染治理的时间成本，能迅速地救济污染受害者，保障了绿色发展的稳定和秩序。

第五节

绿色保险与绿色发展的实证分析

基于上述绿色保险与绿色发展的机理分析，可以从两个渠道探讨绿色保险对绿色发展的影响，即探讨绿色保险与工业企业环境风险管理能力的关系以及绿色保险与绿色发展稳定性的关系。

一、数据和变量

本节主要使用中国工业企业数据库和中国工业企业污染数据库2006年至2013年的数据，并在此基础上合并了《中国城市统计年鉴》和《中国环境统计年鉴》的部分数据，最终生成一个既包含企业层面的环境、财务信息，又包含地级市层面的社会、经济信息的面板数据集。最终的面板数据集包括了26814家污染工业企业从2006年至2013年的147845个观测值。

数据采集的开始年份为2006年，是因为环境污染责任保险试点在2006年被国务院正式提出，同时能排除“十一五”规划的影响；结束年份为2013年，则是基于数据的可得性。本节将重点放在企业的水污染上，因为多数工业企业在生产中都会产生水污染，且中国的环境常规监测中报告了水污染的相关指标。

本节实证研究的关键被解释变量是环境风险管理能力（*Effort*），定义为工业废水处理量除以工业总产值的自然对数，在样本期内的均值为3.323。另一个关键被解释变量是绿色发展稳定性（*Accident*），定义为突发性环境事故数量的自然对数，在样本期内的均值为2.332。解释变量*ELI*是一个虚拟变量：如果企业所在地区实施环境污染责任保险试点政策，则该变量为1，否则为0。若变量*ELI*的均值为0.290，则说明有29%的样本属于环境污染责任保险试点地区。本节使用了一系列企业特征作为企业层面的控制变量，例如总产值、企业年龄、固定资产、管理费用占销售额的比例、流动比率和资产负债比率。生态环境状况和社会经济条件是决定是否开展环境污染责任保险试点工作的重要因素，因此本节选择的城市前定变量包括制造业产出占比、制造业就业人口占比、每千人企业数量、GDP增长速度、政府环保资金的自然对数、环境事故数量的自然对数以及保险密度。相应的描述性统计可参考表6-3。

表6-3　变量的描述性统计

变量	均值	标准差	25分位	中位值	75分位
A.关键变量					
Effort	3.323	2.471	0.675	3.524	5.202
Accident	2.332	1.123	1.609	2.398	3.045
ELI	0.290	0.446	0.000	0.000	1.000
B.企业控制变量					
Output	6.701	1.282	5.764	6.646	7.580
Age	2.393	0.674	1.957	2.402	2.778
Fixed	5.012	1.577	3.953	5.007	6.072
Manage	5.266	5.114	1.712	3.698	7.023
Current	1.475	1.597	0.701	1.043	1.586
Leverage	0.668	0.682	0.405	0.592	0.797
C.城市前定变量					
Industry	0.514	0.088	0.463	0.525	0.561
Employ	0.518	0.143	0.418	0.513	0.616
Firm Density	0.683	0.652	0.205	0.487	0.973
Growth	0.134	0.036	0.113	0.138	0.154
Investment	7.649	0.684	7.232	7.615	8.057
Accident	2.712	1.134	1.957	2.712	3.436
Insurdensity	1.087	0.613	0.727	0.952	1.270

注：

（1）城市前定变量的各项统计值都是按其2007年的数值计算而得。

（2）考虑到废水治理相关指标的统计值中有较多零值，因此报告了25分位和75分位的统计值。

二、模型设计

利用中国环境污染责任保险试点这一准自然实验，尝试研究绿色保险对中国工业企业环境风险管理能力以及产业绿色化转型的影响。在2006—2013年，中国各省市在不同年份实施了环境污染责任保险试点政策。因此可以借鉴Bertrand et al.（2003）和Imbens et al.（2009）的做法，使用渐进双重差分法来考察中国绿色保险的试点政策会如何影响工业企业的废水治理行为。本节的基准回归模型如下：

$$Y_{i,p,t}=\beta_0+\beta_1\times E_{i,p,t}+\boldsymbol{X}'\gamma+\alpha_i+\mu_t+\varepsilon_{i,p,t} \qquad （式6-1）$$

式6-1中，下标i表示企业，p表示地级市，t表示年份。$Y_{i,p,t}$是被解释变量，具体包含E（表示*Effort*）和A（表示*Accident*）这两个指标，其中$E_{i,p,t}$表示位于p市的企业i在第t年的废水治理强度，用于衡量企业的环境风险管理能力；$A_{p,t}$表示p市在第t年的突发性环境事故数量的自然对数，用于衡量经济社会绿色发展的稳定性。$E_{p,t}$是一个虚拟变量，如果p市在t年实施了环境污染责任保险政策，则$E_{p,t}$取值为1，否则为0。在本章的研究中，$E_{p,t}$衡量的是政策的实施时间而非政策的发布时间，从各省市环境污染责任保险试点工作的推进过程来看，大部分政策在发布的第二年才得到落实。也就是说，对于在第t_0年发布环境污染责任保险试点政策的城市，变量$E_{p,t}$从第t_{0+1}年开始等于1，否则为0；而对于在样本期间没有发布环境污染责任保险试点政策的城市，变量$E_{p,t}$始终等于0。$\boldsymbol{X}'$表示一组可能影响企业废水治理强度的企业控制变量（见表6-3），$\varepsilon_{i,p,t}$表示在地级市层面聚类的稳健标准误。模型中加入了两类固定效应：α_i表示企业固定效应，μ_t表示年份固定效应[1]。

使用渐进双重差分法需要满足一定的识别假设，即处理组（即环境污染责任保险试点地区的工业企业）与对照组在政策冲击前必须具有可比性，两者的事前趋势应该保持一致。然而在现实实践中，如果政策冲击不是随机的，那么该识别假设将

[1] 基准回归模型中使用了在地级市层面聚类的稳健标准误，即假定同一城市内所有企业存在相关性，但不同城市间的观测值相互独立。考虑到若使用企业数据但把标准误聚类到地区层面，那么区域内误差的相关性会夸大估计精度，因此尝试把标准误聚类到企业层面来进行检查，校正后的结果与基准结果非常相似。

难以成立。对此，通过加入前定变量来调整处理组和对照组的事前差异，将保险市场成熟度、地方社会经济因素等潜在因素（见表6-3）及其变动趋势作为城市前定变量加入回归方程中，尽可能控制住非随机政策冲击带来的偏差。由此，可以得到以下的拓展回归模型：

$$Y_{i,p,t}=\beta_0+\beta_1\times E_{p,t}+\boldsymbol{X}'\gamma+[S_{p,2007}\times f(t)]'\rho+\alpha_i+\mu_t+\varepsilon_{i,p,t} \qquad (式6\text{-}2)$$

式6-2加入了城市前定变量$S_{p,2007}\times f(t)$，其中$S_{p,2007}$表示一组影响试点选择的城市特征向量，而$f(t)$表示时间趋势函数。这里选取各项城市特征在2007年的观测值，是因为中国首个环境污染责任保险试点于2008年在湖北正式启动。时间趋势函数$f(t)$采用了两种形式：一是把城市前定变量与虚拟变量$Post_{2008}$进行交乘，控制中央指导意见发布前后的差异；二是把城市前定变量与年份哑变量进行交乘，允许更为灵活的时间趋势假定。

最后，使用事件分析法进行平行趋势检验。结果显示，政策实施前的4个时间虚拟变量的系数都不显著，意味着试点企业和非试点企业有着一致的前期趋势，满足渐进双重差分法的平行趋势假设；同时，政策实施后的时间虚拟变量的系数都显著，说明政策效果明显，能满足平行趋势的要求。

三、实证结果

（一）绿色保险与工业企业环境风险管理能力

中国环境污染责任保险试点政策对工业企业环境风险管理能力的影响如表6-4所示。关键解释变量*ELI*在所有回归模型中都显著为负。其中，第一列的回归方程只包括*ELI*、企业控制变量以及企业和年份固定效应，*ELI*的系数估计值为-0.137且在1%水平上显著，表明环境污染责任保险试点政策的实施会对工业企业的废水治理强度产生负向影响。第二列的回归方程加入了城市前定变量$S_{p,2007}$与虚拟变量$Post_{2008}$的交乘项，变量*ELI*的系数变化不大。第三列的回归方程则把城市特征向量$S_{p,2007}$与年份哑变量进行交乘，变量*ELI*的系数仍然在1%的水平上显著为负。

表6-4 中国环境污染责任保险试点政策对工业企业环境风险管理能力的影响

Dep. Var.: *Effort*	一	二	三
ELI	−0.137***	−0.124***	−0.161***
	(0.047)	(0.046)	(0.046)
企业控制变量	是	是	是
$S_{p,2007} \times Post_{2008}$	否	是	否
$S_{p,2007}$ × 年份哑变量	否	否	是
企业固定效应	是	是	是
年份固定效应	是	是	是
样本量	147845	147712	147712
调整R^2	0.726	0.727	0.728

注：括号中报告了关键变量估计系数的稳健标准误，聚类到地级市层面，*、**、***分别说明在10%、5%、1%水平上显著。

上述结果表明，实施环境污染责任保险试点政策反而致使企业减少对工业污染的治理，工业企业的废水治理强度呈现下降趋势，工业企业环境风险管理能力不增反降。该结果说明试点时期的中国环境污染责任保险市场存在道德风险问题。道德风险产生的原因包括缺乏有效监管、企业环境保护意识不足、保险定价不合理等。其中，保险定价不合理很可能是造成道德风险问题的主要原因。根据保险公司的采访记录以及绿色保险的产品资料可以发现，试点时期的中国环境污染责任保险确实缺乏有效的基于环境风险的定价标准。以无锡为例，如果企业前一年没有发生索赔，那么保费将在基础保费的基础上向下调整10%（即保费调整系数为0.9）；如果前一年有任何索赔，则不进行调整。而且，各大保险公司提供的环境污染责任保险产品中也没有共保等能降低道德风险的设计。遗憾的是，中国环境污染责任保险的保费和索赔数据没有公开，因此难以提供环境污染责任保险定价不合理的经验证据。

从环境表现来看，与非试点地区的工业企业相比，环境污染责任保险试点地区的工业企业的工业废水治理强度不升反降。追根溯源，企业的环境表现必然与企业的环保行为相挂钩。那么需要关注的问题就是，实施环境污染责任保险试点政策后，工业企业的环保行为会有哪些变化？工业企业是否还愿意花大钱去主动治理污染？

工业废水在排入污水处理厂之前，一般都需要进行废水处理。根据废水处理量以及废水成分的不同，一套废水治理设备的价格可能从几万到几百万不等。在购买设备后，企业还需要配备专业人员来使用这些设备，否则有可能出现因操作失误导致的二次污染。因此，购入和使用废水治理设备正是企业主动治理污染的体现，可以通过构建两个新的指标来测度企业的环保行为：一是衡量废水治理设备购置情况的虚拟变量（*Equip*），若企业拥有一套以上的废水治理设备则取值为1，否则为0；二是衡量废水治理设备使用情况的变量（*Capacity*），用废水治理设备每日废水处理量的自然对数作为度量。将上述两个变量作为被解释变量代入基准回归方程中重新回归，得到的结果见表6-5。在第一列和第二列中报告了中国环境污染责任保险试点政策对废水治理设备购置情况的影响，影响显著为负；在第三列和第四列中报告了对废水治理设备使用情况的影响，影响仍然显著为负。总体来说，实施环境污染责任保险试点政策后，企业减少了对污染治理设备的投资，也降低了这类设备的使用频率。这种行为的转变既能解释企业工业废水治理强度的下降，也说明污染企业可能产生了“即使发生环境事故也有保险公司兜底”的侥幸心理，并诱导其作出投机行为。

表6-5　中国环境污染责任保险试点政策对企业环保行为的影响

	一	二	三	四
	Dep. Var.: *Equip*		Dep. Var.: *Capacity*	
ELI	−0.017**	−0.018**	−0.092*	−0.109**
	(0.008)	(0.008)	(0.049)	(0.054)
企业控制变量	是	是	是	是
$S_{p,2007} \times Post_{2008}$	是	否	是	否
$S_{p,2007}$ × 年份哑变量	否	是	否	是
企业和年份固定效应	是	是	是	是

续表

	一	二	三	四
样本量	147712	147712	147712	147712
调整R^2	0.698	0.698	0.771	0.771

注：括号中报告了关键变量估计系数的稳健标准误，聚类到地级市层面，*、**、***分别说明在10%、5%、1%水平上显著。

（二）绿色保险与绿色发展稳定性

中国环境污染责任保险试点政策对绿色发展稳定性的影响如表6-6所示。变量*ELI*在所有回归模型中都显著为负。其中，第一列的回归方程只包括*ELI*、省份控制变量以及省份和年份固定效应，*ELI*的系数估计值为-0.531且在5%水平上显著，表明环境污染责任保险试点政策的实施会降低环境事故的发生频率，有利于提升绿色发展的稳定性。第二列和第三列的回归方程则加入城市特征向量$S_{p,2007}$与时间变量的交乘项，*ELI*的系数仍然显著为负。

表6-6　中国环境污染责任保险试点政策对绿色发展稳定性的影响

Dep. Var.：*Accident*	一	二	三
ELI	−0.531**	−0.466*	−0.457*
	（0.255）	（0.243）	（0.269）
省份控制变量	是	是	是
$S_{p,2007} \times Post_{2008}$	否	是	否
$S_{p,2007}$ × 年份哑变量	否	否	是
省份固定效应	是	是	是
年份固定效应	是	是	是
样本量	240	240	240
调整R^2	0.752	0.785	0.777

注：括号中报告了关键变量估计系数的稳健标准误，聚类到地级市层面，*、**、***分别说明在10%、5%、1%水平上显著。

上述结果表明，实施环境污染责任保险试点政策降低了试点省份突发性环境事故的发生概率，有利于保障绿色发展的稳定性。事实上，从宏观上来看，中国的绿色保险试点制度已经达到了最基本的要求，即有效控制环境风险，降低环境事故发生的概率和风险。这主要归功于环境风险责任转移带来的外部监管强化。通过投保环境污染责任保险，将企业的环境污染赔付责任转移给保险公司，迫使保险公司开展隐患排查和预警警示，最大限度降低了环境事故发生的概率和风险。

绿色发展稳定性既可以用环境事故数量进行衡量，也可以在污染排放的总量上有所体现。如果实施环境污染责任保险试点政策后，试点省份的废水排放总量有所降低，那么同样可以佐证绿色保险可以提升绿色发展的稳定性。因此，构建新变量*Emission*来测度绿色发展稳定性，用废水排放总量的自然对数作为度量。将上述变量作为被解释变量代入基准回归方程中重新回归，得到的结果见表6-7。可以发现，所有结果都显示环境污染责任保险试点政策对废水排放总量的影响显著为负，即实施环境污染责任保险试点政策后，各省份的废水排放总量显著减少。该结果背后的含义是，绿色保险制度在促进企业绿色转型上作用斐然；环境污染责任保险试点政策使得产业逐步转向低排放、低能耗、低环境风险的绿色行业，在推动产业绿色化转型的同时，保障了绿色发展的稳定和秩序。

表6-7 中国环境污染责任保险试点政策对废水排放总量的影响

Dep. Var.：*Emission*	一	二	三
ELI	−0.338***	−0.299***	−0.356***
	（0.106）	（0.102）	（0.105）
省份控制变量	是	是	是
$S_{p,2007} \times Post_{2008}$	否	是	否
$S_{p,2007} \times$ 年份哑变量	否	否	是
省份固定效应	是	是	是
年份固定效应	是	是	是
样本量	240	240	240
调整R^2	0.671	0.673	0.674

注：括号中报告了关键变量估计系数的稳健标准误，聚类到地级市层面，*、**、***分别说明在10%、5%、1%水平上显著。

四、研究讨论

绿色保险实证研究中，针对环境污染责任保险的研究相较于其他类型绿色保险的研究更为丰富。多数学者利用环境污染责任保险投保企业名单或者将环境污染责任保险视为一项准自然实验，系统分析其对企业行为的影响。不少研究得出环境污染责任保险对企业的经济和环境绩效有着正向的影响。比如，投保环境污染责任保险可以通过改善企业运营来促进企业利润增长（Lyu et al., 2022），对企业金融化起到显著抑制作用，有助于推动企业进行环境治理（胡珺 等，2022），有效减少企业污染排放（Zhu et al., 2023），提高企业的环境信息披露质量（李敏鑫 等，2021）、能源效率（Lyu et al., 2022）、绿色全要素生产率（Wen et al., 2024）。此外，参保企业的绿色创新水平也得到提升，具体体现在绿色发明专利和绿色实用新型专利的显著增加（Wang et al., 2023）。Shi et al.（2023）基于2003—2015年中国地级市层面的数据，研究发现环境污染责任保险对污染排放具有显著的抑制作用，并指出这种抑制作用随着参保企业数量和保险费的增加而增加。Gao et al.（2018）运用博弈论分析了环境污染责任保险如何降低企业环境风险，认为其对高风险企业预防污染具有积极意义，并能在污染事件发生时确保对受害者的赔偿。

我们的研究发现，在绿色发展稳定性方面，环境污染责任保险试点政策实施后，突发性环境事故的发生频率显著降低，废水排放总量也明显下降，表明绿色发展的稳定性有所提升。但是，在工业企业环境风险管理能力方面，环境污染责任保险试点政策的实施对工业企业的环境风险管理能力有显著的负面影响，表明存在道德风险问题。对于道德风险问题产生的原因，可以归纳为有效监管不到位、企业环保意识薄弱和保险定价不合理三个要素。首先，道德风险是信息不对称的结果。当投保企业拥有一些关于自身环境风险的不公开信息，且外界又无法进行有效监督时，投保企业将很容易采取不当行为。因此，企业面临的环境监管越不到位，就越有可能缩减对环境风险管理的投入，道德风险造成的负面影响也越大。其次，道德风险问题的本质是由经济利益驱动的机会主义行为。污染企业认为发生环境事故是小概率事件，因此在预防环境风险上投入大量金钱是不值得的；即使真的发生了环境事故，污染企业也可能抱有事故不被揭露的侥幸心理。因此，企业自身的环保意识越薄弱，越不愿意主动地进行环境风险管理，道德风险造成的负面影响也越大。最后，导致道德风险问题的另一个重要原因是保险定价不合理，即价格无法有效地反映企业的环境风险。一般来说，风险较高的被保险方将会面临较高的保险费率，保险定价也会随着被保险方的风险波动而迅速调整。但在环境污染责任保险试点时期，中国绿色保险刚刚起步，保险机构对环境损失和环境收益的识别与评估并不准确，因此难以精准定价。

另外，也有学者研究发现环境污染责任保险可能会对企业环境绩效带来一定的负面影响。比如，Ma et al.（2020）发现，不完善的环境污染责任保险设计则会加剧企业的破产风险，从而降低企业绩效。Yang et al.（2022）指出，环境污染责任保险应用范围有限，限制了企业在污染控制方面的有效性，且与企业绩效存在显著的负相关关系。

第六节

中国特色绿色保险的政策设计与分析

总体来看，中国在绿色保险实践上取得了巨大发展。中国绿色保险通过企业风险承载能力和产业结构绿色化转型影响了绿色发展。但如前文所述，信息不对称问题抑制了绿色保险的正面作用，导致绿色保险在初期没有发挥出预期效果。对此，需要政府、金融机构、企业和社会民众同心合力，改进中国绿色保险发展过程中的不足，促进中国绿色保险不断向前发展，从而更好地助力中国特色绿色保险的发展。

一、完善绿色保险的信息共享机制和监管制度建设

在政府层面，建议完善绿色保险的制度建设，促进跨部门合作与信息交流，并探索有关绿色保险的责任监督和追究机制。第一，政府需要健全绿色保险的相关制度，确保各项绿色保险政策和措施得到落实，同时需要营造良好的绿色保险生态环境，引导保险机构和企业准确把握绿色保险的政策导向，制定指南加以规范，完善绿色保险的体系建设。第二，政府需要搭建绿色信用信息的共享机制，促进环境监管部门与保险监管部门的合作与信息交流。第三，政府需要建立绿色保险与绿色财税的对接机制，利用公共财政资金对绿色保险项目实行绿色补贴、税收优惠等措施，形成多渠道激励机制以调动保险机构和企业参与绿色保险的积极性。第四，政府还需要明确环境产权和污染责任，提升绿色保险信息披露的审计质量，加大对环境违法行为的惩罚力度，积极探索有关绿色保险的责任监督和追究机制。

二、加大绿色保险的人才和能力建设

在保险机构层面，建议加大绿色保险的人才和能力建设，规范绿色保险业务的流程管理和信息公开，并大力推动绿色保险创新。第一，保险机构需要重视绿色保险人才引进工作，开展绿色保险培训，培养兼具保险与环保知识的员工队伍，从而强化保险机构对于环境损失和环境收益的识别与评估，提高保险机构在事前尽职调查、事中审批以及事后追踪环节的风险防范能力。第二，保险机构需要规范绿色保险业务的流程管理，可以根据企业不同情况来制定不同合同，充分发挥对企业行为的监管作用，督促企业投身于环保绿色项目。第三，需要主动公开有关绿色保险的发展战略和实施情况，制定统一的绿色金融信息披露标准，推动内容细节化和指标定量化，接受市场和监管部门的监督。第四，保险机构需要推动绿色保险创新，鼓励打造个性化、组合化的绿色保险产品服务，持续丰富并拓宽绿色保险的融资渠道，从而更好地满足市场对绿色保险的多种需求。

三、培育主动购买绿色保险的理念

在企业层面，建议主动引入绿色保险资本，促进绿色生产转型，自觉披露真实的环境信息，并培育绿色创新理念。第一，企业需要提高环境保护意识，树立起“谁污染，谁治理”的责任感和使命感，主动借助各种绿色保险工具进行生产转型，在生产前端使用清洁技术并提高资源利用率，在生产末端做好污染物治理和废弃物循环利用。第二，企业需要自觉披露环境信息，接受政府和保险机构监督，不谎报、瞒报、漏报污染排放和污染治理信息，同时需要及时了解并灵活运用环境信息披露的相关政策，按照标准公开信息以获得利率优惠、税收减免、政府补贴等政策红利。第三，企业应该树立长远发展的理念，采取积极的绿色创新战略，加大对绿色清洁技术的研发投入，明确核心技术的升级方向，从而提升企业的竞争力。

四、增强绿色保险的宣传和监督力度

在社会民众层面，建议媒体承担起绿色宣传和绿色监督的责任，普通民众则应该履行相应的生态义务，亲身体验绿色保险。媒体需要发挥自身的信息中介功能，强化媒体素养以服务中国绿色保险的发展。对于主流媒体而言，应该做好绿色保险相关政策的解读，做好绿色保险相关实践的传播和宣传，呼吁更多的投资者、生产者和消费者参与到绿色保险体系的建设中。对于新兴自媒体而言，应该利用其即时性和便捷性的优点，做好绿色保险相关工作的舆论监督，做好绿色保险相关经验的传递分享。广大民众则需要履行传播绿色文化、坚持绿色生活的生态义务，把节能环保理念贯穿于日常的吃穿住行中。同时，广大民众也可以主动参与绿色保险的个体项目，例如办理绿色低碳信用卡，体验绿色出行、绿色生活、绿色公益等活动。

本章小结

绿色保险在环境风险管理和经济绿色发展中发挥着重要作用。绿色保险主要从两个方面促进经济社会绿色发展。一方面，绿色保险可以参与环境污染事故处理，有利于分散企业的经营风险，促进其快速恢复正常生产，有力增强企业环境风险管理能力。另一方面，绿色保险还有利于使受害人或企业及时获得经济补偿，稳定经济秩序，减轻政府负担，提升绿色发展的稳定性。现有有关绿色保险的实证研究中，针对环境污染责任保险的研究相较于其他类型绿色保险的研究更为丰富。多数学者利用环境污染责任保险投保企业名单或者将环境污染责任保险视为一项准自然实验，系统分析其对企业行为的影响。不少研究得出环境污染责任保险对企业的经济和环境绩效有着正向的影响。我们的研究发现，环境污染责任保险试点政策实施后，突发性环境事故的发生频率显著降低，废水排放总量也明显下降，表明绿色保险确实有助于提升绿色发展的稳定性。但是，在工业企业环境风险管理能力方面，环境污染责任保险试点政策的实施对工业企业的环境风险管理能力有显著的负面影响，表明存在道德风险问题。其原因可以归纳为有效监管不到位、企业环保意识薄弱和保险定价不合理三个方面。为此，需要政府、金融机构、企业和社会民众同心合力，改进中国绿色保险发展过程中的不足，促进中国绿色保险不断向前发展，从而更好地助力中国特色绿色保险的发展。

Chapter 7

第七章

碳金融

第一节

引言

碳金融的起源和发展与人类通过市场化机制解决二氧化碳排放过多导致的气候变化问题息息相关。气候是构成地球环境系统的重要因素，良好稳定的气候是人类在地球环境中生存发展的必要条件。在全球气候变化加剧和气候保护意识提升的背景下，中国作为全球最大的发展中国家，同时也是能源消费和温室气体排放的大国，面临着巨大的减排压力。在“双碳”目标的推动下，绿色低碳发展的重要性和紧迫性日益凸显，这对碳排放主体进行了约束，同时也对金融活动和制度安排提出了新的要求。

2021年7月，全国碳排放权交易市场正式开市，标志着全球规模最大的碳市场建成。2023年10月1日，欧盟碳边境调节机制（CBAM）过渡期实施细则正式生效，标志着该机制正式开始实施。2024年1月22日，全国温室气体自愿减排交易市场启动，为中国碳金融市场的发展注入了新的活力。随着国际碳市场的发展和中国碳金融体系的进一步发展和规范，涵盖碳排放权定价、交易、风险管理以及涉碳项目投融资等相关资源配置的碳金融市场将面临巨大的蓝海，将在实现碳达峰、碳中和目标过程中发挥至关重要的支持作用。

第二节

碳金融的内涵与分类

一、碳金融的内涵

基于碳市场金融化的必然趋势，碳金融的概念逐步引起关注。自欧洲气候交易所（ECX）在2005年陆续推出碳排放权的期货、期权后，碳排放权便具有了金融产品的属性。但是，目前国际上对于碳金融尚无统一的定义。

2006年，世界银行碳金融部门在碳金融发展年度报告（Carbon Finance Unit Annual Report 2006）中首次界定了碳金融的含义——以购买减排量的方式为产生或者能够产生温室气体减排量的项目提供的资源，碳金融的范围局限于《京都议定书》规定的清洁发展机制和联合履约机制。2011年，世界银行发布的《碳金融十年》报告中，将碳金融描述为“出售基于项目的温室气体减排量或者交易碳排放许可所获得的一系列现金流的统称”，基本和碳交易的概念一致。《环境金融杂志》（*Environmental Finance Magazine*）将与气候变化问题相关的金融问题界定为碳金融，认为碳金融主要包括天气风险管理、可再生能源证书、碳排放市场和绿色投资等内容。Liu et al.（2015）认为，碳金融是一种致力于有效解决气候问题的经济手段。

根据世界银行的定义，碳金融服务于旨在减少温室气体排放的各种金融制度安排和金融交易活动，主要包括碳排放权及其衍生品的交易和投资、低碳项目开发的投融资以及其他相关的金融活动，最终目标是实现低碳发展、绿色发展、可持续发展。

国内对于碳金融概念的表述较为一致，大部分研究者赞同碳金融有广义和狭义之分。刘琢玮 等（2023）参照中国证券监督管理委员会发布的《碳金融产品》这一行业标准，将狭义的碳金融定义为建立在碳排放权交易的基础上，服务于减少温室气体排放或者增加碳汇能力的商业活动，以碳配额和碳信用等碳排放权益为媒介或标的的资金融通活动；将广义的碳金融定义为为减碳控排行为提供融资和支持服务、促进实体经济进行绿色低碳转型的各项金融服务。有研究者总结提出，碳金融是为减缓气候变化而开展的投融资活动，具体包括碳排放权及其衍生品交易、产生碳排放权的温室气体减排项目、碳汇项目的投融资以及其他相关金融服务活动。

二、碳金融的分类

碳金融不仅增强了环境的可持续性，也为金融市场带来了新的增长点和投资机会。我们参考《碳金融理论与实务》的观点，认为狭义的碳金融是指市场交易层面的碳金融，即以碳排放配额或项目减排量等为标的的现货、期货、期权交易等金融活动；广义的碳金融泛指服务于市场建设层面减少温室气体排放的各种金融制度安排和金融交易活动，包括碳排放配额或项目减排量的现货与衍生品交易、低碳项目开发的投融资以及其他相关的金融中介活动，如图7-1所示。综合来看，无论是狭义还是广义的碳金融，其本质都在于利用金融的机制和工具，促进经济价值在时间上的重新配置，同时实现风险、资本的重新分配和温室气体排放的减少。

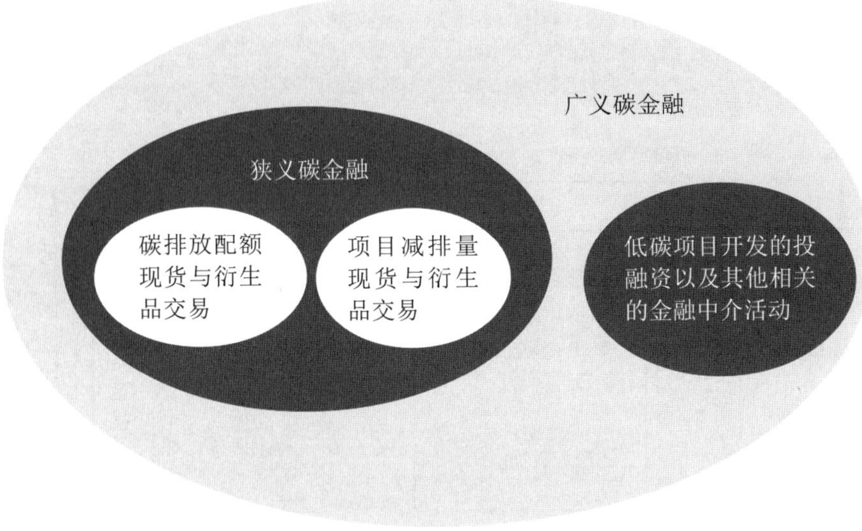

图7-1　广义与狭义碳金融内涵

在碳金融市场上，控排企业、减排项目业主、非履约性主体、碳资产管理公司等产业与投资端主体，作为碳金融市场的底层资产供给方与购买方，它们在碳金融市场提供或购买各种基础碳资产[1]及其金融衍生品；与此同时，这些主体也是碳金融市场服务需求的发起方，它们产生了基于碳资产的融资、价格发现、风险规避等各种碳金融服务需求。服务机构端的各种金融机构以及碳金融赋能机构在获取需求方的碳金融服务需求以及底层碳资产持有方的相关信息后，开发满足相应需求的碳金融工具，为产业端和投资端提供各种碳金融产品。开发的各种碳金融产品，在场内或场外交易平台开展交易。碳交易平台通过建立交易平台、制定交易规则、完善交易机制等方式降低交易成本，增信交易基础。监管机构则对碳金融的体系构建、适当性、主体资格、金融交易合规性、市场运行稳定性等方面进行监督管理（见图7-2）。

[1]　碳交易的基础资产主要包括两类：一是ETS体系下的碳排放权配额，比如EU-ETS下的欧盟碳排放配额和欧盟航空碳排放配额、我国的全国碳排放配额和八个地方试点碳排放配额等；二是根据相应方法学开发的减排项目减排量，比如联合国清洁发展机制下的核证减排量、国家发展改革委认可的国家核证自愿减排量等。

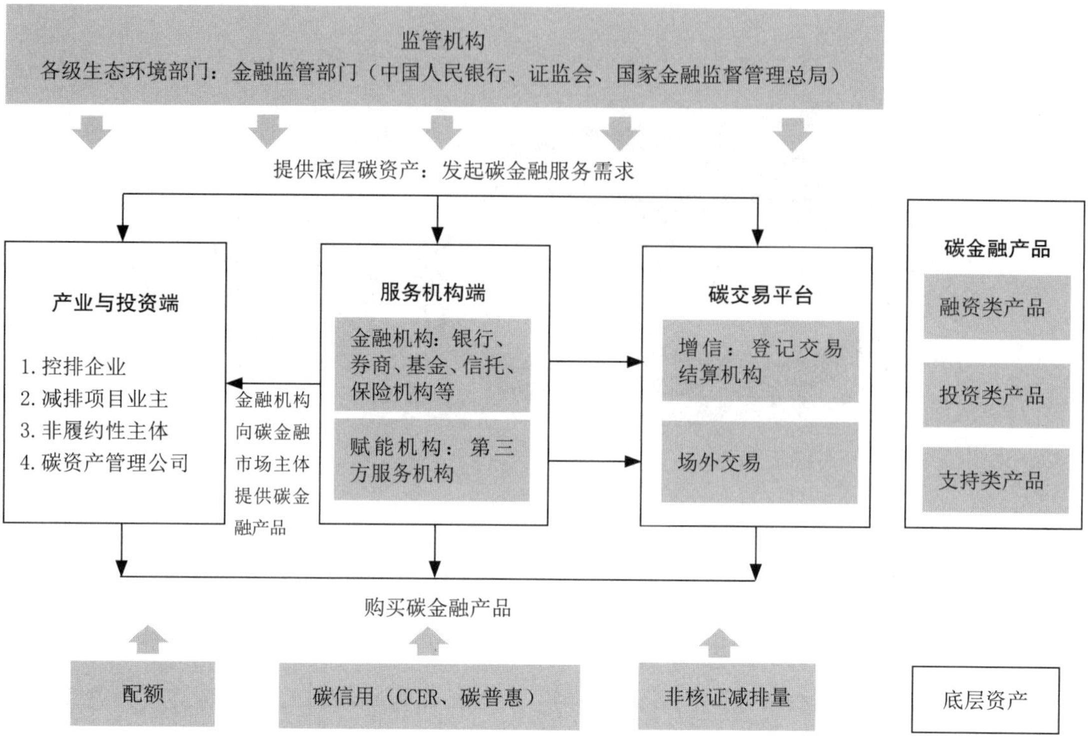

图7-2　碳金融的基本运行逻辑

三、碳金融市场的关键要素

（一）参与主体

碳金融市场的参与主体主要包含交易双方、第三方中介、第四方平台、监管部门四类，具体如表7-1所示，其内涵如下：

（1）交易双方。指直接参与碳金融市场交易活动的买卖双方，主要包括控排企业、减排项目业主、碳资产管理公司、金融投资机构等市场主体。在现货交易阶段，市场主体往往以控排企业为主、碳资产管理公司和金融投资机构为辅；在衍生品交易阶段，金融投资机构尤其是做市商和经纪商将成为市场流动性的主要提供方。

（2）第三方中介。指为市场主体提供各类辅助服务的专业机构，包括监测与核查核证机构、咨询公司、评估公司、会计师事务所和律师事务所等。

（3）第四方平台。指为市场各方开展交易相关活动提供公共基础设施的服务机构，主要包括登记注册机构和交易平台。其中，交易平台除了提供交易场所、交易规则、交易系统、交易撮合、清算交付和信息服务等功能外，还承担着部分市场一线交易活动的日常监管职能。

（4）监管部门。指对碳金融市场的合规稳定运行进行管理和监督的各类主管部门，主要包括行业主管部门、金融监管部门及财税部门。

表7-1　碳金融市场的参与主体、功能与参与动机

参与主体分类	具体分类	功能	参与动机
交易双方	控排企业	市场交易； 提高能效降低能耗，通过实体经济中的个体带动全社会完成减排目标； 通过主体间的交易实现最低成本的减排	完成减排目标（履约）； 低买高卖，实现利润
	减排项目业主	提供符合要求的减排量，降低履约成本； 促进未被纳入交易体系的主体以及其他行业的减排工作	出售减排项目所产生的减排量以获得经济、社会效益
	碳资产管理公司	提供咨询服务； 投资碳金融产品，增强市场流动性	低买高卖，实现利润
	碳基金、投资银行等金融投资机构	丰富交易产品； 吸引资金入场； 增强市场流动性	拓展业务并从中获利
	个人投资者	交易获利的参与者； 市场活跃的催化剂	参与市场交易并盈利

续表

参与主体分类	具体分类	功能	参与动机
第三方中介	监测与核查核证机构	保证碳信用额的“三可”原则（可测量、可报告、可核实）； 维护市场交易的有效性	拓展业务
	其他（如咨询公司、评估公司、会计师事务所和律师事务所）	提供咨询服务； 碳资产评估； 碳交易相关审计	拓展业务
第四方平台	登记注册机构	对碳配额及其他规定允许的碳信用指标进行登记注册； 规范市场交易活动以便于监管	保障市场交易的规范与安全
	交易平台	交易信息的汇集发布； 降低交易风险、降低交易成本； 价格发现； 增强市场流动性	吸引买卖双方进场交易，增强市场流动性并从中获益
监管部门	碳交易监管部门	制定有关碳排放权交易市场的监管条例，并依法依规行使监管权力； 对上市的交易品种进行监管，监督交易制度、交易规则的具体实施； 对市场的交易活动进行监督； 监督检查市场交易的信息公开情况； 与相关部门相互配合，依法对违法违规行为进行查处，维护市场健康稳定	通过市场监管，规范市场运行； 通过市场机制运作促进节能减排

（二）碳金融产品

碳金融产品是依托碳配额及项目减排量两种基础碳资产开发出来的各类金融工具，从功能角度看主要包括交易工具、融资工具和支持工具三类：

（1）交易工具。除了碳配额及项目减排量等碳资产现货外，主要包括碳远期、碳期货、碳掉期、碳期权，以及碳资产证券化和指数化的碳交易产品等。交易工具可以帮助市场参与者更有效地管理碳资产，为其提供多样化的交易方式，提高市场流动性，对冲未来价格波动风险，实现套期保值。

（2）融资工具。主要包括碳债券、碳资产质押、碳资产回购、碳资产租赁、碳资产托管等。融资工具可以为碳资产创造估值和提供变现的途径，帮助企业拓宽融资渠道。

（3）支持工具。主要包括碳指数和碳保险等。支持工具及相关服务可以为各方了解市场趋势提供风向标，同时为管理碳资产提供风险管理工具和市场增信手段。

（三）碳金融功能

碳金融功能的发展与碳市场的不断完善息息相关。碳金融基本的功能包括价格发现、投融资安排、分散风险、降低交易成本等；而碳市场按其交易主体和产品不同可以划分为一级市场、二级市场、融资服务市场和支持服务市场。伴随着碳市场金融化程度的不断提高，交易品类由单纯的现货向包含现货、期货和多样化的碳金融产品投资组合转变，碳金融的功能也在碳市场上得到越来越充分的体现（见图7-3）。

碳排放权作为一种权利，与有价证券相似，都是在一级市场上形成的。有价证券通过首次公开募股（IPO）在一级市场上确立资产定价，而碳市场除了免费分配的情况外，则通过配额拍卖的方式实现对碳排放配额的初始定价。随着碳市场的不断发展，配额拍卖对碳价发现的有效性将不断增加，碳金融的价格发现功能也得以彰显。

一级市场上形成的碳排放权与有价证券初始发行后一样，会进入二级市场进行交易。二级市场是碳现货及碳交易工具的流转市场，在整个碳金融市场中占有重要地位。现货交易是二级市场最基本的交易形式，体现了碳金融的价格发现功能。而随着碳市场的不断发展，碳期权、碳期货等碳交易工具的引入，二级市场更多体现出提供流动性与分散风险的功能。

类似地，为了提高一级、二级市场的交易效率，成熟的碳市场也在传统金融产品的基础上推出了碳保险、碳基金等碳金融产品，发展出相应的融资服务市场和支持服务市场（见图7-3）。在这些市场上，碳金融减少市场摩擦、获取投融资、提升流动性和资产定价效率的功能得到进一步体现。

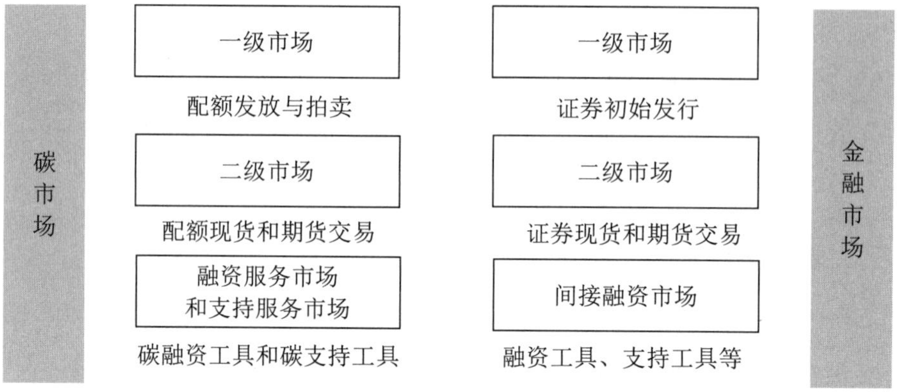

图7-3　碳市场与金融市场的相关性

第三节

碳金融的国内外发展现状

碳金融本质是利用金融工具解决碳排放的负外部性问题，使减排成本降到最低的交易机制，其理论渊源可追溯到古典经济学、新制度经济学及科斯定理。目前，全球已形成近30个成规模的碳金融市场，覆盖全球近20%的温室气体排放量。其中，欧盟、美国市场起步早、规模大、机制完善，在国际碳金融市场处于领先地位；韩国、印度、中国等碳金融市场处于发展初期，发展潜力较大。

一、国外碳金融市场发展现状

欧盟为碳金融市场建设的先驱，其市场（EU-ETS）发展最为成熟。首先，其市场国际化程度较高，欧盟碳金融市场目前在欧洲30个国家运行，覆盖的温室气体排放量占欧盟总排放量的40%。其次，二级市场流动性强。欧盟碳排放配额现货及衍生品在欧洲能源交易所（EEX）与洲际交易所（ICE）上市交易，期货和期权交易量大、活跃度高。最后，参与主体种类丰富。

在欧盟碳排放权交易体系的运行过程中，企业作为交易者主要参与配额分配（配额拍卖形成的一级市场）和配额交易（EUA、CER及相关金融衍生品形成的二级市场）两个环节，欧盟委员会对不同环节参与者的要求有所区别。对于一级市场，参与者有控排企业、经授权的投资公司与信贷机构、成员国内控制控排企业的公共机构或国有企业；对于二级市场，欧盟委员会规定有两者可以参与交易，其一为欧盟内人员，其二为符合规定的其他国家人员，意味着欧盟碳交易体系的二级市场允许控排企业、金融机构、非控排企业以及个人参加碳排放权交易。欧盟相对宽松的市场参与条件极大地丰富了市场交易主体，使碳排放权交易的活跃程度不断提高。在欧盟碳排放配额及其金融衍生品表现出金融属性的背景下，成熟金融机构的参与使欧盟碳排放配额及其衍生品的定价更加合理，碳交易市场的有效性得到提升。

与欧盟类似，美国得益于较为发达的金融市场，在碳市场设立之初就开始发展碳金融产品，在碳现货交易基础上，发展碳期货、碳期权等衍生品，市场参与主体广泛。部分地区由于制度安排与规避价格风险需要，期货的出现时间甚至早于现货，对缓解碳市场成立之初的冲击、盘活市场交易、优化资源配置起到重要作用。但在活跃的碳市场面前，衍生品所带来的“次级碳风险”不容忽视，这需要完善的金融监管机制与之相对应，美国将其气候变化与金融相连接的问题纳入金融稳定框架，但与欧洲市场不同，其在特殊的政治制度的影响下，并没有设立统一的监管主体，而是建立了区域性碳金融市场的立法协调机制，赋予各州更多自主权，明晰了职权划分，其中区域性温室气体倡议（RGGI）和加州总量控制与交易计划（CCTP）影响力最大。

韩国碳金融市场初现雏形，稳步发展。一是市场规模逐步建立，韩国碳金融市场（K-ETS）于2015年启动，已覆盖了韩国超70%的碳排放量；二是二级市场产品单一，主要为韩国碳排放配额（KAU）现货交易，期货、期权等产品仍待开发；三是市场准入门槛逐步放宽，2019年起部分金融机构获准进入二级市场，到2025年获准金融机构范围将进一步扩大。

亚洲比较有代表性的发展碳市场和碳金融的国家还有印度。印度的能源结构与中国类似，煤炭在一次能源中占比超过50%（中国为70%），因此其首要任务为转变能源结构，开发新能源，在减排目标基础上实现能源独立。在碳金融实践中印度探索碳期货和碳融资，印度大宗商品交易所（MCX）、国家商品和衍生品交易所（NCDEX）先后推出碳排放权期货和核证减排量期货，并在二级市场上广泛地与欧盟各国合作，从而获得更多资金用于本国的新能源技术研发。

二、国内碳金融市场发展现状

中国碳金融市场发展速度较快，但目前市场化、金融化程度存在较大提升空间。①金融属性低。内地碳金融市场的初期定位为服务于碳减排的从属性市场工具，金融属性不够突出。②二级市场以碳排放权现货交易为主。地区性试点市场的碳金融衍生品种类丰富，但停留在零星试点阶段，现货交易仍占主体。③市场参与主体结构单一。全国碳金融市场交易主要在减排履约实体之间进行，机构与个人投资者的市场准入资质要求尚不明确。④二级市场流动性有待提升。交易集中发生在碳排放配额发放后和上缴前，其余时间交易相对清淡。

从产品端来看，我国碳金融市场发展仍处于局部产品多元创新、尚未全面铺开的初级发展阶段，目前国内多个碳金融产品大多仅为首单创新，尚未实现规模化。具体而言，我国碳金融产品市场已初步形成以碳资产抵质押贷款为引领的多元化产品体系（见表7-2）；从功能属性来看，碳金融产品已充分覆盖融资、交易与支持类工具；从工具类别来看，碳金融产品涵盖信贷、债券、保险和基金等类别，多元化碳金融产品体系初具雏形；从市场规范性发展来看，碳资产抵质押贷款是碳金融市场最为活跃的碳金融产品，北京市、上海市、广东省等地就碳排放权质押的登记业务规则、操作指引作出了政策指引，可为其他碳金融产品的进一步创新发展提供有益借鉴。

表7-2　地方碳市场碳金融产品开发情况

地区		北京	上海	广州	湖北	深圳	天津	重庆	四川	福建
碳金融融资工具	碳债券	–	–	–	–	□	–	–	–	•
	碳资产抵质押贷款	□	□	□	□	□	□	□	□	□
	碳资产回购	□	□	□	•	□	–	–	–	□
	碳资产托管	–	□	□	□	□	–	–	–	□
碳金融交易工具	碳远期	–	□	□	□	–	–	–	–	–

续表

地区		北京	上海	广州	湖北	深圳	天津	重庆	四川	福建
碳金融交易工具	碳期货	–	–	–	–	–	–	–	–	–
	碳期权	□	–	□	–	□	–	–	–	–
	碳掉期（碳互换）	□	–	–	–	–	–	–	–	–
	碳借贷	–	•	–	–	–	–	–	–	–
碳金融支持工具	碳指数	□	□	□	+	+	+	+	+	+
	碳保险	–	□	□	□	–	–	–	□	–
	碳基金	□	□	–	□	□	–	–	–	□

注："□"表示有案例或具体流程、指引等文件。"•"表示仅在网站上列出此项业务，但是没有公布相关文件或案例。"+"表示与该市场相关。"–"表示无任何业务或信息。

资料来源：上海金司南金融研究院课题组。

第四节

碳金融理论和机理分析

碳金融市场层次结构可以分为宏观制度框架和微观结构两个层面。宏观层面主要指政府规制下的碳排放权交易体系，而微观层面分为二级交易市场、融资服务市场和支持服务市场，其中二级交易市场是核心，具体又可分为场内交易和场外交易，而负责过渡和衔接宏观制度框架和微观市场结构的则是一级市场。目前相关的碳金融理论和机理分析大多集中在这一整体结构框架下（见图7-4）。

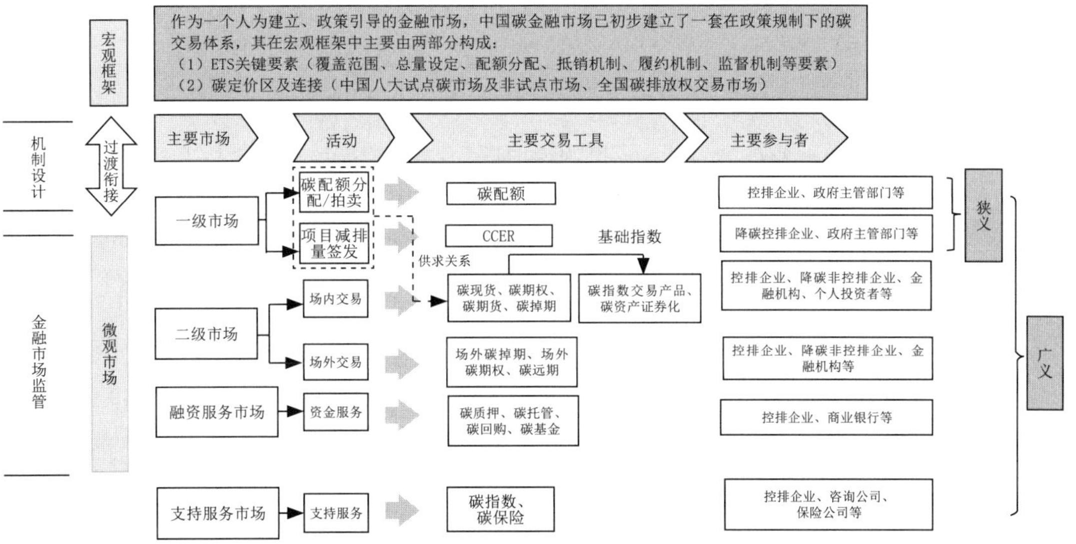

图7-4　碳金融市场层次结构

资料来源：EU Commision，ICAP（亿欧智库整理）。

一、碳排放权交易系统的建设

碳排放权交易系统，是建立在温室气体减排量基础上将排放权作为商品流通的交易市场。参考国际碳行动伙伴组织的《碳排放交易实践手册：碳市场的设计与实施》，不同的碳市场虽在各方面设置有所不同，但总体ETS框架设置基本相同，包括总量与覆盖范围、配额分配、碳检查制度、抵销制度、交易制度及遵约制度等。

目前国内学者们主要以国际其他成熟碳市场（如EU-ETS）为研究对象，为我国碳市场的建设提供建议及参考（见表7-3）。袁杜娟（2014）从公平原则角度出发，认为欧盟碳市场的配额分配机制充分考虑了公平与利益，值得我国借鉴。也有部分学者从提升市场流动性及效率层面出发，探究了欧盟碳市场配额分配方式的变化，认为通过拍卖分配配额有利于市场效率的提升，并且有效避免了碳排放权过剩和价格过低的问题。樊威 等（2019）从碳金融市场风险防范的角度出发，定性分析了碳金融市场运行过程中可能出现的金融风险，提出应建立先导性碳金融风险防控机制。部分学者从碳核查的法律法规、运行机制或要素构成切入，全面阐述了欧盟碳市场制度建设特点和成效，为我国的碳核查体系建设提出了建议。

表7-3 EU-ETS和中国ETS发展横向比较

碳市场	EU-ETS				中国ETS
阶段	阶段一（2005—2007年）	阶段二（2008—2012年）	阶段三（2013—2020年）	阶段四（2021—2030年）	阶段一（2021年至今）
减排目标	在1990年的基础上减少8%的温室气体排放	—	在1990年的基础上减少20%的温室气体排放	在1990年的基础上减少55%的温室气体排放，在2050年实现碳中和	“3060”双碳目标
交易主体	约11000家重点排放设施	新增成员国的自然人和法人	新增成员国政府	暂无新增	重点排放单位
分配方法	几乎免费分配（祖父法）	10%拍卖（祖父法+基准线法）	57%拍卖（祖父法+基准线法）	57%拍卖（祖父法+基准线法）	以免费分配为主

续表

碳市场	EU-ETS				中国ETS
涉及行业	电力+能源密集型行业	2012年1月1日新增航空业	新增化工与电解铝行业	暂无新增	年度温室气体排放量达到2.6万吨当量，以2225家电力企业为主
抵销机制	无限制使用CER和ERU（减排单位）（实际未使用）	CER和ERU的使用限制行业［包括LULUCF（土地利用、土地利用变化及森林）和核能］	CER和ERU的使用限制国家（最不发达国家）	暂停原抵销机制，拟加入碳汇	可以使用CCER抵销，但不超过5%
重要里程碑	碳价的确立；欧盟排放配额自由贸易的建立；建立监测、报告和核实所涉企业排放量所需的基础设施	联盟注册取代了国家注册，欧盟交易日志（EUTL）取代了社区独立交易日志（CITL）	一个单一的、欧盟范围内的排放上限，以取代之前的国家上限系统；拍卖作为分配配额的默认方法（而不是免费分配）	加强市场稳定储备（MSR）；建立更有针对性的碳泄漏规则；资助低碳创新和能源部门革新	2021年7月，全国统一的碳排放权交易市场正式启动，我国全国性的碳排放权交易拉开序幕
总结	阶段一是为阶段二做准备的为期3年的“边做边学”试点，届时EU-ETS将有效发挥作用，帮助欧盟实现其京都目标	2008年的经济危机导致减排量超过预期，导致配额和信用的大量过剩，严重影响整个第二阶段的碳价	与阶段一和阶段二相比，阶段三在体系上发生了根本改变	各项政策逐渐趋严。第四阶段已废除抵销机制，同时开始执行减少碳配额的市场稳定储备机制	全国统一的碳排放权交易是我国为达成“双碳”目标的重要政策工具，是国家推进经济社会全面绿色转型的重要组成部分

资料来源：EU Commission，ICAP。

二、碳金融市场一级市场和二级市场的有效性

针对碳金融市场的研究主要集中在一、二级市场层面，融资与支持服务市场规模较小且刚刚起步，相关的理论研究很少，故此章不作考虑。

一级市场是碳排放权配额和核证项目减排量（碳信用）两类基础资产的诞生

地。碳排放权配额的产生有免费分配和拍卖两种方法，核证项目减排量的生产则需要一套复杂的程序，包括项目审定、监测、备案、签发等，当配额或减排量完成注册程序后，就成为可以交易、履约使用的碳资产。碳市场建立的主要目的是以最低的社会成本实现减排目标，这就要求一级市场价格能够真实反映社会减排平均边际成本（即碳影子价格）。但目前计算碳影子价格的方法还未形成统一认识，指标、时间段选取的差异也会影响碳影子价格计算结果，评价一级市场价格发现功能的实证方法还有待发展完善。

从国内情况来看，目前我国的碳市场处于起步阶段，碳配额总量设置锚定碳排放强度，总体上比较宽松，2022年以来经济增速下滑加剧碳配额宽松问题。同时由于全国碳市场分配目前均采取免费发放形式，暂未引入拍卖机制，导致一级市场碳价格发现功能缺失。蒋伟杰 等（2018）研究发现我国试点碳市场碳初始价格显著低于碳影子价格，表明一级市场碳价格发现作用并未有效发挥。不同分配标准下的地区碳配额分配结果见图7-5。

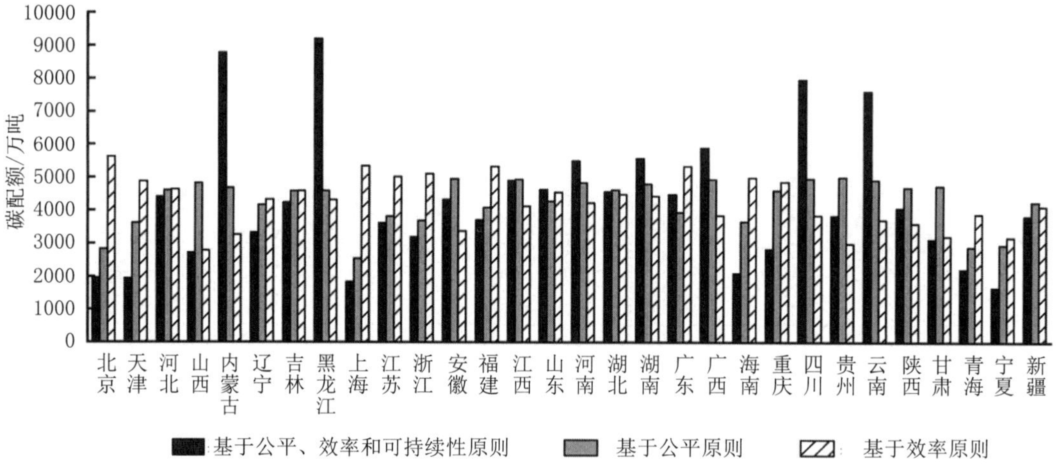

图7-5　不同分配标准下的地区碳配额分配结果

资料来源：蒋伟杰 等（2018）。

二级市场是碳现货及碳交易工具的流转市场，在整个碳金融市场中占有重要地位。二级市场可分为场内交易和场外交易。场内交易是指在指定的交易场所进行的碳资产交易，场外交易又称为柜台交易，是指在交易场所以外进行的各种碳资产交易活动。二级市场可以通过汇集市场主体和各类资产，协助参与各方找到潜在的买家或卖家并完成资产定价。

基于Fama的有效市场假说理论，根据价格对信息的反应程度，有效市场可分为强有效、半强有效、弱有效三种类型。如果价格服从随机游走模型，即不能利用过去的价格信息准确预测未来价格，那么市场是弱有效的。目前我国碳市场政策不完善，企业获取政策存在信息成本，并且不了解自身减排潜力，缺乏碳资产管理能力和交易策略，以完成履约为目的。由于配额结转政策等不明确，企业即使有配额盈余也大多采取观望心态，“惜售”问题比较严重。此外，二级市场有效性相对不足。

有学者使用欧盟、中国碳市场数据，计算出欧盟和中国碳市场流动性深度（见图7-6）和换手率（见图7-7）。结果显示，除2021年末的几个月中，中国和欧盟碳市场流动性深度较为相近外，其他时间中国碳市场流动性深度显著低于欧盟碳市场。中国碳市场每月换手率均不足2%，部分月份甚至不足1%；而欧盟碳市场每月

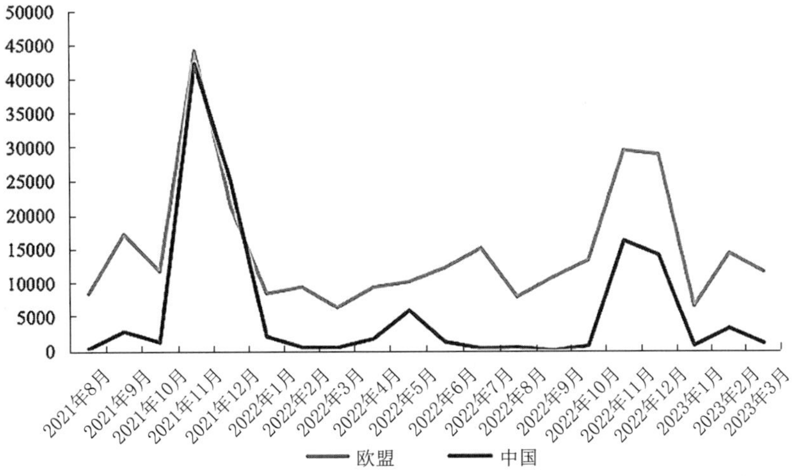

图7-6　欧盟和中国碳市场流动性深度

资料来源：根据欧洲能源交易所和Wind数据库的数据计算得到。

换手率都在2%以上，部分月份甚至达到10%以上。与欧盟碳市场相比，中国碳市场有效性相对不足。

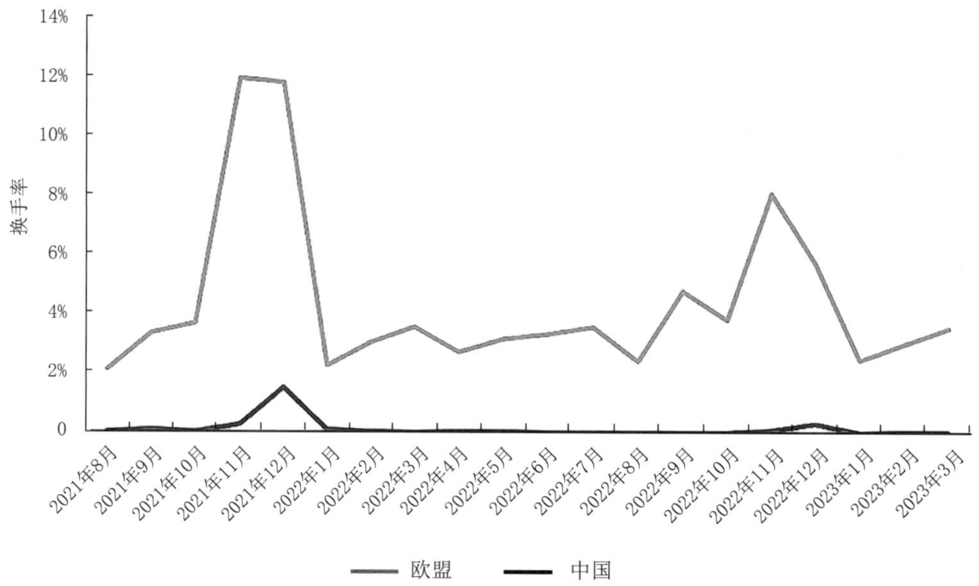

图7-7　欧盟和中国碳市场换手率

资料来源：根据欧洲能源交易所和Wind数据库的数据计算得到。

三、碳金融影响因素和评价体系的构建

理解在上述市场层次结构中哪些因素可能影响碳金融发展水平一直是学界关注的重点问题。关于碳金融影响因素方面，李丽 等（2018）通过熵值法和 TOPSIS 法分析了区域碳金融的发展水平，得出了能源结构、第三产业产值占比、单位 GDP 能耗对碳排放影响很大的结论。梅晓红（2015）通过建立多元回归模型，发现经济发展、产业结构优化、技术创新、能源强度都会影响碳金融发展水平。

基于上述关于碳金融影响因素的研究，不同学者采用不同的方式构建指标体系以对碳金融发展水平作出衡量。Hu et al.（2017）利用TOPSIS模型建立了北京碳市场综合评价体系，结果表明：北京碳市场综合能力较强，在7个试点市场中排名第二，但由于市场流动性不足，其成熟度相对较差。Yi et al.（2018）评估发现中国

7个碳交易试点发展程度各不相同，其中深圳因市场机制导向名列第一，北京、湖北、上海、广东排名位于其后。Zhang et al.（2019）提出了一种集主、客观权重于一体的多准则决策方法，评估了中国试点碳市场与欧盟碳市场的发展情况。结果表明，欧盟是目前最成熟的碳市场，中国与之相比整体成熟度水平较低，具体可分为三个层次：湖北和广东为第一层次，深圳、北京、上海位居第二层次，天津和重庆处于最低水平。Liu et al.（2019）构建了一个包括内部、外部和界面因素三个维度的评价指标体系，基于熵的TOPSIS模型衡量了中国7个试点碳市场2013—2017年的成熟度。研究结果表明，中国试点碳市场整体成熟度较低，造成该结果的主要原因是市场规模较小、活跃度低及价格波动性大。尽管目前学者对碳金融市场发展情况和成熟度指标的评估方案尚未达成一致，但基本包含了环境效率、市场及金融效率与市场支撑体系建设三个方面（见图7-8）。

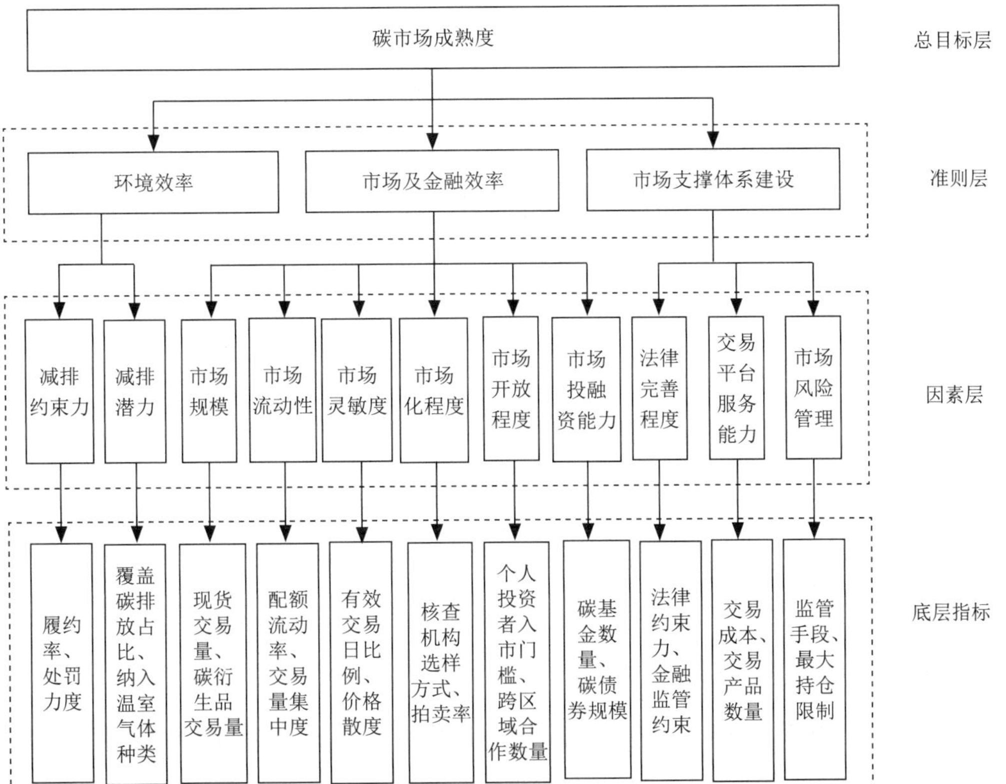

图7-8　碳市场成熟度指标体系

资料来源：根据公开资料整理。

第五节

碳金融的发展与效率

目前，学者针对碳金融的发展与效率的实证研究主要集中在三个方面：一是碳排放权交易市场的运行效果；二是碳金融市场的价格预测；三是碳金融市场的风险测度。

一、碳排放权交易市场的运行效果

目前，众多学者从环境、经济、社会等方面探讨了碳排放权交易市场的运行效果。

在环境治理方面，由于研究视角和研究方法的差异，有学者指出碳排放权交易具有不同的碳减排和污染治理效果。依据创新补偿假说，碳排放权交易能够通过提高资源利用效率、增加可再生能源投资、加大创新力度等方式推进城市碳减排和污染治理进程，并在此过程中实现减污降碳协同治理。然而，不完备的法律制度、不匹配的碳配额量、企业重履约而不重交易等因素削弱了碳排放权交易的环境治理效果。王勇 等（2019）认为中国碳交易市场的启动提升了中国各省份的碳排放效率，但也扩大了效率差距；周迪 等（2020）的研究则表明中国目前的碳交易试点政策显著且持续降低了273个地级市的碳排放强度。

在经济增长方面，碳排放权交易不仅可通过调整产业结构、推动绿色金融发展等方式优化资源配置、推动经济高质量发展，也能通过降低企业资源错配程度、提高绿色创新水平来提高企业经济效益。王文军 等（2018）、刘传明 等（2019）采用合成控制法、双重差分法等检验了碳排放权交易市场的建立对碳减排政策、产业结构升级的影响，发现碳排放权交易政策对碳减排政策、产业结构升级产生了一定影响，但不同试点之间的效果也存在差异；胡剑波 等（2019）从国际贸易和省际贸易两个角度对中国31个省区市的低碳贸易竞争力进行了测度与比较，研究结果表明：上海市的低碳贸易竞争力最强，青海省的低碳贸易竞争力最弱，各地区应因地制宜地提高碳排放效率。

在社会效应方面，碳排放权交易对收入分配、劳动力市场流动、社会福利等产生了积极影响。邓又一 等（2024）基于2009—2020年中国402个地级市（区）的统计数据，系统测算了中国区域内（省份内）和区域间（省份间）的经济发展差异，并运用双重差分（DID）模型实证探讨了碳排放权交易对区域内和区域间的经济发展差异的影响及作用机制。研究结果表明：碳排放权交易能够缓解区域内和区域间的经济发展差异、促进区域协调发展，但该过程存在传导效应，即其会先影响区域内经济发展差异，随后影响区域间经济发展差异，回归基准结果见表7-4。

表7-4　回归基准结果

变量	Intra				
	一	二	三	四	五
ETS	−0.0286*** （−4.16）	−0.0142** （−2.06）	−0.0222*** （−3.21）	−0.0238*** （−3.06）	−0.0846*** （−4.83）
Constant	0.1143*** （10.94）	0.2674*** （12.64）	0.2973*** （15.79）	0.3298*** （5.96）	−0.2136* （1.71）
控制变量	未控制	控制	控制	控制	控制
个体固定效应	未控制	未控制	控制	控制	控制
时间固定效应	未控制	未控制	未控制	控制	控制
R^2	—	—	0.327	0.340	0.416

注：括号里的数字为z值或t值；*、**、***分别表示在10%、5%、1%的水平下显著。列一为只包含被解释变量和解释变量的结果，列二为在列一的基础上加入控制变量的结果，列三为在列二的基础上加入个体固定效应的结果，列四为在列三的基础上加入时间固定效应的结果，列五也是在列三的基础上加入时间固定效应的结果。

二、碳金融市场的价格预测

围绕碳金融市场价格预测，国内外学者开展了大量工作，有效推动了研究的进展。总体来看，碳金融市场价格的预测方法大致可以分为统计计量模型、机器学习模型和集成模型三类。

①统计计量模型。作为经典的预测方法，统计计量模型被较早应用于碳金融市场价格预测中。Byun et al.（2013）利用广义自回归条件异方差（GARCH）族模型对碳期货进行预测，研究结果表明 GARCH 族模型的预测精度普遍优于自回归（AR）模型和移动平均（MA）模型等模型。彭武元 等（2020）针对碳金融市场尖峰厚尾、波动率集聚和多重分形的特征，采用马尔可夫转换多重分形（MSM）模型对中国碳金融市场进行预测，发现MSM模型克服了 GARCH 族模型不能描述多重分形特征的缺陷。

②机器学习模型。虽然统计计量模型可获得良好的碳金融市场价格预测结果，但是碳金融市场价格表现出高度的非线性和非平稳性特征。统计计量模型对数据线性和平稳性假设要求较高，这些模型常常难以捕捉隐藏在非平稳碳金融市场价格中的非线性模式，从而降低了碳金融市场价格预测的准确性。为了克服统计计量模型的缺陷，机器学习模型开始应用于碳金融市场价格预测中。Zhu et al.（2013）将最小二乘支持向量机（LSSVM）应用于碳价预测中，结果表明 LSSVM 能够提升预测精度，并显著优于人工神经网络（ANN）模型和自回归综合移动平均（ARIMA）模型。Fan et al.（2015）采用多层感知器（MLP）模型构建碳价格预测模型对欧盟碳金融市场价格进行预测，结果表明 MLP 模型预测性能高于LSSVM、ANN和ARIMA模型。

③集成模型。为进一步提高碳金融市场价格预测精度，基于数据分解技术、智能优化算法和基础预测模型开发的集成模型开始出现，成为碳金融市场价格预测的前沿方法之一，并获得比单独的统计计量模型和机器学习模型更好的预测效果。目前针对碳金融市场价格预测的文献中，采用的方法包括经验模态分解—粒子群算法—支持向量机、多频组合模型、经验模态分解—遗传算法—神经网络等，为国内外碳金融市场的价格预测、政策制定和风险防控提供了理论支持。

崔金鑫 等（2020）遵循“分解—重构—预测—集成”的总体建模架构路径，构建了 CEEMDAN-MR-PE-NLE 多频优化组合预测模型（预测结果见图7-9），先基于 CEEMDAN 算法对原始碳价序列进行分解，然后采用 CCI 贡献度指数和 EC 进化聚类算法以及 Lempel-Ziv 复杂度指数对分量进行重构，进而得到高频分量、低频分量和趋势分量，利用 PSO-ELM 粒子群算法优化的极限学习机预测模型与三个重构分量相比，构建的预测模型性能最优，DM 稳健性检验结果也进一步证实了构建的预测模型的稳健性。

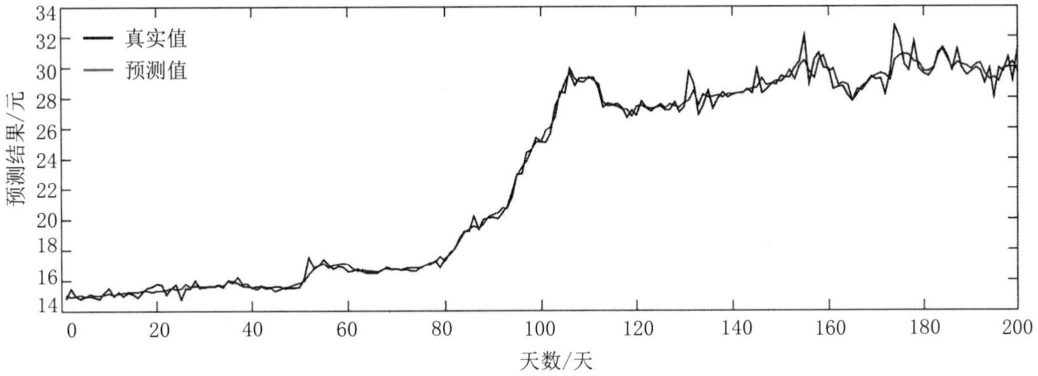

图7-9　CEEMDAN-MR-PE-NLE预测结果

三、碳金融市场的风险测度

宏观经济风险会传导至碳金融市场，而能源等因素对碳金融交易价格的影响具有时变性，在不同的市场机制下，对碳金融交易价格的影响会有所变化，在其影响下，碳金融市场价格的波动会产生市场风险。

目前，国内外学者在对碳金融市场风险的测度方面进行了广泛研究，主要包括单因素风险测度与集成风险测度两个方面。单因素风险测度侧重于研究碳价波动风险，在模型与方法上主要将GARCH族模型、极值理论随机波动率模型与风险价值VaR相结合展开研究。也有学者研究了多个市场间的依赖特征，使用风险价值VaR或条件风险价值CVaR结合Copula函数对碳金融市场进行集成风险测度，进一步提高了碳金融市场风险测度的准确性。

杨超 等（2011）采用VaR参数估计法和极值估计法测算了国际碳交易市场的价格波动风险，认为我国CDM（Clean Development Mechanism，清洁发展机制）项目审批存在周期长、效率低的问题；蒋晶晶 等（2015）采用GARCH-EVT-VaR模型对欧盟碳排放权交易市场价格的风险进行了测度，认为该市场存在显著的极端价格波动风险；柴尚蕾 等（2019）采用非参数Copula-CVaR 模型构建了针对国际碳金融市场的风险识别与评估机制，对我国碳金融市场的风险管理提供了政策建议。

张慧 等（2023）选取核证减排量期货价格和欧元兑人民币汇率价格作为样本数据，基于非线性期望理论构建GE-Copula-VaR/CVaR模型，研究了碳金融市场各风险因子的不确定性与非线性相依性特征，并对碳金融市场集成风险进行了动态测度。结果表明：研究期间的风险价值VaR与条件风险价值CVaR具有明显的时变特征，《巴黎协定》签署前的样本各风险因子波动存在更强的不确定性，碳金融市场风险较大；GE-Copula-CVaR模型在99%的置信水平下能通过Kupiec有效性检验，其准确性显著高于非参数Copula-CVaR风险测度模型。模型对比结果见表7-5。

表7-5　GE-Copula-CVaR模型与非参数Copula-CVaR模型对比

样本区间	置信水平	非拒绝置信区间	GE-Copula-CVaR		非参数Copula-CVaR	
			失败个数	失败率/%	失败个数	失败率/%
样本区间 1	90%	（20，35）	8	0.029	17	0.062
	95%	（7，21）	7	0.026	15	0.055
	99%	（1，7）	5	0.018	8	0.029
样本区间2	90%	（77，106）	15	0.015	56	0.062
	95%	（34，58）	6	0.007	34	0.037
	99%	（3，17）	3	0.003	16	0.018

第六节

碳关税

一、碳关税的起源与发展

碳关税与碳金融紧密相关，其实施会影响碳金融市场的交易规模、产品创新和价格形成，同时碳金融的发展也能为应对碳关税提供金融工具和市场机制。

长期以来，特别是美国退出《巴黎协定》后，欧盟担负着全球应对气候变化的领导者角色。经过多轮磋商和咨询，欧盟于2021年7月正式颁布《欧盟关于建立碳边境调节机制的立法提案》。2023年4月，该提案经修改完善后，欧盟正式批准《建立碳边境调节制度的规定》。《建立碳边境调节制度的规定》共11章36条，以及5个附件，对碳边境调节机制所包含的产品、执行周期、运行机制、碳排放量计算方法等作了详细规定，相关解读见表7-6。

表7-6　《建立碳边境调节制度的规定》解读

项目	主要内容和解读
涉及产品	欧盟委员会仅对碳泄漏风险最大的5个行业类别征收碳关税，分别是水泥、电力、化肥、钢铁和铝。在过渡期结束前，欧盟将评估考虑是否纳入新的产品。欧洲议会的决议要求纳入造纸、玻璃和化工产品
进口来源	碳关税将针对欧盟和欧洲经济区（EEA）之外的其他国家的进口产品。自脱欧后，英国产品也将受制于碳关税制度。根据2019年欧盟进口数据，受影响最大的国家分别是俄罗斯、土耳其、中国和英国
过渡期	法规规定了以2023年至2025年作为过渡期。过渡期内，进口商只需要报告进口产品的数量，以及其相应的碳含量，并不需要购买相应的进口许可。碳边境调节机制计划自2026年起全面实施
碳含量计算	法规仅要求进口商收集进口产品的直接碳含量，即在生产该产品的过程中直接相关的碳排放，而不需要考虑生产过程中使用的燃料动力的碳排放。关于产品碳含量的计算方法，法规提供了详细的公式和参数

续表

项目	主要内容和解读
出口国的碳交易	如果外国生产商已经就生产过程中的碳排放，从相关碳排放市场购买过排放额度或缴纳过碳关税，那么进口商可以相应抵扣其应购买的欧盟碳进口许可。此外，如果出口国与欧盟达成了碳排放交易相关的协定，进口商亦可以相应抵减应购买的碳进口许可
碳含量报告和许可	每年5月31日前，欧盟进口商应当报告其上一年度进口数量和相应的碳含量，并向本国政府购买相应碳含量的进口许可
进口许可的价格	进口许可的价格与欧盟ETS形成的碳价格相关联。进口商可以在任何时间购买进口许可备用，其价格为ETS收盘价格的每周平均价格
实施方式	上述产品的欧盟进口商应向本国政府申请，成为经授权的进口商。在日常业务中，进口商需要记录和保留有关进口产品数量、碳含量相关的文件记录；并可以随行就市购买碳进口许可。在每年5月31日前，进口商需要向本国政府报告进口数量和相应碳含量的数据，并购买相应碳含量的进口许可
外国生产商的登记	外国生产商可以向进口国政府登记，并记录其产品相应的碳含量，以减轻进口商计算自该生产商进口产品碳含量的负担。进口国政府应派员实地核实外国出口商提交信息和数据的准确性，并形成核查报告
罚则	进口商未经许可进口上述产品的，或在申报中提交虚假陈述和证据材料的，或未在期限内购买或未足额购买进口许可的，查实后将可能被处以罚金
反规避	欧盟委员会计划设立反规避机制，对没有合理的经济上的理由，改变进口产品形态以规避碳关税的进行调查。一旦查实，将把改变后的产品形态也纳入该碳边境调节机制的范畴

资料来源：于治国、姜喆，《欧盟碳边境调节制度规定解读》。

根据《建立碳边境调节制度的规定》，欧盟将2023—2025年作为碳边境调节机制的过渡期，2026年正式开始实施碳边境调节机制。在过渡期内，进口商只需要报告进口产品的数量，以及其相应的碳含量，并不需要购买相应的进口许可。2026年起为碳边境调节机制的正式期，由欧盟委员会评估第二阶段是否纳入间接排放，甚至价值链排放。碳边境调节机制推进路线如图7-10所示。

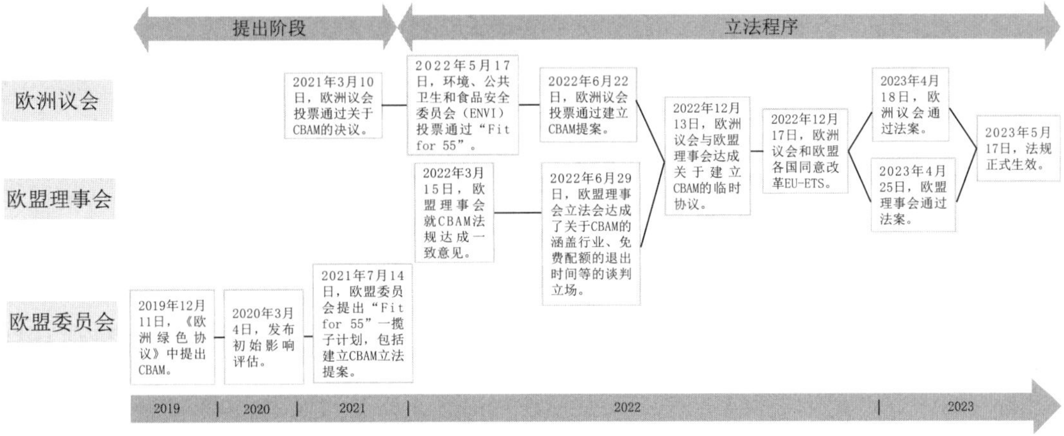

图7-10　CBAM推进路线

二、碳关税运行机制：以CBAM为例

CBAM要求申报的产品的碳排放量仅限于相关行业的生产加工过程，主要包括两部分：生产产品所直接产生的碳排放量，以及部分产品间接产生的碳排放量（如在生产过程中使用外购电力产生的碳排放量），即范围一和范围二排放。

CBAM法案允许出口国生产商在欧盟CBAM登记处登记其生产设施，并聘请欧盟认可的认证机构认证其每吨产品的实际碳排放量。若缺乏经认证的实际排放量数据，所有产品须采用出口国生产同类产品企业中碳排放量最高的10%的平均排放强度。若无上述数据，则采用欧盟同类产品生产企业中碳排放量最高的5%的平均排放强度。

CBAM法案附件一列示了需要考虑直接排放，特定情况下需要考虑间接排放的简单商品（使用外购电力的水泥、化肥和电力行业）每吨碳排放量SEE_{g1}的计算方法；CBAM法案附件二列示了暂时只需要考虑直接排放部分的产品（钢铁、铝和氢）每吨碳排放量SEE_{g2}的计算方法。在过渡期内，所有产品都要报告直接排放量和间接排放量。

$$SEE_{g1}=\frac{TotalSEE_{g1}}{TotalVolume} \quad（式7-1）$$

$$SEE_{g2}=\frac{TotalSEE_{g2}+Inputs_{g2}}{TotalVolume} \quad（式7-2）$$

其中，*TotalSEE*是商品生产过程中实际产生的直接碳足迹总量；*TotalVolume*是商品在进口申报期内原产国的生产总量；*Inputs*是生产商品所消耗的原材料在其自身生产过程中实际产生的直接碳足迹总量。

在此基础上，CBAM碳关税费用$Cert_g$可表示为产品的碳含量×碳价差，即（进口产品碳排放量-欧盟同类产品获得的免费碳排放额）×（欧盟的碳价-出口国的碳价），进一步化简可得：

$$Cert_g=Volume_g \times SEE_g-VolumeOffset_g \quad（式7-3）$$

其中，*VolumeOffset*指在进口申报期内商品生产商在原产国采取碳抵销措施被欧盟进口国相关机构认可的年度碳抵销总量。

从该公式来看，CBAM碳关税费用的影响因素包含产品的碳含量、欧盟的碳价和出口国的碳价三个变量，而最重要的影响因素是出口国的碳价。可以说出口国的碳价与欧盟的碳价持平时，即使产品的碳含量再高，也能避免缴纳碳关税。

三、碳关税的政策影响

欧盟碳边境调节机制的运行逻辑是预防和遏制碳泄漏，其通过向境内碳密集型产品进口商征收CBAM证书费用，变相对境外碳密集型出口产品征收额外税费，增加境外该类产品的出口成本，以促进碳减排规制不严格的国家或地区提高碳排放成本，直至达到与欧盟相当的水平，从而有效控制温室气体的产生。

然而，该条例未考虑多数发展中国家的意愿，也未将各国不同的经济发展水平与绿色贸易禀赋考虑在设计要素中，很可能对碳定价体系不完善以及减排技术不发达的发展中国家造成直接贸易冲击。北京大学国家发展研究院宏观与绿色金融实验室专家何晓贝等设计了两种情景，采用动态全球CGE模型对欧盟CBAM的全球影响进行了量化评估（结果见表7-7）。可以看出CBAM的实施将导致部分发展中国家GDP的下降，严重依赖高碳产品出口的国家将受到更大的影响。对于我国而言，该机制的实施将削弱我国对欧盟出口贸易的竞争力，增加我国碳密集型企业境外合规负担，扭曲与气候治理相关的全球贸易和国际税收格局。

从对中国的影响来看，短期内CBAM对中国碳密集型企业出口产品至欧盟的竞争力影响有限，但从中长期来看中国或将成为高碳国家中出口受损最为严重的国家。

表7-7　欧盟实施CBAM对部分发展中国家GDP影响的模拟结果

	欧盟CBAM设计	模型估计结果
情景1	CBAM应用于电力、水泥、铝、化肥及钢铁五种产品。 产品生产过程中的直接排放作为进口产品碳含量的计算标准	印度对欧盟的钢铁产品出口下降近60%，乌克兰对欧盟的钢铁产品出口下降超过40%。由于俄罗斯和乌克兰是欧盟钢铁、有色金属和电力的主要供应国，因此CBAM的实施将会导致两国GDP下降0.2%
情景2	CABM扩大到所有进口商品和服务，计算碳含量时计入上游价值链产生的所有间接排放	俄罗斯的GDP下降0.64%，乌克兰的GDP下降0.74%，印度、埃及和土耳其的GDP均下降近0.3%，莫桑比克的GDP下降2.5%

注：假设欧盟的碳价为75美元/吨，模型估计结果的得出均是2030年与基准情景的比较。

第七节

中国特色碳金融的政策设计与分析

目前我国碳金融市场可以分为宏观制度框架和微观结构两个层面，具体包含碳排放权交易体系、一级交易市场、二级交易市场、融资服务市场和支持服务市场等多个方面。碳排放权交易市场运行效率的提高是碳金融市场平稳有序发展的保障，碳定价市场化有助于提升碳金融市场价格预测的准确性。同时，应对碳关税、加强国际合作也有助于管控碳金融市场风险。基于上述分析，本节给出如下具体建议。

一、注重碳市场顶层设计指导，推动碳市场持续扩容

碳排放权交易市场运行效率的提高是碳金融市场平稳有序发展的保障。政策法规方面，碳市场的建立需要有完备的法律基础，用法律的手段来保障碳市场健康有序发展，也需要从政策端口逐步允许对碳资产金融属性的发掘，以广义碳金融赋能绿色发展。2024年2月，《碳排放权交易管理暂行条例》（简称《条例》）公布，首次以行政法规的形式明确了碳排放权市场交易制度，是指导我国碳市场运行管理的法律依据，在碳市场发展方面具有里程碑意义，为充分发挥碳排放权交易市场化机制的作用，进一步构建科学、规范、有序的碳排放权交易体系，不断拓展碳市场的广度和深度，加快打造更加有效、更有活力、更具国际影响力的碳市场提供了法治保障。

作为我国碳市场的基础性行政法规，《条例》的公布标志着碳排放权交易这一市场化机制在我国应对气候变化、推进碳达峰及碳中和中的重要地位得到了法律认可，为下一步健全碳排放权市场交易制度提供了基础保障，为拓展碳市场的广度和

深度、防控市场风险、保护市场主体权益等方面提供了法律依据。可以预见，随着《条例》的正式实施，我国碳市场将迎来创新发展的巨大机遇，交易规则将更为完整清晰，交易主体将更为广泛多元，交易产品将更为丰富多样，交易方式将更为灵活便捷，风险控制将更为全面有效，信息披露将更为公开透明，市场运行将更为繁荣兴旺。以碳市场交易为基础的碳金融发展也将更加活跃，并进一步助力碳市场有序发展。

从中国碳市场的覆盖面来看，提高覆盖率是提升经济效益和绿色效益、活跃市场交易、推动碳金融市场成熟度提升的重点。未来，碳市场将逐渐丰富覆盖主体、覆盖行业、产品种类等核心要素，将金融机构、投资者等更多主体纳入碳市场的交易活动中。碳市场覆盖的行业范围将有序从目前的发电行业扩展到更多行业。碳金融衍生品交易将以合适的方式进入市场。

二、完善碳定价机制，促进碳金融产品创新

碳定价机制市场化有助于提升碳金融市场价格预测的准确性。碳排放权交易体系作为目前全球主流的碳定价机制之一，具有减排量确定、价格发现及跨境减排协调促进等优势。我国一方面要搭建全国碳交易体系，构建完善有效的市场服务网络，保证全国碳市场的稳健运行。另一方面，要引进配额有偿分配机制，有效发挥市场在资源配置中的作用，不断完善碳价调节水平，提升企业积极性，有效推动新技术、新产业及新业态发展。此外，要通过运用区块链、云计算等现代化技术手段，支持全国多层次碳市场体系建设，做好碳市场与金融市场基础设施之间的连接工作。

碳定价机制的完善同样离不开碳金融产品的不断创新。由于碳配额发放和交割履约之间存在时间差，碳市场的控排企业存在套期保值、风险对冲等衍生品需求，碳金融衍生品创设至关重要。以碳期货为主的多种碳金融衍生品作为现货市场的有益补充，集中了大量的市场供求信息，通过市场各类交易者的撮合交易、中央对手方清算等方式，将进一步提高碳市场体系的市场化程度，可提供连续、公开、透明、高效、

权威的碳金融产品价格，缓解各方参与者的信息不对称，推动有效碳定价。

三、加强国际合作，应对碳关税与全球碳金融市场风险

随着碳金融的不断发展和全球化，国际宏观经济风险会传导至碳金融市场，碳金融市场价格的波动会产生市场风险。目前，由于不同国家和金融机构对碳金融标准的认可和实施并不统一，因此国际合作存在分歧，在支持项目、约束范围、审核管理等方面存在较大差异，在制定全球性绿色金融标准和规范时存在协调难度，应对碳金融风险的能力相对匮乏。

监管机制不够健全、信息披露机制存在缺陷同样是导致碳金融风险的重要因素。目前，国际碳金融监管机制缺乏全面性和协同性，不同国家之间的监管难以得到整合。碳金融行业尚处于发展初期，市场规模和竞争格局不够稳定，风险管理和监管难度较大，由于缺乏透明的信息披露机制，因此国际市场上碳金融产品的价格难以实现统一，投资者的共同利益无法得到保障，同时阻碍了碳金融领域的可持续发展。

未来，我国要在碳金融议题上保持引领地位，继续积极主动地构建、推动和参与国际合作，加强双边合作，扮演负责任的大国角色。同时，不断深化与主要发达国家在碳金融议题上的合作，联手欧盟、英国、美国等一起制定规则，通过加强和国际发达碳市场的合作，形成碳金融合作关系。

此外，我国还要加强碳信息披露机制建设，加快推进全国碳市场与国际碳市场的连接，促进技术、方法、标准、数据互认互通，提高全国碳市场的国际影响力，建立更加开放和透明的碳金融市场。2021年11月4日，由中欧等经济体共同发起的可持续金融国际平台（IPSF）在联合国气候变化大会（COP26）期间召开IPSF年会，发布了《可持续金融共同分类目录报告——减缓气候变化》，该目录是由中国人民银行与欧盟委员会相关部门共同牵头完成的一项国际绿色金融分类目录融通工作。应对气候变化是全球各国的共同挑战，随着我国碳金融市场的进一步发展，我

国应进一步加快与国际碳交易体系间的政策协调，不断提升碳定价能力，提高在全球碳交易体系中的参与度与竞争力。

针对CBAM带来的影响，中国应采取主动与欧盟磋商、加快国内碳税制度立法、促进产业转型、推动碳核算体系完善等对策，以缓解CBAM的负面影响，加快绿色低碳发展，提升国际竞争力。

本章小结

本章深入探讨了碳金融的内涵与分类以及国内外发展现状，结合国内研究的理论和实证模型分析了碳金融市场的建设情况，并提出中国特色碳金融政策的设计思路。尽管目前对于碳金融仍缺乏明确的定义，但国内普遍认同碳金融有广义和狭义之分，从发展情况来看，国外碳金融市场发展较为成熟，而国内碳金融市场仍处于起步阶段。目前已有的碳金融理论研究文献基本将研究主体集中在碳排放权交易体系、一级交易市场和二级交易市场上，而实证研究一般更关注碳市场运行效果、碳市场价格预测和风险测度等命题。建设中国特色的碳金融体系不仅需要注重碳顶层设计指导，推动碳市场持续扩容，还需要完善碳定价机制，促进碳金融产品创新，以及加强国际合作，应对碳关税与全球碳金融市场风险。

Chapter 8

第八章

绿色金融风险管理

第一节

引言

金融是现代经济的核心，金融市场是整个市场经济体系的动脉。而金融本身的高风险性及金融危机的多米诺骨牌效应，使得金融体系的安全、高效、稳健运行对经济全局的稳定和发展至关重要。近年来，法国兴业银行巨亏、美国雷曼兄弟破产、英国诺森罗克银行挤兑事件等一系列金融风险事件屡见报端，金融风险事件的发生给国家、家庭都带来了严重的影响，因此“防范化解系统性金融风险”是金融领域的重要工作。

在金融风险研究中，一般讨论的话题是风险分类，例如，市场风险、信用风险、流动性风险、操作风险、行业风险、法律法规或政策风险、自然灾害或其他突发事件冲击，等等。但随着金融市场的发展，金融活动面临的风险越来越复杂，特别是新兴金融活动兴起后，许多风险交叉出现。2016年，中国人民银行、财政部等七部委联合印发的《关于构建绿色金融体系的指导意见》中，针对“绿色信贷”明确指出，“将环境和社会风险作为重要的影响因素，并在资产配置和内部定价中予以充分考虑”；在“绿色保险”中则提出，“参与环境风险治理体系建设”“研究建立面向环境污染责任保险投保主体的环境风险监控和预警机制，实时开展风险监测，定期开展风险评估”。在金融资产保值增值的目标下，风险防范无疑仍然是金融机构始终需要开展的工作。绿色金融活动，其目标的特定性，导致该类金融活动产生的不确定性更加多元化，这些风险背后的形成原因是什么？该类金融风险的理论依据有哪些？这些问题值得深入探索和阐释。

第二节

绿色金融风险的理论、特点、传递机制与管理

一、绿色金融风险理论分析

绿色金融风险，不仅具备一般金融风险理论的特点，还具有其自身的特殊性。这类金融风险的发生仍然具有概率性，在传递过程中具有信息不对称性，在应对过程中会展现出不同的行为特征。由于绿色金融聚焦于绿色领域，特别是针对气候变化领域，其风险的发生传递更具有一定的适应和缓解的特性。绿色金融风险的理论主要包括以下要点。

从风险学角度来说，绿色金融风险的理论遵循的是新巴塞尔协议市场风险分析理论。1974年，十国集团中央银行行长倡议建立了巴塞尔委员会，1988年，该委员会推出了“巴塞尔协议（Basel Accord）”，2006年完善更新的新协议正式实施，新巴塞尔协议所体现的金融监管思想和风险管理理念已经得到全球绝大多数国家的认可。从总体上看，新巴塞尔协议通过引入市场、信用和操作三大风险，拓宽了资本充足率和风险管理的范畴。市场风险涵盖两个主要方面：一是价格因素，主要指因未曾预料的市场价格变动而导致银行表内和表外头寸损失的风险，包括利率风险、外汇风险、股权风险和商品风险；二是流动性因素，其主要考虑的风险因素包括汇率、利率、股权、清算和大宗交易。信用风险也包括两大方面：一是违约风险，即交易对手直接或者间接违约给银行带来的损失；二是信用等级下降风险，涉及交易对手信用状况恶化带来的潜在影响，其考虑的风险因素包括违约概率（PD）、违约损失率（LGD）、违约风险暴露（EAD）、持有期（M），以及其他风险缓释工具等。操作风险指的是不当或不完善的内部操作流程、人员、系统或外部事件直接或间接导致的风险，考虑的因素包括个人能力、激励和约束、高频低

危和低频高危事件以及应急方案等。尽管新巴塞尔协议市场风险分析理论主要针对商业银行及其监管应用，但是作为系统性市场风险分析理论，它在绿色金融活动中同样具有参考价值，因为绿色金融活动中也会存在许多类似的风险问题。

从自身特殊性而言，绿色金融风险主要基于环境风险展开，自然因素变化背后的环境风险往往是最重要的触发因素，此外，绿色金融风险还包含绿色发展过程中的转型风险或社会风险。这类风险指各类经济主体为应对环境和气候变化、适应绿色发展，改变行为或偏好从而给经济带来的风险，其产生原因主要有政策变化、技术进步、消费者和投资者观念发生转变等。例如，为了落实联合国可持续发展目标，各国出台促进可再生能源发展、抑制过度碳排放的政策，包括提高资源税、对内燃机汽车限售以及发展碳排放权、排污权等交易市场；同时，各国还出台了一系列环保政策法规和措施，如对污染性产品的生产进行处罚、停产整改等，并为清洁能源、节能、清洁运输、绿色建筑等领域的企业和产品生产提供财政补贴等激励措施。可以这样理解，环境风险是绿色发展失败而承担的代价，而绿色金融风险则是环境风险传递金融场景的表现，包含了绿色发展、解决环境问题的金融环节所必须承担的成本。

基于上述分析，绿色金融的管理恰恰是利用金融市场对自然生态要素（如自然资源、能源等）进行最优配置，它是支持环境改善、应对气候变化和资源节约高效利用的经济活动，即对环保、节能、清洁能源、绿色交通、绿色建筑等领域的项目进行投融资、项目运营、风险管理等所提供的金融服务。绿色金融作为绿色发展的重要资金保障工具，具有推动地区产业优化升级，促进自然资源要素流动、合理配置自然资源，助力现代化社会治理等多重效益。与传统金融相比，绿色金融最突出的特点就是，它更强调人类社会生存的环境利益，它将对环境保护和对资源的有效利用的程度作为计量其活动成效的标准之一，通过自身活动引导各经济主体注重自然生态平衡。绿色金融的目标是通过金融活动实现社会环境保护、生态平衡的协调，最终实现经济社会的可持续发展。绿色金融与传统金融中的政策性金融活动有共同点，即它的实施很大程度需要由政府政策自上而下推动。传统金融业在现行政策和“经济人”思想引导下，或以经济效益为目标，或以完成政策任务为职责，而后者就是政策推动型金融。由于环境资源是公共品，具有显著的外部性特征，除非有政策规定，否则金融机构很难主动考虑贷款方的生产或服务是否具有生态效率。

绿色金融，尽管其核心目标是促进环境的可持续发展，但仍然建立在广泛的金融活动基础之上，因此不可避免地要身处充满“不确定性”的宏观环境中，并同样面临着金融产品和金融服务所带来的风险。首先，从“未来收益”看，一方面，在传统金融中，通常理解的“收益”是指买卖金融资产前后交易价格的差值，针对的是股票、证券等金融产品；而由于环境或绿色业务具备强外部性，故绿色金融风险对应的“收益”，还应从金融产品层面延拓至全社会福利层面，即评估收益应当讨论社会福利的增加或损失。另一方面，未来收益可能是负收益，也可能是正收益，超出期望的正收益，很可能是资源过度投入带来的。这一特质在绿色金融风险中体现得更为明显：绿色金融不能仅仅讨论金融产品本身，还应充分考虑到环境的强外部性与环境产业独有的长产业链特性，关注投融资事件的间接影响。例如，大力投入绿色资金发展电动汽车产业能达到减少尾气排放的作用，能带来大量正收益，同时减轻车辆持有者（企业）的环境风险和绿色金融风险承压，但从另一视角看，对于产业链上游的电力提供者，则需投入更多资源进行发电，而现阶段的主要发电方式依旧是火力发电，容易导致大量废气排放，进而间接造成绿色投资的负收益，引致风险。

另外，从“不确定性”看，在传统的金融风险中，不确定性主要包含已知概率分布的第一类不确定性和未知概率分布的第二类不确定性。而绿色金融风险中的不确定性则更多地表现为第二类不确定性，即事先不明确各种情况发生的可能性，抑或不清楚具体会有何种结果出现。例如，自然灾害、流行疾病等突发性、极端性事件何时发生、以何种类型发生无法预测，其对经济金融的冲击程度更是难以预知；企业绿色转型时间很难完全确定，在转型过程中，政策变动与行为主体偏好改变程度亦难以判断，从而绿色投融资收益难以预测。凡此种种，都充分体现了绿色金融风险中“不确定性”的含义。值得一提的是，尽管在大多数情况下，其精确的概率分布尚未可知，但我们已经越发清楚地认识到，绿色金融的极端收益和风险情形更多，也就是说，那些我们传统认识中小概率、高损害的事件将以愈发高的频率发生。但事实上，我们依然不知道风险将在何时、以何种形态降临——无疑，这样的特性进一步放大了绿色金融风险的“不确定性”。

此外，绿色金融产品中也存在一定的流动性风险，如碳金融市场和绿色债券等。碳金融市场起步时间短，市场存在着各种不确定性。由于目前国际碳交易市场缺乏统一的市场体系，而且同一时期同一体系内部的碳金融产品在行业、种类等方面仍然存在显著差异。因此碳金融产品市场流动性风险较传统金融市场流动性风险更大。同样，绿色债券也存在定义、标准、发行规模没有统一的强制性标准的问题，这可能会增加发行者的额外成本，并带来市场流动性和投资者需求变化的风险。

二、绿色金融风险的双重性特点

绿色金融作为金融体系的新兴分支，因其涉及污染治理、生态修复、节能降碳等公共事业属性而显现出与传统金融的诸多不同。二者最显著的区别在于，传统金融业务的核心是进行金融资产的交易并确定其资产价格，而绿色金融致力于通过资金和产品的融通，优化相关要素和资源的配置，促使环境问题的负外部性得到有效消解。因此，相比于传统金融风险，该类金融活动具有强外部性特征。此外，绿色金融活动主要围绕自然生态要素展开，这意味着该资金活动与自然环境的关系更为密切，自然环境的各种变化均会对绿色金融业务产生不可忽视的影响；而类似气候变化这种事件，会产生周期性、累积性影响，并在全球产业链产生连锁反应，故绿色金融风险也具有强传递性特征。因此，对绿色金融风险的理解既要参考传统意义上的金融风险，也要清晰地认识到它的外部性、独特性，如绿色金融的需求方往往来自于公共部门而非私人部门、绿色金融的收益具有长期性、绿色金融收益与风险呈现出更为明显的厚尾分布等。

绿色金融领域中谈论的风险，既包括自然物理风险作为诱发因素产生的风险，也包括绿色金融作为一种金融活动产生的风险，我们可以把绿色金融风险特点总结为以下两类：

第一类风险，从金融活动的外部传导而来的风险，即自然环境等要素形成的物理风险传递至金融活动中引发的风险扩散。自然灾害、气候变化、危化品爆炸、水污染、生物多样性破坏等自然环境要素的变化，导致金融活动的资产搁浅、沉没甚至完全亏损，可能会从投资项目蔓延至整个经济体系，这是环境问题的外部性所造成的风险问题。从经济学角度来说，外部性问题是绿色金融活动中必须面对的问题。绿色金融活动旨在提升环境质量、应对气候变化和减少自然灾害的影响，这要求在投资决策中对这些环境因素进行有效的成本和收益评估，并将污染治理或节能减排的成本纳入产品、服务和融资的成本结构中。然而，由于产权界定的模糊性和自然因素变化的不确定性，绿色金融产品如绿色信贷、绿色债券和绿色保险在将资金投向行业或项目时，难以确保每个投资标的物都能提供稳定的现金流回报，这正是绿色金融风险中外部性风险的体现。因此，金融机构的环境风险管理主要是分析其物理风险如何转化为金融资产的市场风险、信用风险、操作风险等，分析“物理形态”的风险如何转化为金融风险，分析环境风险如何将当前显性的风险转化为长远隐性的风险。为了管理这类风险，可分别设计不同侧重的管理方案。同时，还要挖掘识别可能转化为金融资产风险的环境风险指标，形成风险传递链条。环境问题引发的金融风险尤其体现在拟贷款的企业财务上，如果企业存货中含有大量有毒化学物品或放射性物质，则其变现能力受限，其实际价值低于其账面价值。如果拟贷款企业或项目存在环境问题而被环保主管部门强令关停并转，则该企业自身的应收账款和票据将会受到严重影响。类似企业专有的特殊设备也会因环保法律法规标准趋严而需要改造或更新，造成固定资产价值的变动等。这要求金融机构在对企业估值、放贷和提供融资服务时进行环境审计，提炼一系列与金融学相关的配套环境风险指标，如针对绿色信贷，建立风险监测和评估机制，关注影响“不良贷款率”的环境要素；针对绿色债券，关注其所支持项目“杠杆率”“偿付能力”的环境问题；针对绿色基金，则关注资金空转、“洗绿”等指标。环境风险会影响信贷资产本身的稳定性，金融机构本身也会由于借贷方或项目的环境风险导致自身承担连带法律责任。如美国的《综合环境反应、赔偿和责任法》、加拿大的《加拿大环境保护法》、日本的《土壤污染对策法》等都对造成污染的公司的贷款方作出了承担“连带责任”的要求。这些法律要求使得金融机构特别是商业银行在环境风险的评估和预警方面会格外小心。

第二类风险，即金融活动自身规律产生的金融性风险。这类风险是基于一般金融风险规律产生的风险，如信用风险、市场风险、操作风险等。中小型银行、地方城市银行、农村信用社的贷款对象往往是规模较小的企业和项目，项目普遍存在分散、技术含量低、规模小等问题。而节能环保工程周期长，初期几乎没有立竿见影的收益回报，资产估值在于未来收益。例如，垃圾焚烧发电项目初期需要投入巨额资金，而未来收益可能来自地方垃圾补贴、电价补贴等，如果其未来收益是稳定的，那么就可以辅助降低其风险程度，使银行能够根据未来收益的稳定性，给予其更大规模的资金投资。这对企业实现规模化生产、改变技术被动局面意义重大，同时也对绿色保险、绿色债券的工作开展具有借鉴意义。金融风险的来源可更准确地阐释为风险暴露以及影响资产组合未来收益的金融变量的不确定性。传统金融风险主要有内、外部两重风险，内部风险主要由金融机构的人员、管理、决策、设备等造成，形成操作风险、信用风险等，外部风险主要由金融市场变量如利率、汇率、股价等波动引发，形成市场风险，归根结底是由金融市场的自身运作产生。同样，绿色金融风险在支持环境改善、应对气候变化和资源节约高效利用的经济活动中产生，自然更多来源于外部因素的触发，包括气候变化、自然灾害或环境污染等物理类因素和节能降碳、循环利用等转型政策的社会类因素。因此，与传统的金融风险相比，绿色金融的风险敞口是在进入金融市场前就客观存在，有些甚至是隐藏的，或逐渐显现的风险。其中不仅包含了可能受影响的资产组合的资金头寸，还包含了灾害的频率与强度、企业本身的性质及原有落后产业所占的比重、资产的灾害暴露程度等多种因素。

三、绿色金融风险的传递机制

从理论发展来看，为将自然环境引入统一的金融学分析框架，学界和业界提出了“自然资本”概念。综合各方定义，自然资本是区域内环境要素、资源要素、生态要素的总和，能产生各种生态和经济功能，以维持人类健康和经济增长。其中，可再生资源、不可再生资源可视为“存量”，而其产生的各项生态、经济功能可视为“流量”。在当前社会经济条件下，自然资本有很强的不稳定性。受环境恶化、技术进步、制度变迁等因素的影响，自然资本的价值会大幅波动。而社会风俗和消费习惯也在倾向于节能环保，民间环保舆论增强，各类环保运动兴起，都会改变自然资本的定价方式和定价水平。与金融资本类似，自然资本的非预期波动也会产生新风险（环境风险）。由于自然资本是绿色金融活动的基石，一旦这些环境风险开始传导，其作用范围将极为广泛，蔓延性很强，最终极可能会引发系统性风险。这一传导过程可分解为三个步骤:

步骤一，从“自然资本”到“实体企业”。在微观经济层面，自然资本波动会对实体企业造成诸多负面影响，从而将环境风险转化为实体经济的运营风险。首先，原料供给困难。自然资源在社会生产中发挥着基础性作用。任何一种自然原料的短缺（即自然资本的存量不足），都会导致诸多行业运营困难。例如，当水资源短缺时，水力发电、采矿、石油天然气等行业均将受到重创。其次，产品需求不足。一方面，原料稀缺会推动成本和价格上升，而产品价格高则会抑制消费需求；另一方面，政策法规和社会风俗的进步，会使高消耗、非环保产品销量受损。再次，生产效率降低。随着生态功能的退化，农、林、牧、渔等第一产业的生产效率将下降，从而阻碍区域经济增长。同时，第三产业的生产效率也会受到间接冲击。例如，生态环境的恶化会打击相邻地区的旅游业、建筑业、文化产业，等等。最后，贸易壁垒增强。近年来，美国、欧盟等经济体频频设置“绿色贸易壁垒”，即在国际贸易活动中，进口国以保护自然和人类健康为由而制定的限制进口措施（如欧盟CE标志，字母“CE”是法文“Conformité Européene”的缩写，意为“符合欧洲标准”）。无论“绿色贸易壁垒”是真正为了环保，还是借机实行贸易保护，这一壁垒都已削弱了相应行业的国际贸易竞争力，造成行业企业的损失和投资资金的沉没。

步骤二，从“实体企业”到“金融机构”。当实体经济受到冲击后，相关金融资产价格也会波动，进而将风险传导至各类金融机构，形成金融市场风险。在这一传导过程中，以下四类资产发挥着关键的媒介作用。第一类，股票资产。在环境风险的冲击下，资源依赖型企业的运营陷入困境，股价也随之震荡。第二类，债券资产。通胀水平是决定债券价格的重要因素。环境风险的冲击能推高大宗商品价格，形成输入型通胀，从而影响各类债券的估值。第三类，信贷资产。与公司债券类似，一旦资源依赖型行业遭到环境风险的打击，就可能出现密集的信贷违约，从而使银行系统遭受损失。第四类，房地产。相较于其他资产，房地产投资的周期更长，自然灾害等自然环境风险暴露程度也更高。以上的资产价格波动，会直接冲击商业银行、投资与资产管理、保险三类金融机构。极端环境的出现尤其是自然灾害，将导致大规模赔付风险。

步骤三，从“微观经济”到“宏观经济”。当上述风险逐级放大和蔓延时，一方面，通过微观经济层面，一部分环境风险已转化为常见的实体经济和金融市场风险。当实体经济和金融市场风险膨胀、扩散至一定程度，就可能会触发系统性风险。另一方面，环境风险又具有特殊性。在宏观经济层面，环境风险还从如下角度形成了特有的系统性风险。首先，由于大量自然资源属于公共品，其使用成本具有外部性，因此，定价长期低于合理水平。但随着资源稀缺性不断上升，这一非合理的定价难以维系，将在某个时点被修正。一旦基础的资源价格被重置，经济体系中的下游的一系列商品、服务和资产的价格和供求都将被迫调整，从而产生全局性、系统性风险。例如，如果我国提高燃煤发电行业的用水成本，全球各主要煤炭出口国都将蒙受巨大损失。其次，通过贸易和物流，全球供应链将各国经济紧密联系在了一起，这也使得环境风险的全球传导更为便利而广泛。一国经济稳定不仅受当地自然资本影响，也受全球其他区域自然环境的影响。例如，有大量研究指出，2011年埃及爆发的社会动乱就与全球气候突变有关。在埃及，约38%的居民收入用于购买食物。2010年，因气候灾害，俄罗斯、乌克兰、加拿大、澳大利亚和中国小麦全面减产，全球小麦价格在2010—2011年间上升了一倍。作为主要的小麦进口国之一，埃及不堪重负，最终引发社会动荡。最后，对于资源依赖型经济体，一旦自然资本出现严重衰竭，就会触发资本大量流出，从而损害该经济体的收入增长。短期看，自然资本的衰竭主要由各类自然灾害导致，长期看，人口增长和人均资源消耗增加则是主因。此外，如果该经济体仅依赖于少数几种资源，或仅依赖于不可再生资源，那么环境风险更容易触发资本流出。

四、绿色金融风险管理的目标与流程

任何风险管理的目标都在于规避风险和创造价值，这一点在金融风险管理，尤其是绿色金融风险管理中表现得尤为明显。特别是在实现“碳达峰”和“碳中和”这一重要战略愿景下，绿色金融对碳排放转变的赋能价值日益凸显，但其风险暴露程度也与日俱增。下一步，我国需要在现有绿色金融发展基础上，重点提升绿色金融风险管理能力，科学监测、评估以气候风险为代表的绿色环境风险对金融体系的影响，充分完成绿色金融风险的管理目标，有力、有序、有效地支持经济社会绿色低碳转型。具体来看，主要有以下三点：

第一，通过更有效的绿色金融风险管理，进一步助推绿色产业发展。完善的绿色金融产品体系和标准体系是构建高效绿色金融风险管理体系的基石，通过这样的体系，可以实现国内绿色金融、绿色产业标准的统一，并与国际标准接轨。这将有助于建立包括绿色信贷、绿色债券、绿色保险、绿色产业基金、绿色信托、绿色租赁、绿色资产证券化等在内的专业化产品和服务体系，以满足企业多元化融资需求。此外，完善的体系还能使我们更好地利用碳减排支持工具，增加对清洁能源、节能环保、碳减排技术等关键领域的投资力度，进而促进绿色产业的蓬勃发展。

第二，通过更有效的绿色金融风险管理，让绿色金融深度赋能农业、农村、普惠金融，进而提升小微企业和“三农”绿色低碳转型的实效。从本质而言，绿色金融和普惠金融面临相似的高信息不对称和高波动性所带来的风险，因此，实现有效的绿色金融风险管理更有助于金融机构贯通绿色金融与普惠金融的内在联系，找准绿色金融标准和规则与普惠金融发展的结合点，深化两者的融合发展实践，并利用数字技术破解绿色金融与普惠金融的信息不对称难题，盘活绿色资产，推动环境信息披露，降低普惠金融成本，从而推动小微企业和“三农”更快更好地实现绿色低碳转型。

第三，通过更有效的绿色金融风险管理，降低乃至规避转型风险，促使高碳行业平稳转型升级。金融体系在管理绿色金融风险时，一个关键要求是必须立足我国“富煤、贫油、少气”的资源禀赋和传统高碳行业仍在国民经济中占据重要地位的现状，正确看待碳排放密集型市场主体、经济活动和资产项目绿色低碳转型的融资需求。通过更有效的绿色金融风险管理，明确符合转型特征的活动分类及其技术指标，设计出更加丰富的转型金融工具，加大对传统高碳行业绿色低碳转型的支持力度，避免转型中出现的一系列产业链断裂、资金链断裂等重大风险，使高碳行业平稳转型升级。

基于上述风险目标的判断，实际操作中的绿色金融风险管理大致需要明确管理目标、进行风险评价和风险控制及处置等三个步骤：

第一，明确绿色金融风险管理的目标。绿色金融风险管理的最终目标是在识别和衡量风险的基础上，对可能发生的金融风险进行控制和准备处置方案，以防止和减少损失，保证货币资金筹集和经营活动的稳健进行。

第二，开展绿色金融风险的评价。绿色金融风险评价是指对金融风险识别、金融风险衡量、选择各种处置风险的工具以及绿色金融风险管理对策等各个方面进行评估。具体涵盖：①风险识别，指在进行了实地调查研究的基础上，运用各种方法对潜在的、显在的各种风险进行系统的归类和实施全面的分析研究。②风险衡量，指对绿色金融风险发生的可能性或损失范围、程度进行估计和衡量，并对不同程度的损失发生的可能性和损失后果进行定量分析。③绿色金融风险管理对策的选择，指在前面两个阶段的基础上，根据绿色金融风险管理的目标，选择绿色金融风险管理的各种工具进行最优组合，并提出绿色金融风险管理的建议。这是进行绿色金融风险评价的最重要阶段。

第三，开展绿色金融风险的控制和处置。绿色金融风险的控制和处置是绿色金融风险管理的对策范畴，是解决绿色金融风险的途径和方法。一般分为控制法和财务法。①控制法，指在损失发生之前，运用各种控制工具，力求消除各种隐患，减少导致绿色金融风险发生的因素，将损失的严重后果减少到最低程度的一种方法。主要方式有避免风险、损失控制和分散风险。②财务法，指在绿色金融风险事件发生后且已经造成损失时，运用财务工具对已发生的损失给予及时的补偿，以促使经营活动尽快恢复的一种方法。

第三节

绿色金融风险测度：以气候投融资风险测度为例

在绿色金融风险的分析中，风险测度是重要环节。根据对现有绿色金融风险测度工具的梳理比较，国际上对于将气候影响因素测度纳入相关投融资活动的风险管理过程中这一思路已形成共识，一些大型国际组织（如欧盟）、国际多边/双边金融机构（如世界银行）、发达国家的政策性银行（如英国绿色投资银行）、高等学校（如中国的清华大学、中央财经大学等）及非政府公司或组织（如瑞士再保险公司、Carbon Delta）都基于相关风险传导的逻辑链条，开展了探索性的实践，在技术层面形成了较为丰富的分析工具或方法。下文将对有关机构提出的具有一定代表性的方法进行介绍与梳理。

一、欧盟：制定完整的气候风险评估流程

在气候投融资活动的风险测度方面，欧盟的欧洲环境署提供了一整套相对成熟的技术工具——《欧洲气候风险评估》报告。这是一套包含标准、评估方法、行业指南的技术工具，旨在对投融资项目在各个阶段的风险进行评估，并提出相应的减缓或适应气候变化的措施。该工具通过向欧盟各成员国发起涵盖气候变化情景、传播、驱动因素、应对举措等多个方面的“欧盟关于利用气候变化影响、脆弱性和风险信息制定国家适应政策的调查”，并利用已有文献回顾、专家研讨、利益相关方交流、协同建模、综合指标法等手段，详细地对各国气候投融资风险进行评估，进而帮助投资者识别有助于低碳转型的投资机会，引导资金更加有效地投向具有正向气候效益的项目。

二、世界银行：制定系统性的评估框架

以世界银行为代表的多边开发银行机构（Multilateral Development Banks, MDBs）长期以来既是气候投融资活动的实施主体，又是气候投融资管理工具及其创新的引领者。它们将气候风险和效益的评估管理融入了其投融资活动实施及统计监测的不同环节。由世界银行于2016年8月制定发布，并于2018年10月正式生效的《环境和社会框架》（Environmental and Social Framework, ESF）被应用于世界银行所有的气候投融资项目中。这一政策规范着力于构建一套完整的便于世界银行及借款者（国家）评估气候投融资风险与效益的框架。在这之下，有一整套《环境与社会标准》（Environmental and Social Standards, ESS）。其中涵盖环境和社会风险及影响的评估和管理，劳动和工作条件，资源效率与污染防治和管理，社区健康和安全，土地征用、土地使用限制和非自愿移民安置，生物多样性保护和生物自然资源的可持续管理，土著人民/撒哈拉以南非洲历史上被忽视的传统地方社区，文化遗产，金融中介机构，利益相关者参与和信息披露等10套子标准。对应于上述标准，世界银行提供了相应的气候风险评估方法，并将有关方法工具化。以第一套子标准（ESS1）——“环境和社会风险及影响的评估和管理”为例，它向借款者（国家）提供了用于进行环境和社会评估并记录评估结果的一系列不同方法和工具，包括但不限于：环境和社会影响评估、环境和社会审计、累积性影响评价、环境和社会管理框架等多个层面。利用此类工具，在气候投融资的规划期间，便可初步评估项目可能面临的风险等级，从而帮助世界银行和借款者（国家）对项目的气候投融资风险形成充分认识，有利于对风险进行管理。

三、英国绿色投资银行：着重进行情景比较

英国绿色投资银行（GIB）是英国政府主导的全球首家绿色投资银行，主要投资绿色环保且具有营利性的基础性建设项目。其主要依据以《绿色投资手册》为核心的一系列政策和技术工具体系文件实现气候投融资。测度方法为：通过将项目影

响与替代结果（情景）进行比较，得出项目产生的绿色影响（通过温室气体排放改变量、能源需求改变量等指标反映）。其中的替代结果被称作“基线”。在此基础上，提出了分行业的特定量化标准、与燃料及电力相关的排放因子、排放量计算指南等内容。这一系列内容为评估、监测和报告项目的气候（绿色）影响力以及相关风险提供了一套有效的方法。

四、清华大学：开发全方位分析风险的测度框架

清华大学绿色金融研究中心开发了两套测度框架，运用压力测试、情景分析等模型分别对金融机构所面临的气候转型风险和物理风险进行分析，从而量化气候投融资风险。气候转型风险分析框架包括五个步骤（见图8-1）。第一步是假设气候情景。第二步是评估宏观经济和行业影响——基于上述设置好的气候情景，利用模型评估在基准和转型情景下宏观经济和行业指标的发展与变化。第三步是分析对微观企业的财务影响——把宏观经济和行业层面的影响具体化为微观层面，即企业各种财务指标承受的影响与变动上。第四步是评估金融机构的风险——标的企业的财务指标发生变化之后会影响其金融风险的指标，进而导致与其有金融业务往来的金融机构也产生一系列风险。第五步是分析监管层面金融风险的影响——单个金融机构风险指标的变化会传导转化成系统性监管指标的变化。

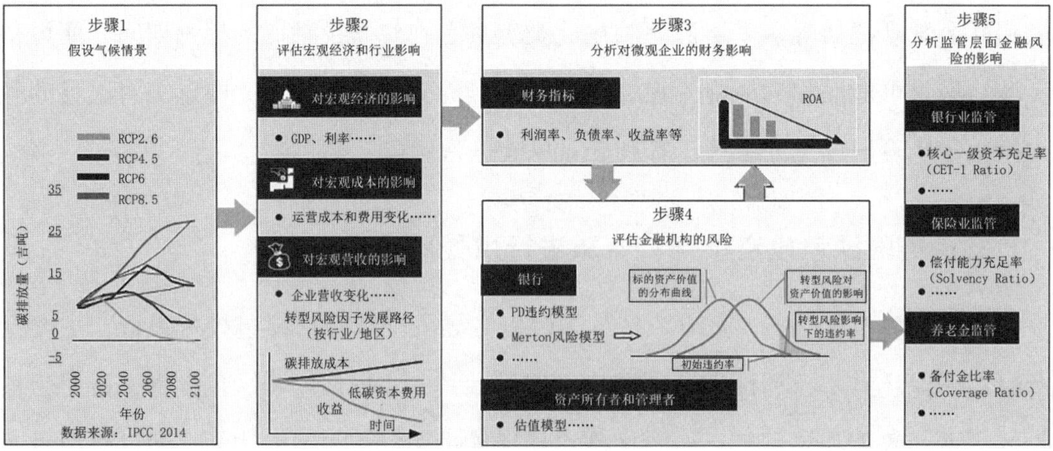

图8-1　气候转型风险分析框架

五、瑞士再保险公司：优化拓展传统巨灾模型

瑞士再保险公司就气候物理风险对一般的巨灾模型（见图8-2）进行了拓展，使保险业在应对气候变化时承受的金融风险得到更有效的度量。除了从发生频率与破坏强度来审视灾害，还引入了时间尺度和置信度两个变量。时间尺度有助于了解已经发生的变化，并对潜在变化作出预测。而置信度在其中的运用能够反映气候变化对气候变量概率分布和可信程度的影响。

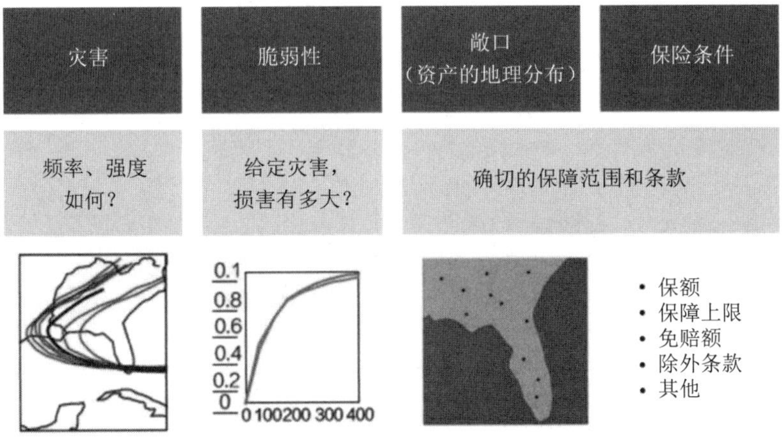

图8-2　一个典型的巨灾模型

六、Carbon Delta：形成着眼估值变动的风险值模型

Carbon Delta是一家专注气候变化情景分析的环境金融科技和数据分析公司，是MSCI的子公司。它开发了一套名为“气候风险值（Climate Value-at-Risk）模型”的风险度量手段，力图帮助投资者更为便捷地分析其投融资活动中与气候相关的风险和机会。对于气候物理风险分析，该模型建构了包含7个极端天气危害的气候情景，同时涵盖了平均和剧烈的自然气候变化风险值；对于气候转型风险分析，它通过专利分析评估监管风险和低碳转型技术机遇。在此基础上，该模型通过与前述工具相似的传导机制，最终实现对股票、公司债券等金融产品的投资估值受气候

变化的影响程度的度量，进而评估每笔投资对与气候相关的投资组合风险和机会的贡献，从而实现对相关气候投融资风险的精确测度。目前，这一工具的分析对象已经囊括了众多公司的股票及债券，其测度方法也在进一步拓展和优化中。

根据上文介绍的气候投融资的测度工具与分析方法的具体内容，对其特征进行梳理，可得到表8-1中的结果。

表8-1　各种气候投融资的测度工具与分析方法的特征梳理

机构/组织	测度依据	测度模型	方法类型	测度风险来源	测度层面	测度维度与效果
欧盟	《欧洲气候风险评估》报告		方法学指南	转型风险；物理风险	宏观层面	国家层面绿色（环境）风险；不精确，仅能提供指导性意见
世界银行	《环境和社会框架》（Environmental and Social Framework）	《环境与社会标准》（Environmental and Social Standards）	方法学指南	转型风险；物理风险	宏观层面	国家层面绿色（环境）风险；不精确，仅能提供指导性意见
英国绿色投资银行	《绿色投资手册》	情景比较	方法学指南	转型风险	微观层面	项目层面绿色（环境）风险；不精确，仅能提供指导性意见
清华大学	气候转型风险/物理风险分析框架	情景分析；压力测试	工具	转型风险；物理风险	微观层面	信用风险（贷款违约率）、市场风险（股票、债券估值）、承保风险；精确量化与测度
瑞士再保险公司	—	巨灾模型	工具	物理风险	微观层面	承保风险；精确量化与测度

续表

机构/组织	测度依据	测度模型	方法类型	测度风险来源	测度层面	测度维度与效果
Carbon Delta	气候风险值（Climate Value-at-Risk）模型	情景分析；风险价值（VaR）模型	工具	转型风险；物理风险	微观层面	市场风险（股票、债券估值）；精确量化与测度

将上述几种气候投融资风险的测度工具进行对比，容易发现，尽管这些工具与方法都具有一致的出发点，也基于相似的底层逻辑，但开发主体存在较大差异，致使它们的服务对象、测度维度、测度效果等层面各不相同，从而在发展路径、未来空间等方面显现出一定的分化趋势。

第四节

绿色金融风险管理对策分析

通过对国外风险测度工具及其应用场景的分析，我们总结了绿色金融风险管理的相关经验。主要包括以下三方面内容。

一、明确风险管理的目标

通过更有效的绿色金融风险管理，进一步助推绿色产业发展。完善的绿色金融产品体系和标准体系是构建有效绿色金融风险管理体系的内在要求，这样的体系能够确保绿色金融和绿色产业标准的国内统一，并与国际标准相接轨。在此基础上，可以建立起包括绿色信贷、绿色债券、绿色保险、绿色产业基金、绿色信托、绿色租赁、绿色资产证券化等在内的专业化产品和服务体系，满足企业多元化融资需求，并能够充分利用碳减排支持工具，加大对清洁能源、节能环保、碳减排技术等重点领域的支持力度，进而促进绿色产业的蓬勃发展。

同时，通过更有效的绿色金融风险管理，降低乃至规避转型风险，促使高碳行业平稳转型升级。更有效的绿色金融风险管理能够明确符合转型特征的活动分类及其技术指标，设计出更加丰富的转型金融工具，加大对传统高碳行业绿色低碳转型的支持力度，规避转型中可能出现的产业链断裂、资金链断裂等一系列重大风险，从而使高碳行业实现平稳转型升级。

二、构建基于自然物理风险的关键指标

建立关键风险指标（Key Risk Indicators，KRI）和相关统计数据库：在鼓励市场主体和学术机构研究与气候相关的关键风险指标的同时，NGFS及相关国际组织

自身也可开展相关研究。明确关键风险指标将有助于金融机构和监管部门识别、评估与管理气候投融资风险，并提升数据的可比性。建议金融机构运用金融科技手段，建立和完善ESG（环境、社会和治理）数据库和评估体系。通过规范内部数据信息标准，并整合地方大数据局、金融综合服务平台、全国碳市场交易所等多方外部数据资源，金融机构可以提高绿色识别及环境风险管理能力，以实现碳中和为目标，加强风险管理、绿色运营和信息披露。利用大数据和人工智能（AI）技术，可以对绿色资产和棕色资产进行识别与分类，以及对这些资产进行统计、分析和披露，从而全面评估信贷资产的转型风险。同时，将企业和项目的ESG评价纳入业务全流程，实现非财务信息在信用风险评估和管理中的应用。区块链技术的应用可以提高投融资活动中碳排放计算和披露的透明度，对金融机构自身碳排放和碳足迹进行核算，自动生成环境信息披露报告。

三、通过信息披露促进外部性效应透明化

根据基本的公共经济学原理，应对环境问题“外部性”的关键在于处理好信息不对称的问题。与此同时，信息充分、透明也是金融业能够实现良好发展的必要条件。因而，在与环境紧密相关的绿色金融业务开展进程中，绿色金融信息披露的重要性尤为凸显。企业向社会各界和金融机构公开环境信息，不仅是履行社会责任的表现，也是满足利益相关方和社会公众知情权与监督权的必要之举。从长远来看，那些在社会责任和ESG表现上更为出色的企业，往往能更有效地管理风险并实现长期稳定的发展。绿色金融信息披露同样也体现了金融机构的社会责任和担当，它展示了金融机构在运营中如何平衡各方利益，以及如何回应投资者、地方政府、社区、员工和客户等利益相关方的期望和关切。通过信息披露，利益相关方能够更全面、更深入地了解金融机构在环境保护、资源利用、经营理念、战略规划和风险管理等方面的表现。利益相关方对金融机构披露环境信息的诉求，反过来也可以促进金融机构更好地提高风险认识和管理能力。

本章小结

本章对绿色金融风险的来源、传递机制和管理策略进行了详细的分析。从一系列风险案例中，我们发现绿色金融风险的管理实际上是识别并解决相应风险的过程。其最根本的一点是要推动以气候风险为代表的一系列环境和绿色风险内生化，使之成为金融定价的重要考量因素。金融工具和服务手段的创新是解决绿色金融面临的资金供给不足、期限错配、投融资成本居高不下、资产定价手段缺失等问题的有效途径，也是规避气候变化、环境冲击对投融资领域带来的潜在风险的重要方式。绿色金融风险管理的提质增效依然需要通过改革创新绿色金融产品来推进，这包括开发绿色金融风险模型、建立绿色金融项目库、开展绿色信用评价、推动金融机构和企业主体提高认知和判断绿色金融风险的能力，以及辨识绿色金融项目的能力等内容。此外，应进一步聚焦物理风险向金融风险转化的关键环节，加强与各类金融机构和风险预测机构在绿色投融资领域的合作。同时在风险管理方面，我国应逐步建立完善的法律法规体系、目标责任评价考核体系以及统计体系，研究出台产业、投资、财税、价格、金融、信贷等绿色激励扶持政策，通过财政补贴、税收减免、担保增信等手段，降低气候投融资成本和风险。

Chapter 9

第九章

绿色金融多元实践与发展

第一节

引言

在全球积极应对气候变化、大力倡导可持续发展的时代背景下，绿色金融已成为经济转型与生态保护进程中至关重要的推动力量，其影响广泛且深远，深入渗透至区域经济协调发展、企业战略转型以及居民生活方式转变等各个关键层面。

长三角地区作为我国经济最为活跃、金融创新能力强劲的区域之一，其绿色金融的发展实践备受瞩目。伴随长三角一体化上升为国家战略，一系列政策规划密集出台，旨在构建现代化经济体系并强化生态环境保护。在此进程中，绿色金融被赋予关键使命，成为推动区域经济绿色高质量发展的核心驱动力。深入探究长三角地区绿色金融的发展现状、竞争力差异、影响因素以及所面临的挑战与对策，对于全面了解区域绿色金融实践路径、总结经验并为其他地区提供示范，具有极为重要的意义。

在企业层面，环境信息披露作为绿色金融的关键基础制度，正处于快速发展与变革阶段。国际上，诸多国家和地区纷纷出台严格政策与标准，促使企业提升环境信息披露的质量与透明度。在国内，在“双碳”目标的引领下，相关部门也在持续完善法规政策体系，强化企业在这一方面的责任。环境信息披露不仅关乎投资者决策、社会公众监督，更与企业自身的可持续发展紧密相连。同时，碳资产管理与碳资信评价成为企业应对气候变化、实现绿色转型的重要实践领域。企业通过科学构建碳管理体系、积极参与碳资信评价，有效应对气候变化带来的风险与机遇，提升自身在绿色经济时代的竞争力与可持续发展能力，对于推动产业绿色升级具有关键作用。

在居民端，随着居民生活水平提升与环保意识增强，消费端碳排放问题逐渐受到关注。绿色金融在此领域的创新实践聚焦于碳账户与普惠金融的融合发展。通过数字金融的技术赋能，碳账户能够精准量化居民消费行为中的碳排放与碳减排量，并借助普惠金融的激励机制，如碳积分兑换、绿色信贷优惠等，激发居民积极参与绿色低碳生活的热情，从消费端助力“双碳”目标的实现，这对于培育全社会绿色生活方式具有重要意义。

第二节

区域实践：长三角绿色金融发展格局

一、长三角绿色金融发展现状

长三角地区在绿色金融发展进程中成果显著，在制度政策、产品市场、保障措施与风险防范、区域合作与国际交流等方面均展现出强劲的发展动力与创新活力。

在制度与政策层面，自2018年习近平总书记宣布支持长三角区域一体化发展上升为国家战略后，一系列重磅政策文件接连落地。国务院批复示范区总体方案，中央及各级政府印发规划纲要与实施方案，从宏观战略布局到具体实施路径，为绿色金融发展锚定方向。这些政策紧密围绕新发展理念，全面推进区域改革开放，促进绿色金融与多区域发展战略协同，长三角一体化发展由此进入高质量绿色发展的崭新阶段。

产品与市场方面，长三角生态绿色一体化发展示范区成为绿色金融产品创新的前沿阵地。光伏贷、苏碳融等多样化金融产品应运而生并投入使用，其中碳减排工具贷款借助央行资金引导，有效撬动社会资金流向绿色低碳领域。同时，区域经济结构优化升级催生旺盛的绿色转型投融资需求，推动绿色金融市场蓬勃发展，上海的绿色保险、湖州的创新农业绿色保险、蚌埠的秸秆产业保险等创新实践不断涌现（陆巍峰，2022），绿色金融新业态茁壮成长。

保障措施与风险防范工作领域，长三角地区三省一市积极响应央行绿色金融评价方案，细化本地评价细则并全面实施，强化金融机构绿色金融业务开展动力。在贴息奖补方面，江苏和浙江湖州、衢州等地纷纷出台有力政策，扩大风险补偿资金池、给予企业上市奖励与债券贴息，助力经济绿色转型。此外，区域积极构建绿色金融信息管理系统，提升金融机构环境信息披露的规范性与主动性，浙江湖州和衢州率先实现全域银行业金融机构环境信息披露全覆盖，为绿色金融风险防控奠定坚实基础。

在区域合作与国际交流领域，长三角地区生态环境协同保护规划持续深化，污染防治协作机制不断创新，生态环境管控指标体系逐步完善，多部门联合签署系列合作协议，有力推动区域生态环境协同治理与绿色金融协同发展。上海充分发挥国际金融中心优势，与美国、英国、卢森堡等国开展深度绿色金融合作，吸引国际项目落地，促进国际绿色金融市场双向开放，显著提升长三角绿色金融的国际影响力与竞争力。

二、长三角绿色金融发展竞争力分析

随着长三角“40+1”城市群在绿色管理和环境管理上的工作进一步落实，绿色金融逐渐成为有力的发力点。整体来看，长三角城市群的绿色金融工作取得了显著的成效，虽然各城市间的绿色金融政策制定、市场活力、保障措施等仍有较大差异，但整体趋于平衡发展。部分城市选择了“做深”的发展路线，而另一部分城市选择全面铺开绿色金融发展工作，这是各地区基于自身行政能力、金融发展程度、经济条件等因素的选择。

表9-1报告了2023年度长三角城市群绿色金融发展竞争力评价结果，得分前十名的城市分别为湖州、衢州、上海、杭州、温州、丽水、宁波、台州、苏州、南京。其中，浙江省城市占据七席，高居长三角各省份之首。

表9-1　2023年度长三角城市群绿色金融发展竞争力评级

城市	评级	城市	评级	城市	评级
湖州市	A+	无锡市	A	芜湖市	A−
衢州市	A+	金华市	A	镇江市	A−
上海市	A+	绍兴市	A	泰州市	A−
杭州市	A+	宿迁市	A−	滁州市	A−
温州市	A+	合肥市	A−	宣城市	B+

续表

城市	评级	城市	评级	城市	评级
丽水市	A	马鞍山市	A-	六安市	B+
宁波市	A	扬州市	A-	池州市	B+
台州市	A	舟山市	A-	蚌埠市	B
苏州市	A	黄山市	A-	淮北市	B
南京市	A	徐州市	A-	铜陵市	B
盐城市	A	阜阳市	A-	淮南市	B-
嘉兴市	A	淮安市	A-	亳州市	B-
常州市	A	安庆市	A-	宿州市	B-
南通市	A	连云港市	A-		

三、长三角区域绿色金融发展水平的影响因素分析

为精准洞察长三角区域绿色金融发展的内在驱动因素，选取2019—2023年长三角城市群41个城市数据开展实证分析。所构建的评价指标体系全面涵盖经济发展、自然环境、环境问题治理等多元维度，其中经济发展维度聚焦经济增长、产业结构升级与科技创新成果；自然环境维度考量水资源、绿化资源与空气质量状况；环境问题治理维度聚焦节能减排成效与污染治理水平。指标体系参见表9-2。

表9-2 长三角地区城市绿色金融发展评价指标体系

一级指标	二级指标	三级指标	单位
1.经济发展（*GROWTH*）	1.1 经济增长	人均GDP（+）	元
		地区生产总值生产率（+）	%
	1.2 第三产业发展	第三产业劳动生产率（+）	%
		第三产业占GDP比重（+）	%
	1.3 科技创新	科技支出占财政支出比例（+）	%
		单位GDP发明数（+）	个/元

续表

一级指标	二级指标	三级指标	单位
2.自然禀赋（*NATL*）	2.1 水资源	人均当地水资源量（+）	米^3/人
	2.2 绿化资源	绿化覆盖率（+）	%
		城市建成区绿地率（+）	%
3.环境质量（*ENV*）	3.1 空气质量	$PM_{2.5}$（−）	微克/米^3
		空气质量非优良率（−）	%
4.节能减排（*ECER*）	4.1 能源消耗	单位GDP能耗（−）	吨标煤/元
		单位GDP工业用电（−）	千瓦时/元
	4.2 污染排放	单位GDP工业废水排放量（−）	吨/元
		单位GDP二氧化硫排放量（−）	吨/元
		单位GDP工业烟尘排放量（−）	吨/元
		单位土地面积二氧化硫排放量（−）	吨/千米^2
		单位土地面积工业烟尘排放量（−）	吨/千米^2
		固体废物未利用率（−）	%
5.污染治理（*PC*）	5.1 大气治理	单位GDP二氧化碳排放量（−）	吨/元
	5.2 水治理	城市污水未处理率（−）	%
	5.3 垃圾处理	城市生活垃圾无害化未处理率（−）	%

基于上述构建的基本变量，建立如下线性面板回归模型作为基准回归模型，以检验城市高质量发展的各个维度是否能有效促进该地区绿色金融竞争力GF的提升。

$$GF_{it}=\alpha+\beta_1 GROWTH_{it}+\beta_2 ENV_{it}+\beta_3 NATL_{it}+\beta_4 ECER_{it}+\beta_5 PC_{it}+\lambda_t+\mu pra \quad (式9-1)$$

式中：GF_{it}表示城市i在t年的绿色金融竞争力，$GROWTH_{it}$表示城市i在t年的经济发展水平，$NATL_{it}$表示城市i在t年的自然禀赋水平，ENV_{it}表示城市i在t年的环境质量水平，$ECER_{it}$表示城市i在t年的节能减排水平，PC_{it}表示城市i在t年的环境治理水平，λ_t为时间（年份）固定效应，μpra为省份固定效应。

各个指标的描述性统计情况如表9-3所示，每个指标的数据量均为204个，数据区间为2019—2023年长三角地区三省一市共计41个城市的各领域指标。所有数据均源自《中国统计年鉴》、各省份和城市的统计年鉴、Wind宏观数据库以及各地区政府官方网站所发布的公告，少数未能取得的数据均视数据的性质和特征，已用同城历年的数据或同年的省级数据进行填补。指标处理与权重设置均依据变异系数法来实现。

表9-3　描述性统计分析结果

Var	Count	Mean	SD	Min	Median	Max
GF	204	51.706	17.924	9.756	51.807	95.181
GROWTH	204	52.281	20.720	20	47.760	100
ENV	204	57.989	20.553	20	54.882	100
NATL	204	34.076	18.463	20	28.203	100
ECER	204	75.447	21.033	20	81.696	100
PC	204	81.589	17.259	20	87.231	100

相关性检验结果如表9-4所示，根据表中列（1）的结果，各城市的绿色金融竞争力与该地区的经济增长、环境质量和节能减排三方面之间的相关性在1%的置信

水平上显著为正，说明提高城市的绿色金融竞争力，有助于推动当地经济的发展，提升当地居民的生活环境质量，并在节能减排等环境保护战略方面也具有优势。

表9-4　相关性检验结果

Var	（1）GF	（2）GROWTH	（3）ENV	（4）NATL	（5）ECER	（6）PC
GF	1.000					
GROWTH	0.380***	1.000				
ENV	0.329***	0.130*	1.000			
NATL	0.078	−0.204***	0.396***	1.000		
ECER	0.237***	0.088	0.160**	−0.006	1.000	
PC	0.100	0.088	0.208***	0.000	0.251***	1.000

注：***、**、*分别表示在1%、5%和10%的水平上显著。

借助线性面板回归模型深度剖析发现（见表9-5），城市经济发展水平对绿色金融竞争力具有强劲的正向拉动作用，经济增长不仅为绿色金融提供雄厚物质根基与广阔市场空间，更激发了绿色金融创新活力。环境质量在多数回归分析中展现出显著正向促进效应，优质环境成为吸引绿色金融资源汇聚的磁石，能有力提升区域绿色金融竞争力。节能减排指标亦与绿色金融竞争力呈显著正向关联，凸显政府节能减排政策在引导绿色金融发展方向、激活绿色金融市场方面的关键效能。而自然禀赋与污染治理变量对城市绿色金融竞争力影响不显著，或因自然禀赋短期内相对稳定，污染治理效果显现有一定时滞性。

表9-5　基准回归分析结果

Var	（1）GF	（2）GF	（3）GF	（4）GF
GROWTH	0.2999*** (0.056)	0.3280*** (0.073)	0.2877*** (0.045)	0.2780*** (0.059)
ENV	0.2088*** (0.062)	0.0158 (0.080)	0.2662*** (0.050)	0.1214* (0.065)

续表

Var	(1) GF	(2) GF	(3) GF	(4) GF
NATL	0.0530 (0.068)	0.0947 (0.067)	0.0754 (0.054)	0.1095** (0.053)
ECER	0.1488*** (0.055)	0.1430** (0.059)	0.0873** (0.044)	0.0739 (0.048)
PC	−0.0253 (0.067)	−0.0035 (0.066)	−0.0042 (0.054)	0.0191 (0.053)
Constant	12.9451* (6.855)	27.0550*** (9.849)	−2.8829 (5.747)	9.9055 (8.166)
Observations	204	204	204	204
R^2	0.254	0.310	0.537	0.571
Year	N	N	Y	Y
Province	N	Y	N	Y

注：***、**、*分别表示在1%、5%和10%的水平上显著。

四、绿色金融区域实践的对策建议

（一）优化顶层设计，打破行政壁垒，协调区域绿色金融发展

长三角一体化发展的关键是协同。为更好地促进长三角生态绿色一体化发展示范区的建设并发挥其先行示范效应，各级政府单位之间应首先建立起有效的、常态化的信息沟通和工作协调机制，建立覆盖整个长三角地区的数据信息共享机制，推动区域绿色金融统一标准的制定。

（二）拓展碳账户应用场景和激励方式，在长三角地区构建区域碳账户体系

充分利用长三角地区三省一市具备的条件和能力，探索构建区域碳账户体系，共同拓展碳账户的应用场景和激励方式。运用市场机制和经济手段，对公众绿色低碳行为进行普惠性质奖励，以最大程度激发起全社会参与节能减排的积极性。可以借鉴衢州市个人碳账户系统平台建设工作的经验，推动相关数据和积分在银行机构与政府部门之间实现共享。

（三）基于碳排放双控的需要，开展有针对性的绿色金融基础设施建设

长三角地区三省一市政府协同调整相关的绿色金融体系标准，加快制定和实施绿

色产品、绿色企业的标准和标识。结合浙江、江苏、安徽的绿色项目库建设，制定区域绿色项目定义标准和项目库。搭建绿色金融科技综合服务平台，利用金融云、金融大数据、金融区块链等科技手段，对接绿色金融市场发展。

（四）整合现有试验区，形成合力，实现长三角绿色金融的组团式发展

长三角地区的绿色发展理念较强，经济发展动力稳定，有国家级首批绿色金融改革创新试验区，同时正在申报国家级首批绿色金融改革创新示范区，可以整合相关力量，形成长三角绿色金融发展合力，加快长三角区域经济向绿色化全面转型。

第三节

企业实践：环境信息披露与碳管理的企业行动

在绿色金融的企业实践领域，环境信息披露、碳资产管理以及碳资信评价是紧密相连且相互影响的重要环节，共同推动企业在绿色发展道路上前行。

一、企业环境信息披露的发展与测度

企业环境信息披露主要分为两大类，强制信息披露和自愿信息披露。强制信息披露一般是指法律法规、规章或规范性文件明确要求企业向社会公众披露信息，而自愿信息披露则是公司为了获取投资者而主动向社会公众披露信息。企业环境信息披露是ESG披露的主要内容之一，它涉及在ESG报告中披露与环境维度有关的事项，包括污染物排放、温室气体排放、能源利用等环境信息。这种做法与国家的“双碳”目标和可持续发展理念高度契合。ESG议题的出现与全球气候变化的紧迫性、风险管理的复杂性等因素紧密相连，因此，自ESG概念问世以来，环境信息披露一直是其不可或缺的组成部分。

国际上，美国率先构建上市公司环境信息披露制度，其ESG评价体系相对成熟，但自我约束仍有改进空间；欧盟将ESG披露纳入法规，强制要求大型企业披露环境信息，虽政策持续细化，但在成员国执行、框架统一及鉴证标准方面存在缺陷；印度孟买证券交易所仅要求部分大型企业承担披露义务。同时，国际上多种披露标准并行，GRI、ISO 26000、SASB 等各有侧重，虽ISSB准则有望统一，但目前仍未达成一致。

国内方面，“双碳”目标促使多部门联合规范上市公司环境信息披露，证监会及沪深交易所等陆续出台政策，要求不断深化企业环境信息披露。然而，当前存在诸多问题，强制披露范围有限，企业主动披露积极性低且存在“漂绿”现象，第三方鉴证缺失。各部门对披露主体界定不一，致使大型企业多强制披露、小型企业多自愿披露，整体质量欠佳。此外，国内与国际披露重点有别，且缺乏统一标准，不同机构标准重叠、定性定量内容协调困难，加上企业披露成本与收益失衡且缺乏外部审计约束，选择性披露问题严重。

为衡量上市公司环境信息披露表现，本节构建企业绿色透明度指数体系。该体系涵盖环保愿景指标、环境经济指标、环境治理指标、碳指标、排放指标5个一级指标及20个二级指标（见表9-6）。5个一级指标简介如下。

一是环保愿景指标：环境政策、方针和理念；下一年度环保目标。

二是环境经济指标：环保设施的建设、投资和运行费用；排污费、绿化费等税收支出；环保拨款补贴；环保技术研发投资费用。

三是环境治理指标：环境罚款与重大环境事故；建设项目环境影响评价和“三同时”验收制度；环境保护荣誉；环境认证；对合作企业的环保要求；公共环境福利；环境风险来源及对策。

四是碳指标：碳减排目标；碳减排行动；碳排放量和碳减排量。

五是排放指标：三废处理情况；本年度资源直接和间接消耗情况；本年度污染物（三废加噪声）直接和间接排放情况；因环保举措所节省的资源量与减少的排污量。

其中，定性指标（除环境保护荣誉、环境认证以外）满分2分，企业在披露信息中对其有详细的描述可得2分，简单描述可得1分，未提及得0分；环境保护荣誉按数量给分，1个1分，上限为3分；环境认证提及即得1分，具体认证项目按数量给分，1个1分，上限为3分。定量指标（除碳减排目标、碳减排行动以外）满分3分，有具体数据且结合详细描述可得3分，仅给出总量数据但无具体描述得2分，简单提及相关字眼得1分，未提及得0分；碳减排目标、碳减排行动提及一项得1分，提及两项及以上得2分。以上20个小项总分为53分，进行百分制处理后，得到企业绿色透明度指数。

表9-6　企业绿色透明度评估体系

一级指标	二级指标	指标性质
环保愿景指标	环境政策、方针和理念 下一年度环保目标	定性
环境经济指标	环保设施的建设、投资和运行费用 排污费、绿化费等税收支出 环保拨款补贴 环保技术研发投资费用	定量
环境治理指标	环境罚款与重大环境事故 建设项目环境影响评价和“三同时”验收制度 环境保护荣誉 环境认证 对合作企业的环保要求 公共环境福利 环境风险来源及对策	定性
碳指标	碳减排目标 碳减排行动 碳排放量和碳减排量	定量
排放指标	三废处理情况 本年度资源直接和间接消耗情况 本年度污染物（三废加噪声）直接和间接排放情况 因环保举措所节省的资源量与减少的排污量	定量

按照环保部2008年发布的《上市公司环保核查行业分类管理名录》以及证监会2001年发布的《上市公司行业分类指引》，本节确定了15个样本行业（化工、制药、火电、冶金、钢铁、煤炭、纺织、造纸、采矿、酿造、发酵、水泥、食品、建材、石化）的318家沪市和深市A股上市公司作为研究样本，采用企业2013—2023年的年报、社会责任报告和ESG报告作为数据来源，对应披露了2012—2022年的数据，因此下文以2012—2022年作为研究的时间跨度，来进行企业绿色透明度指数分析（见表9-7）。

表9-7　企业绿色透明度指数各指标得分统计（百分制）

指标名称	范围	满分	中位数	众数	平均数	标准差sd
总得分（百分制）	沪	100	62.26	64.15	60.6	14.88
	深	100	53.77	66.04	54.46	17.8
	总	100	60.38	66.04	58.34	16.47
环保愿景	沪	9.43	5.66	5.66	6.15	1.94
	深	9.43	5.66	5.66	5.47	2.08
	总	9.43	5.66	5.66	5.86	2.03
环境经济	沪	22.64	14.15	15.09	13.48	4.35
	深	22.64	13.21	15.09	12.63	4.62
	总	22.64	13.21	15.09	13.25	4.51
环境治理	沪	32.08	15.09	15.09	15.9	6.64
	深	32.08	13.21	11.32	14.22	6.96
	总	32.08	15.09	15.09	15.3	6.86
碳	沪	13.21	9.43	11.32	9.4	3.41
	深	13.21	9.43	11.32	7.62	4.48
	总	13.21	9.43	11.32	8.72	3.96
排放	沪	22.64	15.09	13.21	15.68	4.36
	深	22.64	13.21	22.64	14.52	5.14
	总	22.64	15.09	13.21	15.20	4.77

以15个样本行业318家沪市和深市A股上市公司2013—2023年报告为数据来源，分析2012—2022年数据。表9-7结果显示，2022年总得分平均数为58.34分，较2021年有所增长但增速放缓。沪市得分高于深市且差距扩大，从一级指标看，排放指标得分率最高，环保愿景与环境经济指标次之，碳指标得分提升显著，环境治理指标得分率最低。从行业和地区维度分析，不同行业、地区企业得分存在明显差异。

对此，我们建议企业环境信息披露的优化从多方面着手。鉴于当前我国ESG

信息强制披露规则适用范围有限，应将大型公司集团母公司及重要外资企业在华子公司等纳入，因其对ESG事务影响重大，有助于提升公司绩效且风险可控。同时，由于上市公司ESG披露规范层级低、激励不足导致选择性披露，政府、监管部门及交易所等应多渠道强化ESG理念推广，制定税收补贴等政策激励企业主动担责、主动披露与践行，使其融入企业价值观。此外，因企业ESG披露存在外部性，需监管部门干预并推动标准化，满足投资者需求，促进企业可持续发展。

二、碳资产管理理论与实践

碳资产管理依托于重要的理论基础。PDCA循环将管理过程分为计划、执行、检查和处理四个阶段，在碳资产管理中，计划阶段需确定碳减排目标并进行碳排放盘点以制定策略；执行阶段实施减排措施并确保人员培训；检查阶段监测碳排放数据评估效果；处理阶段总结经验调整策略，通过不断循环提升管理水平。生命周期分析（LCA）则从原材料提取到产品最终处置的全生命周期评估环境影响，分为确定目的与范围、构建清单、进行影响评价和结果解释四个步骤。在碳资产管理中，企业依据此确定碳排放分析边界，收集能源和物料消耗数据，利用标准化指标量化评估环境影响，识别碳排放源和减排机会，进而优化管理策略，为碳资产管理提供科学指导。

以过程方法、PDCA循环、生命周期分析理论、风险管理理论以及ISO管理体系标准的协调结构为编制基础，上海环境能源交易所股份有限公司（简称“上海环交所”）、上海质量管理科学研究院（简称“上海质科院”）、复旦大学可持续发展研究中心等单位联合起草，中国工业节能与清洁生产协会发布了团体标准——T/CIECCPA 002—2021《碳管理体系 要求及使用指南》（简称“碳管理体系”）。该标准为各类组织建立、实施、保持并持续改进碳管理体系提供了一套方法论，其下涵盖碳排放管理、碳资产管理、碳交易管理和碳中和管理四大体系，适用于任何规模、类型、复杂程度和性质的组织。碳管理体系结构如图9-1。

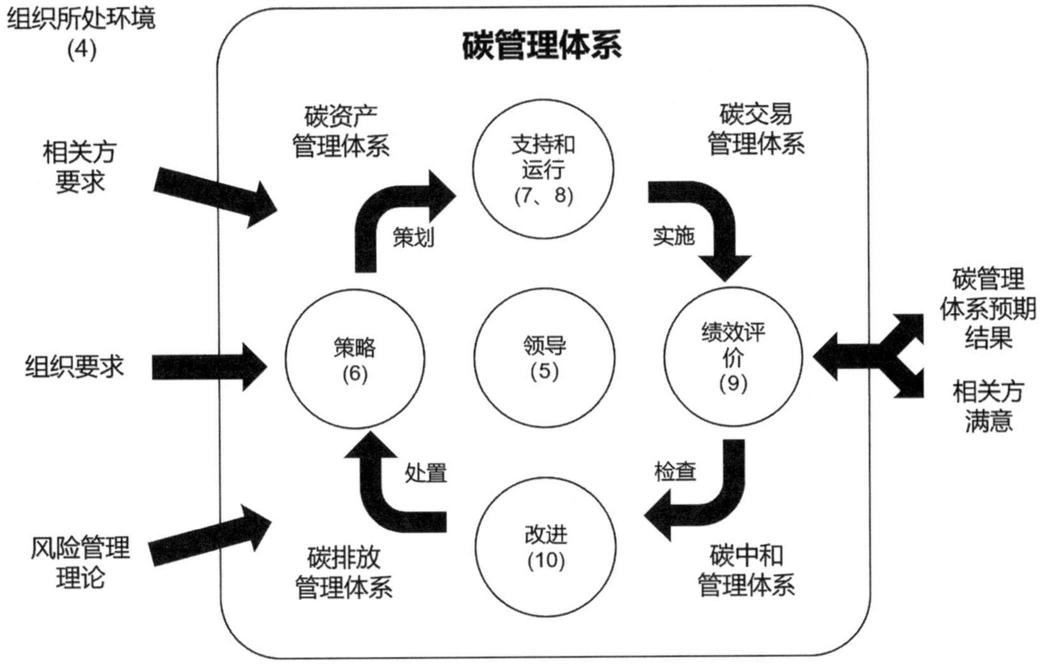

图9-1　基于PDCA循环的碳管理体系结构示意

资料来源：T/CIECCPA 002—2021《碳管理体系　要求及使用指南》。

实践方面，造纸行业龙头企业山鹰国际依次完成了碳管理体系的策划设计、实施运行、绩效评定和持续改进。经过这一严谨的流程，2022年10月，山鹰国际成功通过了EATNS碳管理体系的评审，成为全国首批获得该认证的企业之一。碳资产管理框架的成功落地极大地提高了山鹰国际碳资产管理水平，并为企业创造了多方面价值。

在资产盈利方面，山鹰国际通过参与碳交易市场交易，成功地将原本可能增加企业成本的碳排放履约义务转变为收入来源。此外，得益于出色的节能减排表现，山鹰国际获得了多项政府给予的税收优惠和补贴，增强了企业的盈利能力和市场竞争力。实施碳管理体系前后碳交易量和利润对比见表9-8。

表9-8　实施碳管理体系前后碳交易量和利润对比

对比项	交易量/交易利润
实施碳管理体系前碳交易量	购买1.46万吨碳配额（2020年）
实施碳管理体系后碳交易量	卖出10.46万吨碳配额（2021年） 卖出93.40万吨碳配额（2023年）
实施碳管理体系前碳交易利润	-70万元
实施碳管理体系后碳交易利润	约500万元（2021年） 超5000万元（2023年）

在降本增效方面，山鹰国际通过建立碳资产管理体系并制定具体的减排目标，有效推动企业在节能减排和技术革新上取得显著进展，为成本控制奠定了坚实基础。2022年总公司及子公司通过采取能源结构优化、造纸技术改进、设备设施能效等级提升、余热余能回收、光伏发电、资源综合利用等措施，单位产品碳排放量下降10.53%，合计减少二氧化碳排放743527.20吨，相比之前实际达成节能1.5%，年均节约成本1500万元。实施碳管理体系前后企业单位产品碳排放量对比见表9-9。

表9-9　实施碳管理体系前后企业单位产品碳排放量对比

对比项	交易量
实施碳管理体系前企业单位产品碳排放量	0.96吨二氧化碳当量/吨产品（2020年）
实施碳管理体系后企业单位产品碳排放量	0.94吨二氧化碳当量/吨产品（2021年） 0.83吨二氧化碳当量/吨产品（2023年）

在产业链一体化方面，山鹰国际凭借对可持续发展的战略布局，已成功构建从原料采集、生产、包装到回收的全产业链闭环系统，尤其在再生纤维回收和固体废料发电方面成绩显著。目前，山鹰国际在国内的年回收纤维合作量已超过200万吨，同时在海外实现了年回收再生浆供应量约90万吨，不仅极大提升了公司原料供应的稳定性和自给率，也增强了公司的成本控制能力和盈利潜力。

在品牌形象和客户关系方面，作为行业内率先加入科学碳目标倡议以及首批贯标EATNS碳管理体系的企业，山鹰国际积极承担起我国“双碳”目标下的环境、社会与治理责任，显著提升了品牌形象和全球影响力，吸引了更多支持可持续发展的客户。2022年，山鹰国际包装板块产量21.48亿平方米，同比增长8.02%；销量21.36亿平方米，同比增长5.49%，产销率达99.44%，成功实现逆势增长。

三、碳资信评价理论与实践

在气候变化的大背景下，碳资信评价应运而生。气候具有显著外部性，“公地悲剧”致使气候问题严峻，气候变化带来物理与转型风险。衡量气候政策影响的气候变化综合评估模型（IAMs）等为研究提供框架，这一系列模型（Nordhaus, 1977&1991&1992; Nordhaus et al., 1996）是由经济学家William D. Nordhaus于20世纪70年代开始构建，为研究气候变化对经济的影响提供了重要框架。穆迪等也推出相关工具助力评估气候风险（见图9-2）。

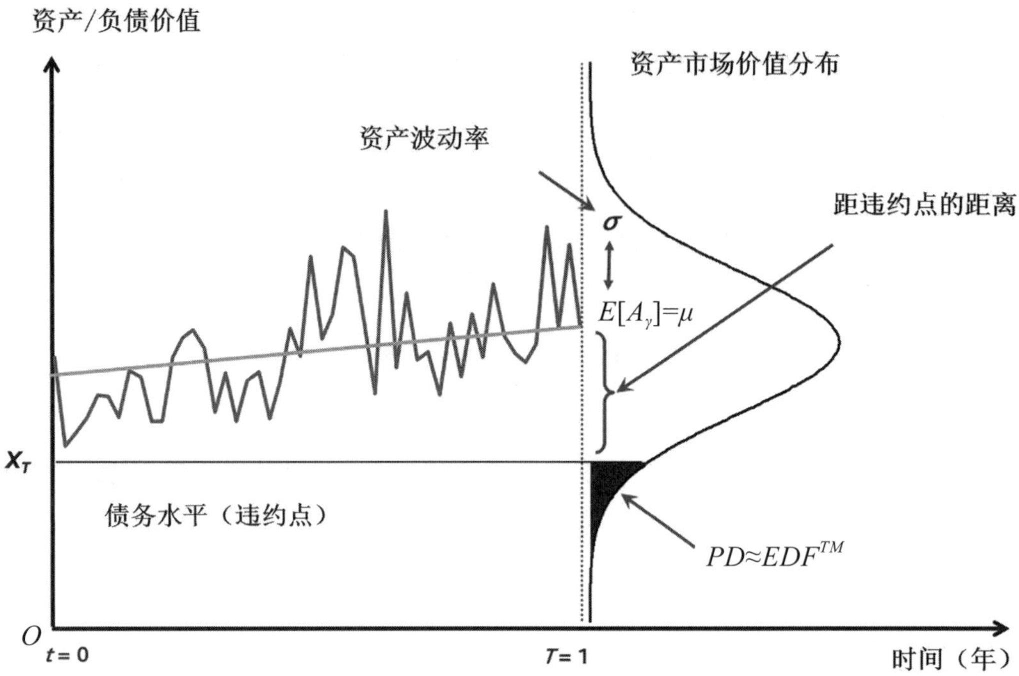

图9-2　穆迪预期违约率模型

资信评价在金融商业领域极为关键，而碳资信评价旨在帮助企业解决碳排放信息不对称问题。在碳背景下，信息不对称体现为各方对企业碳排放及环境风险了解不足，碳资信评价通过构建标准化评估框架，深入剖析企业应对气候变化与碳中和的表现，精准衡量其履行承诺的能力与意愿，从而为监管机构和公众提供判断依据，在绿色金融体系中发挥着重要的作用。

实践方面，2022年，上海环交所联合复旦大学可持续发展研究中心等专业机构，率先提出了“碳资信”这一创新概念，并启动了相应的研究工作。2022年4月24日，在中国节能协会的支持下，《企业碳资信评价规范》正式立项。2022年6月1日，上海环交所、国网宁波供电公司等单位联合推动宁波成为全国首个开展碳资信评价及金融应用的试点城市。2022年6月29日，宁波市生态环境局牵头印发了《宁波市开展碳资信评价体系建设及金融应用试点实施方案》。2022年10月1日，《企业碳资信评价规范》正式发布实施。该规范首次为企业碳资信评价提供了一套全面的评价指标与明确的等级划分，确立了企业碳资信评价的完整流程，有效弥补了现有信用评级体系与ESG评级体系的不足，并且为金融机构评价相应主体的碳风险、碳价值提供了专业工具，有助于吸引更多社会资本投入社会低碳转型和绿色低碳企业的发展中。

企业碳资信评价体系专注于评估企业在实现碳中和目标的过程中履行承诺的意愿和能力，通过三等九级的专业评级符号，细致地反映出企业在适应气候变化方面的水平和竞争力。从操作层面来看，碳资信评价采用“业务碳风险—资产碳风险”二元划分架构；遵循四层推进逻辑，即“评价因素确定—重要性评估—基准核定—基准调整”四个步骤，层层推进，确定企业的碳资信等级。其框架（见图9-3）的关键在于识别不同企业的碳关键主题、衡量各类企业的碳关键主题风险暴露程度以及企业在具体碳因素方面的表现。

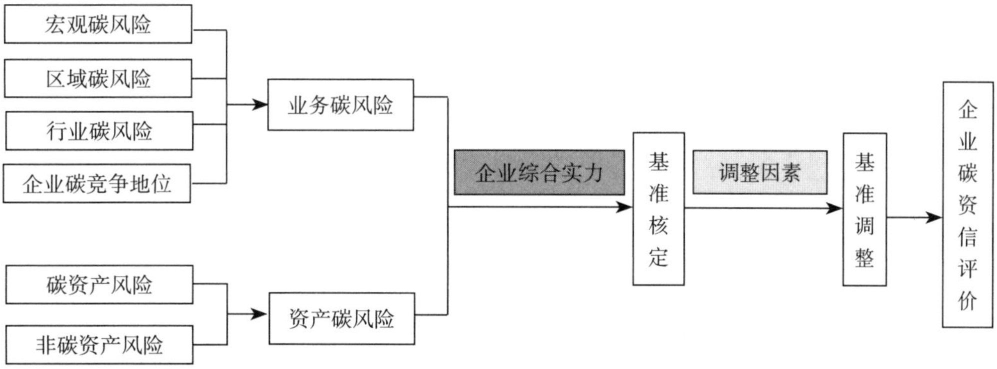

图9-3　企业碳资信评价逻辑框架

宁波市实施的碳资信相关政策已显著惠及当地小微企业，促进了企业的转型升级，并有效反哺了当地的低碳经济发展。宁波市发展和改革委员会披露的数据显示，截至2022年10月底，宁波市区域内共有23家企业参与碳资信评价，合作银行增至5家，已为4家企业发放合计2533万元的绿色贷款。企业最高可享受贷款额度翻倍和利率下降20%的优惠，平均每家企业年利息可减少约8万元。碳资信评价不仅拓宽了企业的绿色融资渠道，降低了融资成本，还为企业实施节能减排措施、增强碳经济适应性和竞争力提供了方向，从而推动了企业的可持续发展。截至2024年底，企业碳资信评价除了已在宁波市、徐州市两地落地实施外，另有17个省市正在积极引入，据统计，全国已有14家银行采纳企业碳资信评价体系（见表9-10）。

表9-10 已采纳企业碳资信评价体系的银行

序号	所在区域	银行名称
1	宁波市市辖区	中国银行宁波分行
2		中国农业银行宁波分行
3		中国建设银行宁波分行
4		中国邮政储蓄银行宁波分行
5		鄞州银行
6	宁波市慈溪市	慈溪农村商业银行
7	徐州市	中国银行徐州分行
8	徐州市	江苏银行徐州分行
9		南京银行徐州分行
10		招商银行徐州分行
11		浙商银行徐州分行
12		兴业银行徐州分行
13	沈阳市	盛京银行
14	常州市	江南农村商业银行

四、碳金融三大核心基础设施“三位一体”

企业在绿色金融实践中，信息披露是基础，通过透明化信息展示企业环境责任履行情况。在数据方面，复旦大学可持续发展研究中心开发了全国首个碳价指数——复旦碳价指数（Carbon Price Index of Fudan，CPIF），该指数对碳配额、CCER、国内绿证等产品价格进行预测，引导碳市场要素优化配置。

复旦碳价指数通过评估碳资产价值，指引碳资产管理方向，为碳资信评价提供计量工具；碳资产管理是碳资信评价的基础，引导碳资产交易决策；碳资信评价是碳资产管理的动力，打通了碳资产价值变现通道。三者共同构成了碳金融三大核心基础设施，“三位一体”相互联动，互为补充，共同赋能碳中和（见图9-4）。企业需协同推进这三方面工作，不断提升绿色发展水平，以更好地适应绿色金融发展潮流，实现可持续发展目标，在应对气候变化和推动经济绿色转型中发挥重要作用，同时也为行业内其他企业提供可借鉴的实践经验和发展路径。

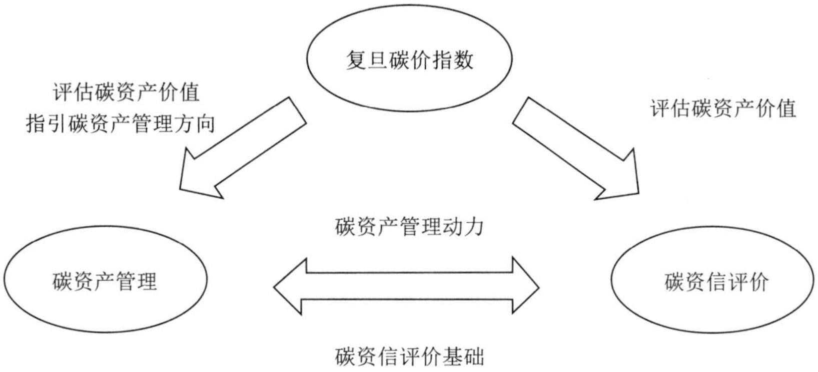

图9-4　碳金融三大核心基础设施

第四节

居民实践：碳账户与普惠金融应用

一、居民端降碳的内涵与机制

在全球绿色发展的浪潮中，居民端降碳成为实现“双碳”目标的关键环节。居民消费端碳排放具有占比高且场景分散繁杂的特点，食品、医疗保健等领域的碳排放在居民消费端碳排放中占据重要地位。与生产端相比，其减排面临独特挑战，如减排行为分散、定量标准化困难、重复性与真实性问题突出。但鉴于其重要性及国际经验，推动居民消费端碳减排势在必行，碳账户与普惠金融的融合应用由此而生。

碳账户作为金融基础设施创新的核心，围绕碳减排资产构建，区分个人与企业碳账户，相关实践如图9-5所示。企业碳账户依托国家碳排放权交易体系，聚焦碳排放量资产核算，服务企业碳交易，要求高精度数据。个人碳账户基于碳普惠机制，针对碳减排量资产，虽受限于数据与间接排放占比，但在局部上可以实现核算标准统一，其关键在于通过量化激励推动居民绿色生活转型，挖掘场景、核算减排量与探索激励路径是发展重点。

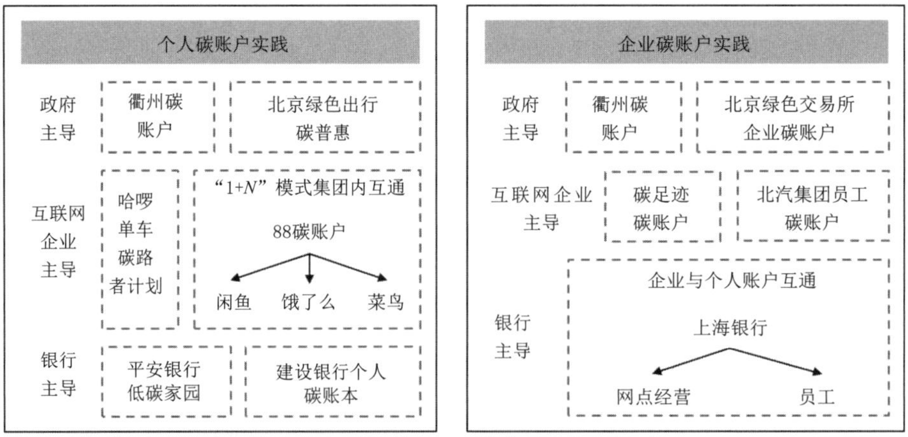

图9-5　碳账户实践

普惠金融与数字金融协同为居民碳减排赋能。普惠金融秉持公平包容理念，服务弱势群体，助力社会公平与消除贫困。碳普惠机制为公众低碳行为赋值，碳普惠金融将其与金融创新结合，以个人碳账户为载体推动碳金融产品创新。数字金融运用大数据等技术构建智慧生态，为碳账户提供技术支撑，实现碳足迹与减排量精准核算（丁凡琳，2022），打破了信息孤岛，连通了碳账户与多元市场，提升了居民减排动力与参与度。

二、个人碳账户

个人碳账户实践涵盖行为采集、量化核算与激励机制。行为采集挖掘海量消费数据中的绿色场景，是后续环节的基础。量化核算依据科学方法学，界定基准行为，精准度量个人低碳行为减排贡献，为绿色消费提供指引。激励机制将减排量转化为碳积分，居民借此兑换多元奖励，实现碳资产价值变现，激励绿色行为循环，促进低碳生活习惯养成。个人碳账户建设逻辑如图9-6所示。

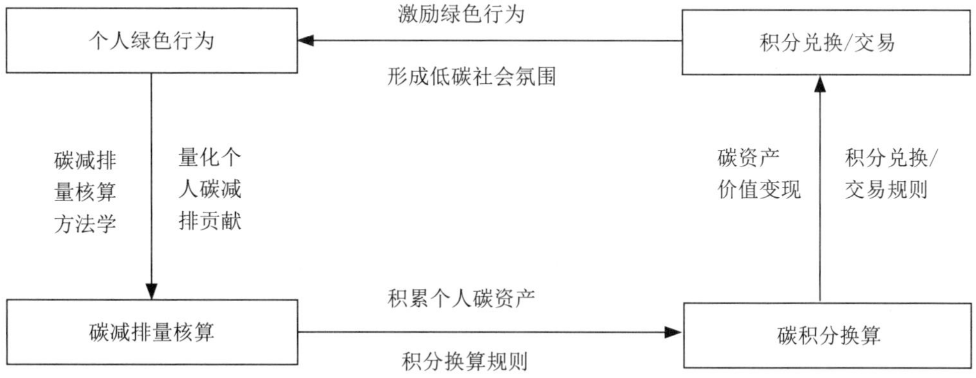

图9-6　个人碳账户建设逻辑

资料来源：卢乐书，《碳账户》。

根据设立主体的不同可将个人碳账户分为以下三类，分别是政府主导的个人碳账户、企业主导的个人碳账户和金融机构（以商业银行为主）主导的个人碳账户（孙传旺 等，2022；邱峰 等，2023）。

政府主导的个人碳账户，代表产品包括西宁碳积分（青海）、津碳行（天津）、春城低碳积分（昆明）、碳碳星球（武汉）、赣通碳汇（江西）等。该类碳账户获取政策支持较多，公益性强，可信度高，还可通过区域性试点先行探索碳资产交易机制和路径。但由于该类碳账户往往只能优先覆盖本地，因此参与度偏低，激励较小；若无商业体、互联网平台参与，可能会存在参与用户不多、减碳场景不足、活跃度不高等方面的缺陷，难以形成市场化可持续的运营模式。

企业主导的个人碳账户，可分为互联网公司主导的和普通企业主导的两类，代表产品包括青流计划（京东物流）、青山计划（美团外卖）、二手商品碳账户（闲鱼）、绿色消费碳账户（饿了么）、低碳e点（国家电投）、小绿店（肯德基）等。其中互联网企业主导的个人碳账户占多数，其用户基数大、活跃度高、聚集力强，减碳场景设定经验丰富，数据采集能力强大，记录反馈及时，参与门槛较低，但也存在未与政府端对接，难以形成公众减排的总碳账本等问题；若独立推进，则存在碳减排的衡量标准很难得到广泛认可，平台间的计算方式和标准难以统一等问题（景司琳 等，2023）。

金融机构主导的个人碳账户，代表产品包括“锡灵力”（无锡锡商银行）、个人碳账户（济宁银行）等。其与金融服务场景的结合更为紧密，客户群体庞大，能通过信用卡、借记卡等与消费场景相结合；同时借助完整的内部运营体系、严格的外部监管体系及丰富的账户体系运作经验，为量化碳减排提供数据记录和平台基础，公信力较强。但由于数据来源有限，缺乏覆盖全生活场景的功能和海量用户数据支撑，不利于对客户进行精准画像，制约了零售金融业务应用场景的丰富和拓展，在功能的丰富性、权益兑换的便利性和实用性方面仍需完善。

三、碳普惠金融

碳普惠金融是依托碳普惠机制和个人碳账户形成的新型个人碳金融模式，其实践架构包括制度体系、涉及领域、参与主体、激励模式等要素（陶叶炜 等，

2023）。从覆盖领域来看，目前国内碳普惠金融已覆盖衣、食、住、行、游等消费领域，以及能源、建筑、交通、农业碳汇、林业碳汇、湿地碳汇及海洋碳汇等领域。从参与主体来看，国内碳普惠金融的参与主体除了小微企业、家庭及个人以外，还包括政府部门、投资机构和公益机构等；从制度体系来看，政府部门发布的有关实施方案、建设指南、管理办法及方法学或相关标准与规范文件等，是国内碳普惠金融建设的制度体系支撑；从激励模式来看，目前国内碳普惠金融一般采用将低碳行为转化为减排量或碳积分的方式，用以参与商户优惠兑换、公益活动或碳抵销等。碳普惠金融基本框架如图9-7所示。

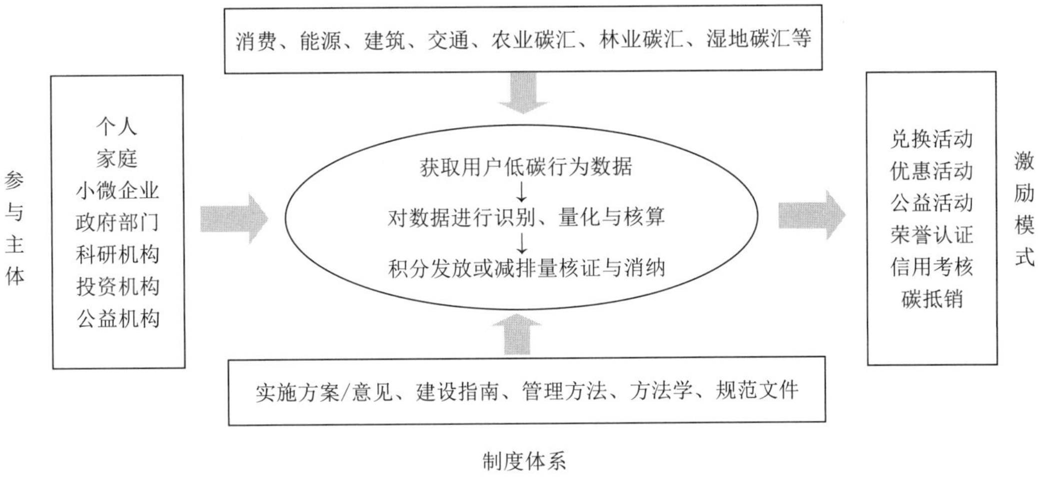

图9-7 碳普惠金融基本框架

碳普惠平台是集成个人碳账户，服务广大市民实现碳普惠金融的主要平台载体。碳普惠平台通过与公共机构数据对接，按照相应的方法学计算出低碳场景下公众低碳行为的减排量，并按照一定的规则给予相应的碳积分。公众可使用碳积分在碳普惠平台上换取商业优惠、兑换公共服务，也可进行碳抵销或进入碳交易市场抵销控排企业碳排放配额。平台运行模式如图9-8所示。

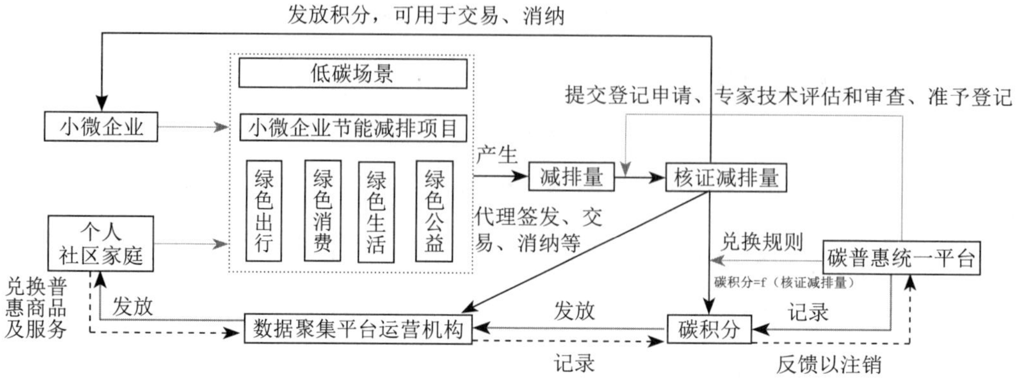

图9-8　碳普惠平台运行模式

资料来源：生态环境部、北京绿普惠网络科技有限公司。

政府主导模式（见表9-11）在广东、北京等地实践，构建统一平台，融合数据、创新标准、打通市场，实现碳普惠生态闭环。广东率先试点，建立全省碳普惠体系，量化居民低碳行为给予奖励并推动碳交易。北京、青岛等地也各具特色，促进公众、企业与政府协同。

表9-11　国内区域碳普惠金融实践

日期	区域	碳普惠制度实践
2015年7月	广东	广东省成为全国首个碳普惠试点省份。《广东省碳普惠制试点工作实施方案》中，将广州、东莞、中山、惠州、韶关、河源等6个城市列为首批试点城市
2017年3月	河南	洛阳市和致荣农业开发有限公司联合河南碳汇实业有限公司将其所属2000亩碳汇林2016年度产生的2053吨碳汇，捐献给碳普惠（河南）运营中心，标志着全国首例碳普惠公益林业碳汇项目正式启动运行
2017年4月	广东	《广东省发展改革委关于碳普惠制核证减排量管理的暂行办法》的通知发布，正式将PHCER（碳普惠制核证自愿减排量）纳入碳排放权交易市场补充机制
2017年6月	广东	广州碳排放权交易所举行了广东省省级碳普惠制核证自愿减排量首次竞价活动

续表

日期	区域	碳普惠制度实践
2020年9月	北京	北京市交通委、北京市生态环境局联合高德地图等机构共同启动“MaaS出行绿动全城”行动，推出绿色出行碳普惠激励措施
2021年6月	青岛	青岛市作为全国低碳试点城市和数字人民币试点城市，上线全国首个以数字人民币结算的碳普惠平台“青碳行”App
2021年7月	苏州	苏州市作为工业城市和国家低碳试点城市成为全国首个建立碳账本的城市，苏州高新区设立了绿普惠碳中和促进中心
2021年10月	江西	江西省市场监管局批准发布实施《碳普惠平台建设技术规范》和《碳普惠平台运营管理规范》两项地方标准
2022年3月	浙江	浙江省发展改革委牵头开发建设的“浙江碳普惠”应用上线，是全国首个省级碳普惠应用

资料来源：根据各政府网站公开资料整理。

企业主导模式分非金融机构与金融机构两类（见表9-12）。非金融机构如蚂蚁森林等，将低碳行为与公益结合，激发公众参与；金融机构如中信银行等，依据碳账户等级提供信贷优惠与积分兑换，推动金融服务与碳普惠互动，为碳普惠金融注入活力。

表9-12　企业主导的碳普惠金融模式

类型	发起时间	发起企业	碳普惠产品（模式）
非金融机构主导	2016年8月	蚂蚁集团	蚂蚁森林
	2017年6月	京东物流	青流计划
	2017年8月	美团外卖	青山计划
	2020年1月	蔚来汽车	Blue Point蓝点计划
	2021年4月	广汽集团	GLASS绿净计划
	2021年8月	能链快电	车主碳账户
	2021年8月	哈啰出行	小蓝碳账户
	2021年8月	国家电力投资集团	低碳e点

续表

类型	发起时间	发起企业	碳普惠产品（模式）
非金融机构主导	2021年11月	顺丰快递	绿色碳能量
	2022年4月	饿了么	e点碳
	2022年6月	满帮	碳路计划
	2022年6月	联想集团	联想乐碳圈
	2022年8月	阿里巴巴	88碳账户
	2022年10月	曹操出行	碳惠里程
金融机构主导	2018年10月	衢州农商行	个人碳账户
	2022年3月	日照银行	个人碳账户
	2022年4月	中信银行	中信碳账户
	2022年5月	平安银行	低碳家园
	2022年6月	邮储银行	C邮记
	2022年7月	浦发银行	个人碳账户
	2022年8月	汉口银行	个人碳账户
	2022年9月	建设银行	个人碳账本
	2022年9月	青岛农商行	碳惠通

资料来源：生态环境部、北京绿普惠网络科技有限公司。

四、建设中国特色的居民消费端碳减排体系

居民消费端碳减排的重要性日渐凸显，但由于其碳排放存在场景分散、碳减排量较小、难以定量，以及标准化、数据不互通易被重复计算等问题，构建“个人碳账户—数字金融—碳普惠金融”三位一体的居民消费端碳减排体系就显得尤为关键。个人碳账户通过对用户碳排放水平及持有碳资产进行核算、登记、存储和交易，能逐步实现碳资产的价值变现。数字金融作为联通个人碳账户和碳普惠金融的技术桥梁，能利用大数据等先进技术为个人碳账户的核算、登记、交易等方面提供支持。碳普惠金融作为一种以碳普惠机制为基础的新型个人碳金融模式，通过建立个人碳账户，将个人或小微企业的减排量货币化并允许其在相关碳金融市场上进行交易，能够带动相关个人碳金融产品的创新实践，推动绿色低碳消费习惯的形成。

构建“个人碳账户—数字金融—碳普惠金融”三位一体的居民消费端碳减排体系，需要依赖地方政府、平台企业（互联网企业及商业银行）利用数字化技术在不同维度上优势互补，建立深度整合、互联互通、多层次、立体化的中国特色个人碳账户体系和碳普惠金融生态，全方位引导和促进消费端碳减排。

根据上述分析，给出如下几点建议：在资产联通上，基于国家 CCER 核证方法学，推进多领域方法学研究与认可，试点探索碳减排量应用与交易，实现个人碳资产与其他碳资产联通；主体联通方面，平台企业发挥关键作用，搭建碳交易平台，运用数字金融技术整合资源，优化碳减排量流转与结算，激励居民参与；市场联通上，政策引导碳市场与金融市场、商品市场融合，创新碳金融产品，建立绿色消费与碳减排兑换机制，促进市场繁荣；区域联通方面，遵循渐进原则，借数字金融技术与政策支持，从平台内部交易联通逐步拓展至更大区域，形成全国乃至全球协同格局，为实现“双碳”目标奠定坚实基础。

本章小结

绿色金融在区域、企业和居民层面的实践已取得阶段性成果，但仍面临诸多挑战。长三角地区虽构建起相对完善的绿色金融发展框架，但在标准统一、信息共享和产品覆盖等方面仍有较大提升空间；企业在环境信息披露和碳管理实践中，逐步意识到其重要性并积极行动，但在披露质量、管理体系优化和激励机制强化等方面尚需持续改进；居民端碳账户与普惠金融实践虽已起步并呈现良好发展态势，但在体系完善、市场联通和区域协同等方面仍任重道远。未来，应强化区域间绿色金融协同发展机制，完善企业绿色金融规范与激励体系，深化居民消费端碳金融创新与融合发展路径，全方位提升绿色金融服务实体经济绿色转型的效能，推动全球绿色发展目标稳步实现。

结语：做好中国绿色金融大文章

生态文明是工业文明发展到一定阶段的人类文明新形态，发展形态也相应从高速增长迈向高质量发展，而推动经济社会发展绿色化、低碳化则是实现高质量发展的关键环节，是建设人与自然和谐共生的现代化的内在要求。习近平总书记直接指出，绿色发展是高质量发展的底色，新质生产力本身就是绿色生产力[1]。2024年7月31日，《中共中央 国务院关于加快经济社会发展全面绿色转型的意见》发布，将推动经济社会发展绿色化、低碳化上升到新时代党治国理政新理念新实践重要标志的高度，要求将绿色转型的要求融入经济社会发展全局，全方位、全领域、全地域推进绿色转型。

要实现高质量发展，就需要发展新质生产力和绿色生产力，大力发展绿色科技创新和先进绿色技术，打造高效生态绿色产业集群。为此，必须全面深化经济体制和科技体制改革，尽快形成与新质生产力相适应的新型生产关系。做好绿色金融大文章正是适应经济体制和金融政策深化改革的根本要求，必将充分发挥绿色金融对发展绿色生产力和实现绿色高质量发展的牵引作用，创新资本要素配置方式和环境要素定价功能，优化资金供给结构，促进各类资金资源更多地向发展绿色生产力集聚，大幅提升绿色全要素生产率，不断推进和深化生态文明建设和人与自然和谐共生的现代化建设。

全书紧紧围绕“做好中国绿色金融大文章，积极推动绿色发展与中国式现代化”这个主题来展开。在概念篇章中，本书更准确地定义了绿色金融的基本概念。绿色金融是指支持环境保护、气候应对以及绿色生产力、绿色高质量发展、人与自

[1] 包存宽. 因地制宜发展绿色生产力[N]. 人民日报，2024-10-18（9）.

然和谐共生的现代化的金融服务。在碳中和背景下，碳金融构成绿色金融的重要内容，碳金融的功能需要借助碳市场的充分发展才能发挥出来。绿色金融需要各级政府、金融机构以及企业等市场主体多方参与，通过“政府+市场”的“自上而下”和“自下而上”的双向绿色创新来推动碳中和实现高质量发展（陈诗一，2019）。绿色金融具备资源重置、风险管控及资产定价三大功能，可以有效解决效率、公平和外部性三个问题。

在绿色金融机理部分，全书分章节介绍了绿色财税、绿色信贷、绿色债券、绿色保险、碳金融、绿色金融风险管理六个专题。绿色财税是推动绿色发展的重要手段，财税政策的绿色转型顺应了国家治理现代化和生态文明建设的必然趋势。从理论机制来看，绿色财税政策在解决生态环境外部性、降低环境不确定性、促进系统性治理和提供公共产品方面具有关键作用。我国绿色财税政策正逐渐摆脱单纯依靠单一工具，转向综合利用各种政策工具，但多主体参与、多维发力、全链条嵌入的多元目标发展态势尚未形成，绿色财税政策完善仍有较大空间。我国的绿色信贷和绿色债券市场发展迅猛，目前资金存量规模全球数一数二。我国自2007年开始提出绿色信贷机制，旨在利用优惠的信贷政策，包括贷款额度、期限和利率等，来鼓励企业实施绿色投资，鼓励银行在合理评估风险基础上引导信贷资源进行绿色化、低碳化配置。目前，我国已经建立了绿色信贷政策体系，对银行开展绿色信贷的方向、目标、组织管理、流程管理、内控管理、信息披露与监督检查等方面作出了明确规定，绿色信贷必将对企业新质生产力和绿色发展发挥牵引作用。绿色债券则为企业提供了一个低成本、高效率的直接融资渠道。企业通过发行绿色债券，能够募集到专门用于绿色环保技术发展的资金，缓解了企业在传统融资渠道收紧情况下的资金约束问题。这种流入的资金，不仅能提升企业的投资效率，还能推动企业在绿色技术和绿色工艺上的创新和突破，成为连接企业融资需求与绿色发展目标的关键角色。我国绿色债券市场起步较晚，但目前累计绿色债券发行规模已位列全球第二。

绿色保险主要从两个方面来促进经济社会绿色发展。一方面，绿色保险可以参与环境污染事故处理，有利于分散企业的经营风险，促进其快速恢复正常生产，有力增强企业环境风险管理能力；另一方面，还有利于使受害人或企业及时获得经济补偿，稳定经济秩序，减轻政府负担，提升绿色发展的稳定性。研究发现，环境污染责任保险试点政策实施后，突发性环境事故的发生频率显著降低，废水排放总量也明显下降，但是对企业的环境风险管理能力有负面影响，存在道德风险问题，需要对政策相应进行完善。本书还探讨了碳金融主题。从发展情况来看，国外碳金融市场发展较为成熟，而国内碳金融市场受制于碳交易市场的单一化还处于起步阶段。本书通过对我国碳金融市场的建设情况进行分析，提出了中国特色碳金融政策的设计思路。在碳金融主题下，本书还探讨了碳关税相关议题，欧盟碳边境调节机制（CBAM）作为欧盟绿色协议的一部分，目的是防止碳泄漏并保护欧盟企业的竞争力，但对发展中国家尤其是中国的出口贸易构成了挑战。本书通过分析CBAM对全球贸易格局可能造成的扭曲效应，以及对中国碳密集型产品出口贸易竞争力的潜在影响，提出了中国应对碳关税的策略。本书还对绿色金融风险的来源、机制和管理策略进行了详细的分析，从根本上推动以环境风险、气候风险为代表的一系列绿色风险内生化，使之成为影响金融资产定价的重要因素。绿色金融风险管理的提质增效依然需要通过改革创新绿色金融政策来大力推进。

在绿色金融实践部分，本书分别从长三角的绿色金融区域实践、企业绿色金融实践以及居民绿色金融实践三个角度来进行介绍。长三角绿色金融发展竞争力评价显示，长三角城市群的绿色金融工作在近几年取得了持续的发展。尽管各个城市间在政策制定、风险防范与激励约束机制方面尚无统一标准，但通过省市两级政府的政策推动，各个城市的绿色金融发展都在持续深化或拓展。环境信息披露既是评价企业和投资机构ESG表现的基础，也是政府绿色监管的依据。目前，我国环境信息披露成效不足主要体现在披露意愿弱和披露质量低两个方面。未来，随着我国环境信息披露制度的规范以及全民绿色发展理念的普及，企业将越发重视环境表现对于企业价值的正向影响。企业碳资产管理和碳资信评价是企业践行“双碳”目标的重要手段。本书探讨了碳资产管理的理论基础，通过山鹰国际的实践案例，介绍了企业如何构建全新的碳资产管理报表体系。本书还分析了碳资信评价的基本方法及其在宁波等地的企业实践案例。复旦碳价指数将为碳资产管理和碳资信评价提供碳定价依据，它们共同构成了碳金融“三位一体”的基础设施。我国在居民消费端利用数字金融赋能个人碳账户和碳普惠，进行了一系列实践。本书探讨了普惠金融理念下的碳普惠制度，总结了政府、企业和金融机构不同主导模式的国内个人碳账户实践案例，提出了建设具有中国特色的居民消费端碳减排体系的碳账户构建思路。

2024年3月，中国人民银行等7部门发布了《关于进一步强化金融支持绿色低碳发展的指导意见》，这是继2016年发布《关于构建绿色金融体系的指导意见》，时隔近8年后，7部门再次发布的绿色金融重磅政策，新版指导意见的发布标志着我国绿色金融正式升级，进入2.0时代。新版指导意见更好地遵循了经济学基本原理，有助于实现更有效的绿色低碳发展，做好绿色金融大文章。未来需要做好如下几个方面的工作：一是进一步改革资本端的生产关系，优化绿色金融政策和资金供给结构，使之更好适应新质生产力的发展要求；二是充分发挥绿色金融的资产定价功能，解决环境外部性问题，包括外部成本的内部化和外部收益的内部化两方面，为企业的绿色行为创造激励机制；三是充分发挥绿色金融的资源重置和风险规避功能，为生产和消费源源不断地提供绿色信用，逐步形成绿色资本加速累积效应或绿色资本放大效应，不断缩小环境保护与绿色发展上的巨大资金缺口；四是绿色金融的发展目标需要满足应对气候变化和保护生态环境达到动态均衡水平所需要的资源投入，以此决定未来全社会绿色低碳发展的力度，过少或过多的投入都将损害绿色低碳发展效率。

参 考 文 献

埃文斯，2020. 环境治理[M]. 石超艺，主译. 上海：华东理工大学出版社.

巴曙松，丛钰佳，朱伟豪，2019. 绿色债券理论与中国市场发展分析[J]. 杭州师范大学学报（社会科学版），41（1）：91-106.

蔡海静，2013. 我国绿色信贷政策实施现状及其效果检验：基于造纸、采掘与电力行业的经验证据[J]. 财经论丛（1）：69-75.

柴尚蕾，周鹏，2019. 基于非参数Copula-CVaR模型的碳金融市场集成风险测度[J]. 中国管理科学，27（8）：1-13.

曹婧，毛捷，2022. 财政分权与环境污染：基于预算内外双重视角的再检验[J]. 中国人口·资源与环境，32（4）：80-90.

曹媛媛，刘松涛，刘煜珅，2017. 中国绿色债券评估认证制度[J]. 中国金融（14）：69-71.

陈奉功，张谊浩，2023. 企业发行绿色债券的经济与环境后果研究[J]. 广东财经大学学报，38（3）：38-53，81.

陈海若，2010. 绿色信贷研究综述与展望[J]. 金融理论与实践（8）：90-93.

陈柳钦，2010. 低碳经济发展的金融支持研究[J]. 当代经济管理，32（8）：6-12.

陈诗一，2019. 绿色金融助力长三角一体化发展[J]. 环境经济研究，4（1）：1-7.

陈诗一，2010. 工业二氧化碳的影子价格：参数化和非参数化方法[J]. 世界经济，33（8）：93-111.

陈诗一，2011. 边际减排成本与中国环境税改革[J]. 中国社会科学（3）：85-100，222.

陈诗一，2022. 低碳经济[J]. 经济研究，57（6）：12-18.

陈诗一，李志青，胡时霖，2023. 碳中和与中国能源转型[M]. 北京：化学工业出版社.

陈诗一，李志青，2019. 绿色金融概论[M]. 上海：复旦大学出版社.

陈诗一，祁毓，2022. “双碳”目标约束下应对气候变化的中长期财政政策研究[J]. 中国工业经济（5）：5-23.

陈诗一，王畅，郭越，2024. 面向碳中和目标的中国工业部门减排路径与战略选择[J].管理科学学报，27（4）：1-20.

陈骁，张明，2022. 中国的绿色债券市场：特征事实、内生动力与现存挑战[J]. 国际经济评论（1）：104-133，7.

陈晓红，蔡思佳，汪阳洁，2020. 我国生态环境监管体系的制度变迁逻辑与启示[J]. 管理世界，36（11）：160-172.

程广，2022. 绿色金融、产业结构与经济高质量发展[J]. 统计理论与实践（7）：54-58.

崔金鑫，邹辉文，2020. 基于CEEMDAN-MR-PE-NLE多频优化组合模型的碳金融市场价格预测[J]. 数学的实践与认识，50（3）：105-120.

崔涛，2018. 我国银行业绿色信贷信息披露研究：基于GCID体系[D]. 石家庄：河北经贸大学.

邓晶，郑雨洁，顾雪松，等，2023. 中国碳市场与绿色金融市场溢出效应研究[J]. 金融理论与实践（7）：47-59.

邓又一，董康银，孙倩，等，2024. 碳排放权交易对区域发展差异的影响和作用机制[J]. 中国人口·资源与环境，34（3）：39-49.

丁凡琳，2022. 中国数字普惠金融对碳强度的影响[J]. 武汉大学学报（哲学社会科学版），75（6）：110-120.

丁杰，李仲飞，黄金波，2022. 绿色信贷政策能够促进企业绿色创新吗？：基于政策效应分化的视角[J]. 金融研究（12）：55-73.

董战峰，袁增伟，郝春旭，2016. 中国大气污染防治行动计划实施的投融资需求与影响[M]. 北京：科学出版社.

杜鹃，2012．我国环境污染责任保险基础理论与发展策略研究[M]．上海：复旦大学出版社．

樊威，陈维韬，2019．碳金融市场风险形成机理与防范机制研究[J]．福建论坛（人文社会科学版）（5）：54-64．

范庆泉，2018．环境规制、收入分配失衡与政府补偿机制[J]．经济研究，53（5）：14-27．

范英，衣博文，2021．能源转型的规律、驱动机制与中国路径[J]．管理世界，37（8）：95-105．

方红星，施继坤，张广宝，2013．产权性质、信息质量与公司债定价：来自中国资本市场的经验证据[J]．金融研究（4）：170-182．

伏润民，缪小林，2015．中国生态功能区财政转移支付制度体系重构：基于拓展的能值模型衡量的生态外溢价值[J]．经济研究，50（3）：47-61．

高源，2023．绿色信贷政策对企业出口产品质量的影响研究[D]．成都：西南财经大学．

耿涌，董会娟，郗凤明，等，2010．应对气候变化的碳足迹研究综述[J]．中国人口·资源与环境，20（10）：6-12．

古小东，郑泽华，2021．我国内地与香港绿色金融的激励政策研究[J]．环境保护，49（14）：18-23．

顾雪松，安晓冉，侯语珂，2023．融资约束还是转型激励？：绿色信贷对我国重污染企业TFP的影响研究[J]．财经理论与实践，44（4）：26-33．

郭俊杰，方颖，杨阳，2019．排污费征收标准改革是否促进了中国工业二氧化硫减排[J]．世界经济，42（1）：121-144．

郭莉，2022．我国绿色金融发展进程及发展对策探究[J]．甘肃开放大学学报，32（3）：71-78．

郭威，曾新欣，2021．绿色信贷提升工业绿色全要素生产率了吗？：基于空间Durbin模型的实证研究[J]．经济问题（8）：44-55．

郭晓丹，邴昕煜，蒲光宇，2022. 需求侧财政补贴、市场增长与技术变迁：来自新能源乘用车市场的证据[J]. 财贸经济，43（8）：119-134.

韩超，孙晓琳，李静，2021. 环境规制垂直管理改革的减排效应：来自地级市环保系统改革的证据[J]. 经济学（季刊），21（1）：335-360.

韩国高，刘田广，庞明川，2024. 绿色信贷政策与中国企业出口产品绿色重构[J]. 数量经济技术经济研究，41（4）：89-110.

韩景旺，李瑞晶，2023. 绿色金融与经济高质量发展耦合协调的时空分异及关联网络[J]. 金融理论探索（1）：50-60.

何德旭，张雪兰，2007. 对我国商业银行推行绿色信贷若干问题的思考[J]. 上海金融（12）：4-9.

何国华，朱培灵，邬昶俊，2024. 绿色信贷促进了工业绿色转型吗？[J]. 经济体制改革（3）：184-190.

贺东航，孔繁斌，2019. 中国公共政策执行中的政治势能：基于近20年农村林改政策的分析[J]. 中国社会科学（4）：4-25，204.

洪艳蓉，2017. 绿色债券运作机制的国际规则与启示[J]. 法学（2）：124-134.

胡鞍钢，周绍杰，2014. 绿色发展：功能界定、机制分析与发展战略[J]. 中国人口·资源与环境，24（1）：14-20.

胡德宝，赵诗乐，2023. 防范绿色金融“洗绿”风险[J]. 中国金融（13）：73-74.

胡剑波，任香，高鹏，2019. 中国省际贸易、国际贸易与低碳贸易竞争力的测度研究[J]. 数量经济技术经济研究，36（9）： 42-60.

胡珺，穆颜如，2022. 环境污染责任保险与企业金融化：基于中国重污染企业的分析[J]. 保险研究（2）：48-63.

胡荣才，张文琼，2016. 开展绿色信贷会影响商业银行盈利水平吗?[J]. 金融监管研究（7）：92-110.

胡勇，刁赞焜，侯宜彤，2022. 中国绿色金融制度体系构建现状、不足与完善[J]. 石河子大学学报（哲学社会科学版），36（1）：34-42.

姜涛，肖海锋，赵政闳，2022. 绿色债券支持经济高质量发展路径研究：以浙江省为例[J]. 债券（12）：17-20.

姜雅婷，杜焱强，2023. 中央生态环保督察如何生成地方生态环境治理成效？：基于岱海湖治理的长时段过程追踪[J]. 管理世界，39（11）：133-152.

蒋晶晶，叶斌，马晓明，2015. 基于GARCH-EVT-VaR模型的碳市场风险计量实证研究[J]. 北京大学学报（自然科学版），51（3）：511-517.

蒋伟杰，张少华，2018. 中国工业二氧化碳影子价格的稳健估计与减排政策[J]. 管理世界，34（7）：32-49，183-184.

景司琳，张波，臧元琨，等，2023. “双碳”目标下我国碳普惠制的探索与实践[J]. 中国环境管理，15（5）：35-42.

雷汉云，王旭霞，2020. 环境污染、绿色金融与经济高质量发展[J]. 统计与决策，36（15）：18-22.

李建涛，梅德文，2021. 绿色金融市场体系：理论依据、现状和要素扩展[J]. 金融论坛，26（6）：17-26，38.

李蓝，2023. 电力企业发行绿色债券的效应分析：以华能国际为例[D]. 南昌：江西师范大学.

李丽，董必俊，2018. 区域碳金融发展水平与影响因素研究[J]. 经济与管理，32（1）：60-65.

李敏鑫，王江寒，2021. 环境污染责任保险与企业环境信息披露[J]. 保险研究（12）：55-73.

李倩，陈晓光，郭士祺，等，2022. 大气污染协同治理的理论机制与经验证据[J]. 经济研究，57（2）：142-157.

李强，陈山漫，2023. 绿色信贷政策、融资成本与企业绿色技术创新[J]. 经济问题（8）：67-73，120.

李青原，肖泽华，2020. 异质性环境规制工具与企业绿色创新激励：来自上市企业绿色专利的证据[J]. 经济研究，55（9）：192-208.

李坦，徐帆，祁云云，2022. 从“共饮一江水”到“共护一江水”：新安江生态补偿下农户就业与收入的变化[J]. 管理世界，38（11）：102-124.

李学峰，于欣琦，2023. 绿色债券发行对上市公司投资行为的影响：基于多时点双重差分模型的实证检验[J]. 金融理论与实践（2）：48-56.

李永友，沈坤荣，2008. 我国污染控制政策的减排效果：基于省际工业污染数据的实证分析[J]. 管理世界（7）：7-17.

李云琦，2024. 中国绿色债券对企业绿色技术创新的影响研究[J]. 华北金融（3）：52-67，83.

李毓，胡海亚，李浩，2020. 绿色信贷对中国产业结构升级影响的实证分析：基于中国省级面板数据[J]. 经济问题（1）：37-43.

李子豪，白婷婷，2021. 政府环保支出、绿色技术创新与雾霾污染[J]. 科研管理，42（2）：52-63.

连玉君，苏治，2009. 融资约束、不确定性与上市公司投资效率[J]. 管理评论，21（1）：19-26.

林伯强，2022. 碳中和进程中的中国经济高质量增长[J]. 经济研究，57（1）：56-71.

林木西，肖宇博，2023a. 绿色金融促进经济高质量发展的测度及其作用机制研究[J]. 当代经济科学，45（3）：101-113.

林木西，肖宇博，2023b. 绿色金融对经济高质量发展的影响：基于绿色金融改革创新试验区的准自然实验[J]. 改革（12）：78-94.

刘传明，孙喆，张瑾，2019. 中国碳排放权交易试点的碳减排政策效应研究[J]. 中国人口·资源与环境，29（11）：49-58.

刘华珂，何春，2021. 绿色金融促进城市经济高质量发展的机制与检验：来自中国272个地级市的经验证据[J]. 投资研究，40（7）：37-52.

刘嘉颖，2024. 双碳背景下绿色债券的市场潜力[J]. 商业观察，10（15）：92-95.

刘剑平，吴梦华，2023. 绿色债券环境信息披露发展与展望[J]. 金融纵横（11）：26-30.

刘璐，2024. 绿色债券信息披露的法律规制问题研究[J]. 债券（5）：77-81.

刘善栋，2024．“双碳”目标下的电力企业低碳建设分析[J]．节能与环保（3）：76-80.

刘斯琴，2022．企业发行绿色债券的经济后果及其影响机制研究[D]．北京：中央财经大学.

刘锡良，文书洋，2019．中国的金融机构应当承担环境责任吗?：基本事实、理论模型与实证检验[J]．经济研究，54（3）：38-54.

刘晓，2020．国际绿色金融债券环境效益信息披露的主要经验及其对我国的启示[J]．海南金融（2）：39-45，65.

刘洋，高瑞琪，郭倚天，2023．商业银行绿色金融产品创新分析[J]．现代金融导刊（9）：10-13.

刘琢玮，王曙光，2023．碳金融与企业低碳转型研究：以中国钢铁行业为例[J]．工业技术经济，42（9）：55-64.

卢冰雪，郭战琴，2024．绿色金融对企业绿色创新绩效的影响：基于风险承担视角[J]．科技和产业，24（12）：32-38.

卢洪友，祁毓，2014．生态功能区转移支付制度与激励约束机制重构[J]．环境保护，42（12）：34-36.

吕冰洋，台航，2019．国家能力与政府间财政关系[J]．政治学研究（3）：94-107，108.

吕承超，姜延杰，何加豪，2025．绿色金融政策的碳减排效应：来自绿色金融改革创新试验区的实践[J]．中国管理科学，33（3）：360-368.

吕怀立，徐思，黄珍，等，2022．碳效益与绿色溢价：来自绿色债券市场的经验证据[J]．会计研究（8）：106-120.

吕炜，靳继东，2022．从财政视角看中国式现代化道路[J]．中国社会科学（11）：165-184，208.

马骏，2015．论构建中国绿色金融体系[J]．金融论坛，20（5）：18-27.

马克思，恩格斯，2009. 马克思恩格斯文集：第一卷[M]．北京：人民出版社.

马少超，范英，2022．能源系统低碳转型中的挑战与机遇：车网融合消纳可再生能

源[J]. 管理世界，38（5）：209-223，239

马祥，2023. 基于前景理论的绿色金融市场主体行为演化博弈研究[D]. 重庆：重庆师范大学.

马亚明，胡春阳，刘鑫龙，2020. 发行绿色债券与提升企业价值：基于DID模型的中介效应检验[J]. 金融论坛，25（9）：29-39.

马妍妍，俞毛毛，岳中刚，2022. 绿色信贷政策对企业出口的影响研究[J]. 经济经纬，39（5）：56-66.

毛晖，王明月，梁天琪，2022. 助力“双碳”目标的地方财政金融协同机制[J]. 地方财政研究（5）：37-46.

毛捷，郭玉清，曹婧，等，2022. 融资平台债务与环境污染治理[J]. 管理世界，38（10）：96-118.

梅晓红，2015. 中国碳金融市场对区域产业结构的影响研究：基于panel data计量模型的实证分析[J]. 技术经济与管理研究（1）：108-111.

孟维福，刘婧涵，2023. 绿色金融促进经济高质量发展的效应与异质性分析：基于技术创新与产业结构升级视角[J]. 经济纵横（7）：100-110.

宁金辉，王敏，2021. 绿色债券能缓解企业“短融长投”吗？：来自债券市场的经验证据[J]. 证券市场导报（9）：48-59.

宁宇新，李美奕，2024. 绿色信贷的实施是否改善了企业环境绩效？：基于企业技术创新的“协同效应”[J]. 西安石油大学学报（社会科学版），33（2）：17-24，97.

彭芳春，李琼，2016. 绿色金融、公司金融与金融发展研究[M]. 北京：经济科学出版社.

彭武元，陈思宇，2020. 中国碳排放试点市场碳交易价格分析及预测[J]. 技术经济，39（3）：102-110.

祁毓，卢洪友，徐彦坤，2014. 中国环境分权体制改革研究：制度变迁、数量测算与效应评估[J]. 中国工业经济（1）：31-43.

清华大学气候变化与可持续发展研究院，等，2021. 中国长期低碳发展战略与转型路径研究：综合报告[M]. 北京：中国环境出版集团.

邱峰，邵成多，2023. 个人碳账户的国内外探索实践[J]. 西南金融（3）：41-55.

邱振卓，2016. 低碳经济视域下加快我国产业转型升级的对策[J]. 经济纵横（5）：57-60.

曲琦，2020. 环保企业绿色债券融资的环保激励效应研究：基于北控水务投资有限公司的案例分析[D]. 大连：东北财经大学.

冉莎莎，张田田，赵子仙，2023. 绿色金融：统计框架构建及对经济增长的效用研究[J]. 福建金融（4）：51-60.

冉雪苗，2021. 绿色债券对我国环保产业发展的效应研究：基于贴标绿色债券和非贴标绿色债券的比较[J]. 山西财政税务专科学校学报，23（5）：21-24，38.

任怡，周长胜. 谈"双碳"目标下水务行业可持续发展与战略[J/OL]. 水利发展研究：1-7[2024-07-08]. http://kns.cnki.net/kcms/detail/11.4655.TV.20240620.1413.002.html.

邵帅，范美婷，杨莉莉，2022. 经济结构调整、绿色技术进步与中国低碳转型发展：基于总体技术前沿和空间溢出效应视角的经验考察[J]. 管理世界，38（2）：46-69，4-10.

沈坤荣，金刚，2018. 中国地方政府环境治理的政策效应：基于"河长制"演进的研究[J]. 中国社会科学（5）：92-115，206.

沈小波，陈语，林伯强，2021. 技术进步和产业结构扭曲对中国能源强度的影响[J]. 经济研究，56（2）：157-173.

盛昭瀚，陶莎，曾恩钰，等，2023. 太湖环境治理工程系统思维演进与复杂系统范式转移[J]. 管理世界，39（2）：208-224.

石光，周黎安，郑世林，等，2016. 环境补贴与污染治理：基于电力行业的实证研究[J]. 经济学（季刊），15（4）：1439-1462.

时省，张亚，2024. 绿色金融政策对绿色技术创新的影响及机制研究：基于绿色金融改革创新试验区的准自然实验[J]. 管理评论，36（1）：107-118.

史代敏，施晓燕，2022. 绿色金融与经济高质量发展：机理、特征与实证研究[J]. 统计研究，39（1）：31-48.

史丹，2018. 绿色发展与全球工业化的新阶段：中国的进展与比较[J]. 中国工业经济（10）：5-18.

斯丽娟，曹昊煜，2022. 绿色信贷政策能够改善企业环境社会责任吗：基于外部约束和内部关注的视角[J]. 中国工业经济（4）：137-155.

宋佳，张金昌，潘艺，2024. ESG发展对企业新质生产力影响的研究：来自中国A股上市企业的经验证据[J]. 当代经济管理，46（6）：1-11.

孙传旺，魏晓楠，2022. "双碳"背景下我国碳账户建设的模式、经验与发展方向[J]. 东南学术（6）：197-207.

孙传旺，占妍泓，林伯强，2022. 新能源企业增值税政策的规模效应与创新效应[J]. 经济研究，57（9）：46-64.

孙凌云，贾晓薇，2017. 浅议绿色金融制度[J]. 时代金融（35）：55，57.

孙少岩，王笑音，高翠云，2023. 绿色信贷能发挥碳减排效应吗？[J]. 中国人口·资源与环境，33（8）：37-47.

陶叶炜，唐衍，杨海舟，等，2023. 公众领域碳普惠多场景创新策略探析[J]. 现代企业（12）：148-150.

滕法鑫，黄雪维，彭伊凡，2023. 我国绿色金融激励机制的问题与对策[J]. 商业观察，9（23）：29-31，44.

田辉，2014. 中国绿色保险的现状问题与未来发展[J]. 发展研究（5）：4-7.

万志宏，曾刚，2016. 国际绿色债券市场：现状、经验与启示[J]. 金融论坛，21（2）：39-45.

王波，等，2020a. 我国绿色金融制度的完善路径：以绿色债券、绿色信贷与绿色基金为例[J]. 金融与经济（4）：84-90.

王波，等，2020b. 我国绿色金融激励约束保障机制研究[J]. 西南金融（10）：79-87.

王光远，胡蓉卿，2022. 商业银行发展碳金融和绿色金融的监管分析及建议[J]. 现代金融导刊（2）：61-67.

王佳邓，孙启宏，李小敏，等，2021. 环境保护税对经济和碳排放影响研究：以江苏省为例[J]. 生态经济，37（5）：51-56.

王林辉，王辉，董直庆，2020. 经济增长和环境质量相容性政策条件：环境技术进步方向视角下的政策偏向效应检验[J]. 管理世界，36（3）：39-60.

王岭，刘相锋，熊艳，2019. 中央环保督察与空气污染治理：基于地级城市微观面板数据的实证分析[J]. 中国工业经济（10）：5-22.

王树强，庞晶，2019. 中外绿色金融制度对比及其启示[J]. 天津商业大学学报，39（3）：29-33，40.

王顺庆，张莺，2016. 绿色保险[M]. 北京：中国环境出版社.

王文军，谢鹏程，李崇梅，等，2018. 中国碳排放权交易试点机制的减排有效性评估及影响要素分析[J]. 中国人口·资源与环境，28（4）：26-34.

王艳丽，类晓东，龙如银，2021. 绿色信贷政策提高了企业的投资效率吗？：基于重污染企业金融资源配置的视角[J]. 中国人口·资源与环境，31（1）：123-133.

王遥，潘冬阳，张笑，2016. 绿色金融对中国经济发展的贡献研究[J]. 经济社会体制比较（6）：33-42.

王遥，曹畅，2015. 推动绿色债券发展[J]. 中国金融（20）：43-45.

王遥，徐楠，2016. 中国绿色债券发展及中外标准比较研究[J]. 金融论坛，21（2）：29-38.

王营，冯佳浩，2022. 绿色债券促进企业绿色创新研究[J]. 金融研究（6）：171-188.

王勇，赵晗，2019. 中国碳交易市场启动对地区碳排放效率的影响[J]. 中国人口·资源与环境，29（1）：50-58.

王志强，王一凡，2020. 绿色金融助推经济高质量发展：主要路径与对策建议[J]. 农林经济管理学报，19（3）：389-396.

吴世农，周昱成，唐国平，2022. 绿色债券：绿色技术创新、环境绩效和公司价值[J]. 厦门大学学报（哲学社会科学版），72（5）：71-84.

吴悦，洪英豪，叶浩，2024. 绿色债券市场运行情况研究及建议[J]. 清华金融评论

（1）：25-28.

武培云，张晓剑，侯梦雨，2024. 商业银行绿色金融发展水平与区域绿色经济发展耦合协调度评价[J]. 北方金融（2）：39-46.

武威，刘玉廷，2020. 政府采购与企业创新：保护效应和溢出效应[J]. 财经研究，46（5）：17-36.

奚宾，赵又萱，2019. 绿色金融产品创新发展研究[J]. 金融经济（14）：3-4.

席鹏辉，2017. 财政激励、环境偏好与垂直式环境管理：纳税大户议价能力的视角[J]. 中国工业经济（11）：100-117.

谢国梁，王志萍，刘帅，2017. 国外绿色信贷实践经验对我国的借鉴和启示[J]. 西部金融（1）：84-88.

谢乔昕，2021. 环境规制、绿色金融发展与企业技术创新[J]. 科研管理，42（6）：65-72.

解维敏，方红星，2011. 金融发展、融资约束与企业研发投入[J]. 金融研究（5）：171-183.

谢贞发，严瑾，李培，2017. 中国式“压力型”财政激励的财源增长效应：基于取消农业税改革的实证研究[J]. 管理世界（12）：46-60，187-188.

熊瑛，2021. 我国工业化中的能源问题与生态文明建设[J]. 宏观经济管理（2）：51-58.

徐鸿翔，张文彬，2017. 国家重点生态功能区转移支付的生态保护效应研究：基于陕西省数据的实证研究[J]. 中国人口·资源与环境，27（11）：141-148.

徐莉萍，孙文明，2013. 主体功能区生态预算系统合作机理研究[J]. 中国工业经济（7）：18-30.

徐秋艳，刘浩冬，2024. 绿色信贷、产业结构优化与绿色全要素生产率[J]. 现代经济探讨（2）：93-108.

徐胜，赵欣欣，姚双，2018. 绿色信贷对产业结构升级的影响效应分析[J]. 上海财经大学学报，20（2）：59-72.

薛飞，陈煦，2022．绿色财政政策的碳减排效应：来自“节能减排财政政策综合示范城市”的证据[J]．财经研究，48（7）：79-93．

薛皓文，阚立娜，2024．西部地区绿色金融发展水平测算与评价[J]．科技创业月刊，37（3）：108-112．

杨成，2019．北控水务发行绿色债券股价效应分析[D]．北京：北京交通大学．

杨超，李国良，门明，2011．国际碳交易市场的风险度量及对我国的启示：基于状态转移与极值理论的VaR比较研究[J]．数量经济技术经济研究，28（4）：94-109，123．

杨冕，徐江川，杨福霞，2022．能源价格、资本能效与中国工业部门碳达峰路径[J]．经济研究，57（12）：69-86．

杨明祥，蒋云钟，田雨，等，2014．智慧水务建设需求探析[J]．清华大学学报（自然科学版），54（1）：133-136，144．

杨子晖，陈里璇，罗彤，2019．边际减排成本与区域差异性研究[J]．管理科学学报，22（2）：1-21．

于波，2023．绿色信贷政策如何促进企业绿色创新?[J]．现代经济探讨（2）：45-55．

余朝晖，2023．绿色金融驱动经济高质量发展的路径研究[J]．商业经济（5）：174-176．

余典范，龙睿，王超，2023．数字经济与边界地区污染治理[J]．经济研究，58（11）：172-189．

喻平，张敬佩，2021．区域绿色金融与高质量发展的耦合协调评价[J]．统计与决策，37（24）：142-146．

喻旭兰，周颖，2023．绿色信贷政策与高污染企业绿色转型：基于减排和发展的视角[J]．数量经济技术经济研究，40（7）：179-200．

喻言，2023．债市情绪对企业债券融资成本及融资行为的影响研究：基于企业异质性视角[D]．上海：上海财经大学．

袁杜娟，2014. 我国碳排放总量控制与交易制度构建[J]. 中共中央党校学报，18（5）：84-88.

原毅军，陈喆，2019. 环境规制、绿色技术创新与中国制造业转型升级[J]. 科学学研究，37（10）：1902-1911.

张晨，陈小雪，刘聃，2021. 退坡政策下绿色信贷能否促进新能源车企创新[J]. 会计之友（2）：15-22.

张冬梅，钟尚宏，2024. 绿色信贷政策促进企业绿色技术创新了吗?[J]. 大连理工大学学报（社会科学版），45（1）：9-22.

张慧，魏佳琪，孟纹羽，2023. 碳金融市场集成风险测度的新方法[J]. 统计与决策，39（3）：55-60.

张近乐，姚冰洋，2024. 绿色信贷促进农业农村绿色产业发展路径探析[J]. 财经理论与实践，45（1）：91-96.

张俊，钟春平，彭飞，2020. 交通可达性的提高是否加剧了中国跨省河流污染？：来自中国工业企业的证据[J]. 经济学（季刊），19（2）：617-636.

张科，熊子怡，黄细嘉，2023. 绿色债券、碳减排效应与经济高质量发展[J]. 财经研究，49（6）：64-78.

张克中，王娟，崔小勇，2011. 财政分权与环境污染：碳排放的视角[J]. 中国工业经济（10）：65-75.

张莉，2020. 财政规则与国家治理能力建设：以环境治理为例[J]. 中国社会科学（8）：47-63，205.

张乃今，2023. 绿色贷款专项统计制度相关思考及建议：基于吉林省的实践[J]. 吉林金融研究（1）：74，76.

张琦，邹梦琪，2022. 环境治理垂直改革的效果、基层机制与影响因素[J]. 经济研究，57（8）：172-190.

张晴，于津平，2023. 绿色信贷政策影响中国企业全球价值链攀升吗[J]. 当代财经（10）：121-132.

张希良，黄晓丹，张达，等，2022. 碳中和目标下的能源经济转型路径与政策研究

[J]. 管理世界，38（1）：35-66.

张小可，葛晶，2021. 绿色金融政策的双重资源配置优化效应研究[J]. 产业经济研究（6）：15-28.

张晓燕，张远远，2024. 我国绿色债券的发展现状、存在问题及对策研究[J]. 清华金融评论（1）：19-21.

张振华，陈曦，汪京，等，2024. 绿色金融改革创新试验区政策对碳排放的影响效应：基于282个城市面板数据的准实验研究[J]. 中国人口·资源与环境，34（2）：32-45.

张伟，芦雨婷，2018. 绿色金融助推工业绿色化转型探讨[J]. 环境保护，46（22）：13-17.

赵涵亦，2023. 绿色债券发行市场评级评估机构政策激励与监管约束策略研究[D]. 成都：电子科技大学.

赵剑波，史丹，邓洲，2019. 高质量发展的内涵研究[J]. 经济与管理研究，40（11）：15-31.

招商银行研究院，2021. 碳中和碳达峰系列研究之总述篇：双碳下的“双新”趋势[R].

招商银行研究院，2022. 环保行业之水环境治理篇②：绿水有黄金，寻迹可徐行[R].

赵晶，迟旭，孙泽君，2022. “协调统一”还是“各自为政”：政策协同对企业自主创新的影响[J]. 中国工业经济（8）：175-192.

赵静，薛澜，2021. 探究政策机制的类型匹配与运用[J]. 中国社会科学（10）：39-60，205.

赵阳，沈洪涛，刘乾，2021. 中国的边界污染治理：基于环保督查中心试点和微观企业排放的经验证据[J]. 经济研究，56（7）：113-126.

郑新业，吴施美，郭伯威，2023. 碳减排成本代际均等化：理论与证据[J]. 经济研究，58（2）：107-123.

中国金融学会绿色金融专业委员会课题组，2021. 碳中和愿景下的绿色金融路线图研究[R].

中国人民银行杭州中心支行课题组，陆巍峰，2022．长三角绿色金融一体化发展现状、问题和建议[J]．浙江金融（2）：3-14．

中金公司研究部，中金研究院，2021．碳中和经济学：新约束下的宏观与行业趋势[M]．北京：中信出版社．

中金研究院，2021．供需视角看“一带一路”绿色金融发展[R]．

周迪，刘奕淳，2020．中国碳交易试点政策对城市碳排放绩效的影响及机制[J]．中国环境科学，40（1）：453-464．

周韩梅，黎涛瑞，2021．绿色金融、产业结构升级与区域经济高质量发展[J]．当代金融研究（Z2）：37-49．

周宏，林晚发，李国平，等，2012．信息不对称与企业债券信用风险估价：基于2008-2011年中国企业债券数据[J]．会计研究（12）：36-42，94．

周琛影，田发，周腾，2022．绿色金融对经济高质量发展的影响效应研究[J]．重庆大学学报（社会科学版），28（6）：1-13．

周肖肖，贾梦雨，赵鑫，2023．绿色金融助推企业绿色技术创新的演化博弈动态分析和实证研究[J]．中国工业经济（6）：43-61．

周稳海，张淼，王建鑫，2022．绿色金融发展水平测度与评价[J]．中国外资，（12）：38-41．

周志方，欧静，2016．生态会计：发展动态综述与框架体系设计[J]．财会通讯（4）：16-22，4．

朱竑，陈晓亮，尹铎，2023．从“绿水青山”到“金山银山”：欠发达地区乡村生态产品价值实现的阶段、路径与制度研究[J]．管理世界，39（8）：74-91．

ACEMOGLU D, AGHION P, BURSZTYA L, et al. 2012. The environment and directed technical change[J]. The American economic review, 102(1): 131-166.

BARRAGE L, 2020. Optimal dynamic carbon taxes in a climate–economy model with distortionary fiscal policy[J]. The Review of Economic Studies, 87(1): 1-39.

BERTRAND M, MULLAINATHAN S, 2003. Enjoying the quiet life? Corporate governance and managerial preferences[J]. Journal of Political Economy, 111(5): 1043-1075.

BODIN Ö, 2017. Collaborative environmental governance: Achieving collective action in social-ecological systems[J]. Science, 357(6352): eaan1114.

BÖHRINGER C, RIVERS N, YONEZAWA H, 2016. Vertical fiscal externalities and the environment[J]. Journal of Environmental Economics and Management, 77: 51-74.

BOOMHOWER J, 2019. Drilling like there's no tomorrow: Bankruptcy, insurance, and environmental risk[J]. American Economic Review, 109(2): 391-426.

BOYER M, LAFFONT J J, 1997. Environmental risks and bank liability[J]. European Economic Review, 41(8): 1427-1459.

BYUN S J, CHO H, 2013. Forecasting carbon futures volatility using GARCH models with energy volatilities[J]. Energy Economics, 40: 207-221.

CHEN Z, KAHN M E, LIU Y, et al. 2018. The consequences of spatially differentiated water pollution regulation in China[J]. Journal of Environmental Economics and Management, 88: 468-485.

CHIAPPORI P A, SALANIE B, 2000. Testing for asymmetric information in insurance markets[J]. Journal of Political Economy, 108(1): 56-78.

Congressional Research Service, 2022. Infrastructure Investment and Jobs Act (IIJA): Drinking Water and Wastewater Infrastructure[R].Washington DC: CRS.

CPI, 2023. Global Landscape of Climate Finance[R]. San Francisco: CPI.

DU L M, HANLEY A, WEI C, 2015. Estimating the marginal abatement cost curve of CO_2 emissions in China: provincial panel data analysis[J]. Energy Economics, 48: 217-229.

EARNHART D, FRIESEN L, 2021. Enforcement federalism: Comparing the effectiveness of federal punishment versus state punishment[J]. Environmental and Resource Economics, 78: 227-255.

European Commission, 2020. Stepping up Europe's 2030 climate ambition. Investing in a climate-neutral future for the benefit of our people[R]. Brussels: EU.

FAN X H, LI S S, TIAN L X, 2015. Chaotic characteristic identification for carbon price and an multi-layer perceptron network prediction model[J]. Expert Systems with Applications, 42(8): 3945-3952.

FLAMMER C, 2020. Green bonds: Effectiveness and implications for public policy[J]. Environmental and Energy Policy and the Economy, 1(5): 95–128.

FLAMMER C, 2021. Corporate green bonds[J]. Journal of Financial Economics, 142(2): 498–516.

FLANAGAN K, UYARRA E, LARANJA M, 2011. Reconceptualising the "policy mix" for innovation[J]. Research Policy, 40(5): 702–713.

FREEMAN P K, KUNREUTHER H, 1997. Managing environmental risk through insurance[M]. Berlin:Springer Science & Business Media.

GAO Y, LI Z W, WANG F M, et al. 2018. A game theory approach for corporate environmental risk mitigation[J]. Resources, Conservation and Recycling, 130: 240–247.

GILLINGHAM K, STOCK J H, 2018. The cost of reducing greenhouse gas emissions[J]. Journal of Economic Perspectives, 32(4): 53–72.

Goldman Sachs Group, 2021. Carbonomics: China Net Zero–The Clean Tech Revolution[R]. New York City: Goldman Sachs Group.

GRAINGER C A, KOLSTAD C D, 2010. Who pays a price on carbon?[J]. Environmental and Resource Economics, 46(3): 358–376.

GUO J F, GU F, LIU Y P, et al. 2020. Assessing the impact of ETS trading profit on emission abatements based on firm–level transactions[J]. Nature Communications, 11(1): 2078.

HE G J, WANG S D, ZHANG B, 2020. Watering down environmental regulation in China[J]. The Quarterly Journal of Economics, 135(4): 2135–2185.

HSU A, WANG J N, XU K Y, et al. 2021. Data and transparency key for China's pollution clean–up[J]. Ecological Economics, 183: 106963.

HU Y J, LI X Y, TANG B J, 2017. Assessing the operational performance and maturity of the carbon trading pilot program: The case study of Beijing's carbon market[J]. Journal of Cleaner Production, 161:1263–1274.

IEA and IFC, 2023. Scaling up Private Finance for Clean Energy in Emerging and Developing Economies[C]. Paris: IEA.

IMBENS G W, WOOLDRIDGE J M, 2009. Recent developments in the econometrics of program evaluation[J]. Journal of Economic Literature, 47(1): 5-86.

IRENA, 2021. World Energy Transitions Outlook: 1.5°C Pathway [R]. Abu Dhabi: International Renewable Energy Agency.

KARYDAS C, ZHANG L, 2019. Green tax reform, endogenous innovation and the growth dividend[J]. Journal of Environmental Economics and Management, 97: 158-181.

KOTHARI S P, LEONE A J, WASLEY C E, 2005. Performance matched discretionary accrual measures[J]. Journal of Accounting and Economics, 39(1): 163-197.

LIPSCOMB M, MOBARAK A M, 2016. Decentralization and pollution spillovers: evidence from the re-drawing of county borders in Brazil[J]. The Review of Economic Studies, 84(1): 464-502.

LIU X F, ZHOU X X, ZHU B Z, et al. 2019. Measuring the maturity of carbon market in China: An entropy-based TOPSIS approach[J]. Journal of Cleaner Production, 229:94-103.

LIU L W, CHEN C X, ZHAO Y F, et al. 2015. China's carbon-emissions trading: Overview, challenges and future[J]. Renewable and Sustainable Energy Reviews, 49: 254-266.

LYU C F, XIE Z, LI Z, 2022. Market supervision, innovation offsets and energy efficiency: Evidence from environmental pollution liability insurance in China[J]. Energy Policy, 171: 113267.

MA B J, YE J Y, LIU G, et al. 2020. Adverse selection, limited compensation, and the design of environmental liability insurance contract in the case of enterprise bankruptcy[J]. Managerial and Decision Economics, 41(7): 1327-1337.

MA J, ZADEK S, 2019. Decarbonizing the Belt and Road[R]. The Climateworks Foundation.

MARRON D B, TODER E J, 2014. Tax policy issues in designing a carbon tax[J]. The American Economic Review, 104(5): 563-568.

MATTHEWS H D, ZICKFELD K, KNUTTI R, et al. 2018. Focus on cumulative emissions, global carbon budgets and the implications for climate mitigation targets[J]. Environmental Research Letters, 13(1): 010201.

MCCOLLUM D L, ZHOU W J, BERTRAM C, et al. 2018. Energy investment needs for fulfilling the Paris Agreement and achieving the Sustainable Development Goals[J]. Nature Energy, 3(8): 588–599.

MENG J, WAY R, VERDOLINI E, et al. 2021. Comparing expert elicitation and model-based probabilistic technology cost forecasts for the energy transition[J]. Proceedings of the National Academy of Sciences, 118(27): 1–12.

MILLAR R, ALLEN M, ROGELJ J, et al. 2016. The cumulative carbon budget and its implications[J]. Oxford Review of Economic Policy, 32(2): 323–342.

MISHEVA I, 2016. Ecological risk insurance in the system of mechanisms for environment quality management[J]. Environmental Science(1): 41–50.

NEIL W, 2002. Survival with environmental insurance[J]. Pollution Engineering, 34(9): 16–18.

NORDHAUS W D, 1977. Economic growth and climate: The carbon dioxide problem[J]. American Economic Review, 67(1): 341–346.

NORDHAUS W D, 1991. To slow or not to slow: The economics of the greenhouse effect[J]. Economic Journal, 101(407): 920–937.

NORDHAUS W D, 1992. An optimal transition path for controlling greenhouse gases[J]. Science, 258(20): 1315–1319.

NORDHAUS W D, 2018. Evolution of modeling of the economics of global warming: changes in the DICE model, 1992–2017[J]. Climatic change, 148(4): 623–640.

NORDHAUS W D, 2021. Dynamic climate clubs: On the effectiveness of incentives in global climate agreements[J]. Proceedings of the National Academy of Sciences, 118(45): 1–6.

NORDHAUS W D, BOYER J, 2003. Warming the world: economic models of global warming[M]. Cambridge: MIT press.

NORDHAUS W D, YANG Z L, 1996. A regional dynamic general-equilibrium model of alternative climate-change strategies[J]. American Economic Review, 86(4): 741–765.

OECD, 2020. Financing Water Supply, Sanitation and Flood Protection: Challenges in EU Member States and Policy Options[R]. Paris: OECD Studies on Water.

PENG F, PENG L C, MAO J, et al. 2021. The short-run effect of a local fiscal squeeze on pollution abatement expenditures: Evidence from China's VAT pilot program[J]. Environmental and Resource Economics, 78(2):1-33.

RYAN S P, 2012. The costs of environmental regulation in a concentrated industry[J]. Econometrica, 80(3): 1019-1061.

SHAPIRO A F, METCALF G E, 2023. The macroeconomic effects of a carbon tax to meet the US Paris agreement target: The role of firm creation and technology adoption[J]. Journal of Public Economics, 218: 104800.

SHAVELL S, 1986. The judgment proof problem[J]. International Review of Law and Economics, 6(1): 45-58.

SHI B B, JIANG L S, BAO R, et al. 2023. The impact of insurance on pollution emissions: Evidence from China's environmental pollution liability insurance[J]. Economic Modelling, 121: 106229.

STRONG C, KUZMA S, VIONNET S, et al. 2020. Achieving abundance: understanding the cost of a sustainable water future[R]. Washington, D.C.: World Resources Institute.

THOMPSON P , COWTON C J, 2003. Bringing the environment into bank lending: implications for environmental reporting[J]. The British Accounting Review, 36(2):197-218.

WANG X G, XIE Y T, CHEN Y, et al. 2023. Does environmental pollution liability insurance affect corporate green innovation? New evidence from China[J]. Environmental Challenges, 13: 100788.

WEN H X, CUI T, WU X Q, et al. 2024. Environmental insurance and green productivity: A firm-level evidence from China[J]. Journal of Cleaner Production, 435: 140482.

World Bank, 2016. The Environmental and Social Framework[EB/OL]. [2023-06-28]. https://projects.worldbank.org/en/projects-operations/environmental-and-social-framework.

World Bank,2022. China country climate and development report[R]. Washington, D.C.: World Bank.

World Bank, 2023. Global water security and sanitation partnership: Annual report 2023[R].Washington, D.C.: World Bank.

YANG R Z, ZHANG R G, 2022. Environmental pollution liability insurance and corporate performance: Evidence from China in the perspective of green development[J]. International Journal of Environmental Research and Public Health, 19(19): 12089.

YI L, LI Z P, YANG L, et al. 2018. Comprehensive evaluation on the "maturity" of China's carbon markets[J]. Journal of Cleaner Production, 198:1336-1344.

YIN H T, KUNREUTHER H, WHITE M W, 2011. Risk-based pricing and risk-reducing effort: Does the private insurance market reduce environmental accidents?[J]. The Journal of Law and Economics, 54(2): 325-363.

ZHANG B, CHEN X L, GUO H X, 2018. Does central supervision enhance local environmental enforcement? Quasi-experimental evidence from China[J]. Journal of Public Economics, 164: 70-90.

ZHANG F, FANG H, SONG W Y, 2019. Carbon market maturity analysis with an integrated multicriteria decision making method: A case study of EU and China[J]. Journal of Cleaner Production, 241:118296.

ZHANG H X, HEWINGS G J D, ZHENG X Y, 2019. The effects of carbon taxation in China: An analysis based on energy input-output model in hybrid units[J]. Energy Policy, 128: 223-234.

ZHU B Z, WEI Y M, 2013. Carbon price forecasting with a novel hybrid ARIMA and least squares support vector machines methodology [J]. Omega,41(3): 517-524.

ZHU D D, CHEN K, SUN C W, et al. 2023. Does environmental pollution liability insurance promote environmental performance? Firm-level evidence from quasi-natural experiment in China[J]. Energy Economics, 118: 106493.